DUMONT

REISE-TASCHENBÜCHER

Lombardei

In der vorderen Umschlagklappe: Karte der Lombardei

In der hinteren Umschlagklappe: Stadtplan von Mailand

Valérie Junker

Lombardei

DUMONT

Umschlagvorderseite: Türme und Kuppeln von Bergamo Alta
Umschlaginnenklappe vorn: Naturpark Stilfserjoch
Umschlaginnenklappe hinten: Die Galleria Vittorio Emanuele II in Mailand
Umschlagrückseite: Lago d'Iseo und Mailänder Dom
Abb. S. 1: Plinius d. J., Skulptur am Dom von Como
Abb. S. 2/3: Blick auf Bergamo Alta

Valérie Junker arbeitet seit dem Abschluß ihres Studiums der Kunstgeschichte, Bühnen- und Filmausstattung als freie Journalistin und Realisatorin für Printmedien, Funk und Fernsehen.

2., aktualisierte Auflage 1997

Satz und Druck: Rasch, Bramsche
Buchbinderische Verarbeitung: Bramscher Buchbinder Betriebe

Printed in Germany ISBN 3-7701-2977-6

Inhalt

Land und Leute

Kunst und Kultur

Unterwegs in der Lombardei

Praktische Reiseinformationen

Land und Leute

Die Lombardei im Überblick

Geographie

Wirtschaft

Geschichte

Gesellschaft und Alltag

Kunst und Kultur

Die Lombardei im Überblick

Geographie

Die Provinzen

Klima

Flüsse und Seen

Flora und Fauna

Wirtschaft

Daten zur Geschichte

Blick über das Bergamasker Land

Geographie

Die Lombardei, im Nordwesten Oberitaliens gelegen, grenzt an die italienischen Regionen Piemont, Emilia-Romagna, Venezien (Veneto) sowie an die beiden autonomen Provinzen Südtirol und Trentino.

Im Norden bilden die Alpen eine natürliche Grenze zu den Schweizer Kantonen Tessin, Graubünden und Engadin.

Mit einer Fläche von 23 872 km^2 – das entspricht etwa der Größe Hessens – ist sie die viertgrößte italienische Region, nach Sizilien, Sardinien und Piemont. Mit 1546 eigenständigen Gemeinden und knapp neun Millionen registrierten Einwohnern ist die Lombardei die am dichtesten besiedelte Region Italiens; sie gehört sogar laut UNESCO zu den am dichtesten besiedelten Gebieten der Welt.

Geographisch kann man die Lombardei in vier von Westen nach Osten parallel verlaufende Landschaften untergliedern: im Norden das Hochgebirge mit dem höchsten Gipfel, dem Monte Bernina in der Valtellina (Veltlintal), den über tausend kleinen Bergseen und den vier großen Seen Lago Maggiore, Lago di Lugano, Lago di Como und Lago di Garda, von denen nur der Comer See ganz zur Lombardei gehört; das Voralpenland und die Moränenhügel zwischen den Seen und der Großstadt Mailand, die zum Po hin immer stärker abflachen; die Po-Ebene, die vor allem durch ihre Landwirtschaft zum finanziellen Reichtum der Region beiträgt, und die Hügellandschaft jenseits des Po, deren Erhebungen schon zum Apennin zu rechnen sind.

Im Mittelalter umfaßte die Lombardei einen Großteil der ehemaligen Gallia Cisalpina; diese zerfiel mit dem Aufkommen der Signorien in viele kleine Stadtstaaten. Nachvollziehbar ist die ursprüngliche mittelalterliche Aufteilung noch in der Verteilung der Bischofssitze der katholischen Kirche. So sitzt der zuständige Bischof des Schweizer Kantons Tessin in Como und jener der lombardischen Valtellina in Chur in der Schweiz.

Die Lombardei ist in ihrer heutigen Form ein rein politisches Gebilde, bestehend aus der Großstadt Mailand, Italiens wirtschaftlichem Zentrum, und elf Provinzen, die sich in den letzten Jahrhunderten unabhängig von der heutigen Hauptstadt entwickelt haben.

Die Provinzen

Die Region Lombardei gliedert sich in elf Verwaltungseinheiten *(provincia)*, die man nach ihren jeweiligen Hauptorten bezeichnet. Zu den althergebrachten Provinzen von Bergamo, Brescia, Como, Cremona, Mailand, Mantua, Pavia, Sondrio und Varese sind die vor einigen Jahren neugebildeten von Lecco und Lodi hinzugekommen.

Provinz	Fläche in km²	Einwohnerzahl insgesamt und je km²	Einwohner in der Hauptstadt
Bergamo	2722	925 000/340	118 000
Brescia	4782	1 040 000/217	198 000
Como	2104	526 000/250	90 000
Cremona	1771	138 000/ 78	77 000
Lecco	816	265 000/325	50 000
Lodi	816	190 000/233	43 000
Mailand	2762	3 987 000/1444	1 464 000
Mantua	2339	370 000/158	55 000
Pavia	2965	497 000/168	81 000
Sondrio	3212	177 000/ 55	23 000
Varese	1199	799 000/666	88 000

(Quelle: Regione Lombardia/Servizio Statistico/1992)

Klima

Von der Lage her ist die Lombardei der subkontinentalen Klimazone zuzuordnen. Bei näherer geographischer Betrachtung stellt man jedoch fest, daß die landschaftliche Gliederung in Ebene und Gebirge sehr verschiedene klimatische Bedingungen erzeugt. So entsteht durch die großen Wassermengen der Seen ein kontinuierlicher Wärmeaustausch mit der sie umgebenden Außenluft, der das milde Klima an den Seeufern bewirkt.

Im Hochgebirge reichen die Winter bis März, d. h. die meisten Skigebiete sind schneesicher. Im April ist mit relativ hohen Niederschlagsmengen zu rechnen. Der Herbst ist recht mild und lädt zu ausgedehnten Gebirgswanderungen ein, die durch ausgezeichnete Fernsicht belohnt werden.

In der Ebene, hier vor allem in der Nähe des Po, sind die Sommer feucht-heiß. Die größten Temperaturunterschiede zwischen Sommer und Winter findet man hier. Sie betragen teilweise bis zu 22 °C. In den Monaten Januar und Februar sorgt die hohe Feuchtigkeitsmenge für dichte Nebelbänke. Das zusätzlich von Smog belastete Mailand ist davon besonders betroffen.

Die dem Apennin vorgelagerten Hügelketten des Oltrepò Pavese und die Moränenketten vor den Seen sind beliebte Naherholungsgebiete der Mailänder, weil das Klima im Sommer wie im Winter angenehm mild ist.

Flüsse und Seen

Die Lombardei ist die wasserreichste Region Italiens. Allein die fünf großen Seen bedecken eine Gesamtfläche von 718 km^2; hinzu kommen noch die unzähligen kleinen Gebirgsseen. Ursache für diesen Wasserreichtum sind neben den Gletschern in der Schweiz die über 200 lombardischen Gletscher. Ihr Wasser speist die Zuflüsse der Seen, die Flüsse Ticino, Oglio und Adda sowie die vielen kleineren Bäche und Flüsse.

Vor einigen Jahren wurde in einer Untersuchung festgestellt, daß das klarste Mineralwasser aus einer Thermalquelle in San Pellegrino aus der Provinz Bergamo stammt. Leider sind nicht alle Wasser der Lombardei so klar, denn die enorme Viehzucht und die chemische Industrie in der Region belasten vor

allem den Po, der seine ›Last‹ bis in die Adria trägt.

Im Mittelalter stellte der Wassermangel lange Zeit das größte Problem der Region dar. Die Flüsse waren noch nicht reguliert, und die Lombardei – über weite Flächen völlig versumpft – war der ideale Aufenthaltsort für die die Malaria übertragende Stechmücke. Viele Orte waren durch diese Krankheit völlig entvölkert.

Doch schon im 12. Jh. begann man mit dem Bau der ersten Kanäle, im 15. Jh. gelang die völlige Kanalisierung. Auch Leonardo da Vinci war als Ingenieur an der Planung der Kanalisierung beteiligt. Durch ein ausgeklügeltes Bewässerungssystem konnten die Getreidefelder auch in Trockenperioden mit Wasser versorgt und die Reisfelder im Frühjahr geflutet werden. Dieses System bildete den

Der Ticino

Grundstock für den enormen Reichtum der Region und bedeutete einen wichtigen Schritt zur erfolgreichen Bekämpfung der Malaria und damit der Revitalisierung des Landes.

Flora und Fauna

Ähnlich wie das Klima variiert auch die Vegetation. Wie fast überall in Europa handelt es sich um eine vom Menschen beeinflußte Kulturlandschaft.

Die Gebirgshänge werden bis zu einer Höhe von ca. 500 m überwiegend landwirtschaftlich genutzt; im Oltrepò Pavese und in

Marcite – Rieselfelder

Wasserreichtum und fruchtbares Schwemmland, Sonne und genügend Regen sorgen in der Lombardei für das richtige Klima, um große Flächen landwirtschaftlich nutzen zu können.

Schon im 13. Jh. haben vor allem Mönche begonnen, die Sümpfe und Seen zu regulieren. Die Kanäle entstanden zuerst, dann nach und nach ein System aus geometrisch angelegten Be- und Entwässerungsdrainagen; wasserspeichernde Pflanzen folgten. Das Wasser wurde zunächst vor allem in der Gegend um Lodi zur Bewässerung genutzt. Im Laufe von 600 Jahren entstand eine von Menschenhand geschaffene Landschaft, die sich in einem sensiblen Gleichgewicht befindet.

Das Besondere an den so entstandenen Feldern ist die Dauerbewässerung. Sie sind in leichter Schräglage angelegt, so daß das Wasser kontinuierlich von oben nach unten durchrieselt – sie werden deshalb in Deutschland auch Rieselfelder *(marcite)* genannt. Die Maisfelder der Lomellina werden z. B. noch immer so bewässert.

Die geometrische Anlage der Felder mit den Bewässerungskanälen und Bäumen als Windschutz macht den eigentlichen Reiz der Poebene aus.

der Valtellina wird Wein angebaut. In der Valtellina gibt es außerdem bis zu einer Höhe von 700 m Obstplantagen; Haupterzeugnisse sind – ähnlich wie in Südtirol – Äpfel.

Bis etwa 1000 m sind die Hänge bewaldet. Vorherrschende Baumsorten in niederen Lagen sind Ahorn, Linden und Eichen, in höheren Lagen auch Kastanien. Diese Kastanienwälder werden vielfach kommerziell genutzt; deshalb sind dort zur Erntezeit Spaziergänger ungern gesehen.

Über 1000 m herrschen Nadelhölzer vor, doch auch bis zu einer Höhe von 2300 m sind zwischen dichtem Rhododendronbewuchs vereinzelte Lärchen anzutreffen. Die höhergelegenen freien Flächen mit ihren saftigen Wiesen dienen überwiegend als Sommerweiden.

An den Seen wachsen – durch das milde Klima bedingt – Pinien, riesige Azaleenbüsche, Oleander in den verschiedensten Farben und sogar Olivenbäume. Das Öl, das aus den Oliven der Bäume an den Hängen des Gardasees gepreßt wird, ist durchaus mit dem der Toskana vergleichbar.

Die Ebene ist geprägt durch die unterschiedliche landwirtschaftliche Nutzung. So erscheint die Lomellina im Frühjahr, wenn die Reisfelder geflutet sind, eine riesige Seenplatte zu sein. Im Sommer verschwinden die kleinen Seitenstraßen zwischen hochgewachsenen Maisstauden und ausgedehnten gelb leuchtenden Reisfeldern.

In der Po-Ebene wird überwiegend Gemüse angebaut, in den

Weinberg in der Valtellina

letzten Jahren sehr viel Soja. Damit der Wind die fruchtbare Erde nicht wegträgt, schützen kleine Birkenwälder die Ackerflächen. Ein typisches Bild der Ebene sind im Nebel nur als Schattenriß erkennbare Birken, die wie zum Kampf aufmarschierte Soldaten die Felder säumen.

Durch den Eingriff der Menschen sind die Tierarten, vor allem in der Ebene, im Laufe der Jahrhunderte auf ein Minimum reduziert worden. Die einst heimischen Tiere wie Wolf, Bär, Luchs und Fischotter sind ausgerottet. Nur in den Naturschutzgebieten ist noch eine Vielfalt von Tieren zu finden.

In der Ebene trifft man überwiegend auf Kaninchen. Wildschweine sind nur noch am Ticino zu finden.

Die reichste Artenvielfalt bietet das Naturschutzgebiet am Stilfserjoch. Dieses steht unter gemein-

›Steckbrief‹ Lombardei

Lage: Zwischen den Schweizer Kantonen Tessin, Graubünden, Engadin und den italienischen Regionen Piemont, Emilia-Romagna, Veneto und den autonomen Regionen Südtirol und Trentino.
Fläche: 23 872 km², viertgrößte Region Italiens, Gebirge 9672 km², Hügel 2962 km², Ebene 11 222 km².
Bevölkerung: ca. 8 900 000 Einw., Ausländeranteil rd. 2 %.
Geburtenrate: ca. 1,15.
Bevölkerungsdichte: ca. 370 Einw./km².
Verwaltungsbezirke (Provinzen): Mailand, Brescia, Bergamo, Varese, Como, Pavia, Mantua, Cremona, Sondrio sowie neuerdings Lecco und Lodi.
Hauptstadt: Mailand.
Wappen: Stilisiertes weißes Sonnensymbol aus der Steinzeit (keltische Rose) auf grünem Grund (Abb. S. 60).
Seen: Über 1000 km² kleine und große Seen; 5 große: Lago Maggiore, Lago di Lugano (Ceresio), Lago die Como (Lario), Lago d'Iseo und Lago di Garda.
Flüsse: Po (über 110 km in der Lombardei), mit 1500 m pro Sek. Fließgeschwindigkeit und seinen wichtigsten Zuflüssen: Adda, Ticino, Oglio, Mincio.
Naturschutzgebiete: 90 000 ha im Tal des Ticino; 23 000 ha am südlichen Addalauf; entlang des Mincio vom Gardasee bis zum Po; am Stilfserjoch mit 134 619 ha Gesamtfläche.
Skipisten: insgesamt rd. 1300 km; und ca. 360 Skilifte.

schaftlicher Leitung der Schweiz, der Lombardei und der autonomen Region Südtirol. Hier am Stilfserjoch, abgeschirmt vom Autoverkehr und der Landwirtschaft, kann man bei Wanderungen Rehe, Hirsche, Hasen, verschiedene Mardersorten, Wiesel, Dachse, Murmeltiere, Steinböcke, Gemsen und Adler in freier Natur erleben.

Während in der Valtellina 240 verschiedene Vogelarten leben, gibt es in der Ebene fast nur noch Stare. Die Fasane, die man öfter am Straßenrand oder auf den Feldern sieht, sind größtenteils von Jägern ausgesetzt und zum Abschuß bestimmt. Die Vogeljagd ist bei der Landbevölkerung immer noch eine beliebte Freizeitbeschäftigung.

An den Flüssen gibt es neben Enten auch Wasserhühner und Schnepfen. Viele Jäger beklagen sich, daß – seit das Naturschutzgebiet des Ticino nicht mehr von privater Hand geleitet und die Hege entsprechend vernachlässigt wird – viele Tierarten aus der Region verschwinden. So fehlt es an ausreichendem Nachwuchs, und der Bestand wird immer geringer.

Durch die unzureichenden Kläranlagen verursacht, leben im Gardasee kaum noch Fische, während im Comer See Hechte, Döbel, Schleie, Stichlinge, Karpfen und Aale zu Hause sind. Karpfen und Aale findet man sogar in den Reisfeldern der Lomellina, ebenso wie Frösche, eine Delikatesse in den Gasthäusern dieser Provinz. Forellen gibt es nur noch im Oberlauf des Adda und in seinen Nebenflüssen.

Wirtschaft

Italien war Anfang der 90er Jahre mit 19 % am Bruttosozialprodukt der Mitgliedsstaaten des Europäischen Währungssystems beteiligt. Damals entfielen 24 % der Gesamtersparnisse in der EG auf Italiener, aber zugleich machte das italienische Staatsdefizit 32 % der Gesamtverschuldung des EWS aus. Allein für die Bezahlung seiner Zinsen mußte der italienische Staat jährl. 190 Milliarden DM aufnehmen. Entsprechend negativ sahen und sehen viele italienische Unternehmer die Zukunft des Landes, zumal sich die Lage verschlechtert hat.

1990 erklärte der ehemalige Fiat-Chef Giovanni Agnelli auf der Hauptversammlung seines Konzerns: »Das Fest ist zu Ende...«. Schuld an dieser Entwicklung, die die Inflationsrate kontinuierlich steigen läßt, geben führende Unternehmer der maroden Regierung.

Daß Italien trotzdem den 7. Platz auf der Weltrangliste der führenden Wirtschaftsnationen einnimmt, ist zum Großteil der Energie und Tatkraft der Lombarden zu verdanken, welche die ausgezeichnete geographische Lage ihrer Region schon frühzeitig zu nutzen wußten.

Hauptquelle des Wohlstandes in der Lombardei ist die Mode-Indu-

Der Lombardsatz

Als im Zuge der Völkerwanderung im 6. Jh. die ersten Langobarden in Cividale/Friaul eintrafen, war das Weströmische Reich längst zugrunde gegangen. Die Langobarden übernahmen schon bald die Vorherrschaft in den oberitalienischen Städten und begannen von hier aus, Mittelitalien zu erobern. In Oberitalien zurück blieben in erster Linie Patrizierfamilien, die problemlos die noch immer funktionierende Verwaltung der Städte übernahmen. Viele Langobarden heirateten einfach in die Führungsschicht des ihnen unterlegenen Volkes ein – ein wichtiger Schritt zum Eintritt in öffentliche Ämter wie Polizei, Steueramt und ähnliches. Viel bedeutender für ihren Einfluß war jedoch die Übernahme der Aufsicht über Handel und Gewerbe in den Städten der Lombardei.

Es waren im Mittelalter nicht nur Juden und toskanische Bankhäuser (Medici), die gegen Zins Geld verliehen, sondern auch ›Lombarden‹, die allerdings überwiegend aus Asti stammten (heute Piemont). Erstmals erwähnt werden die Lombarden – eine Verstümmelung des Wortes Langobarden – in einer Chronik aus dem Jahre 1226 in Asti selbst, die besagt, daß die Bewohner der Stadt einige Jahre zuvor mit der Ausgabe von Darlehen begonnen hätten.

Die Lombarden verliehen in erster Linie Geld gegen Sicherheiten wie Juwelen, Hausrat und Kleidungsstücke. In seltenen Fällen hatten sie das Recht des Geldwechsels.

strie, gefolgt von der Landwirtschaft und der chemischen Industrie. Die einst so hochgeschätzte Kraftfahrzeugindustrie (Alfa Romeo und Innocenti) ist längst mehrheitlich in die Hände des Turiners Agnelli übergegangen.

Landwirtschaft

Die landwirtschaftlich genutzte Fläche der Lombardei beträgt 1,6 Mill. ha; damit ist die Lombardei mit 14 % des Gesamtaufkommens nach der Emilia-Romagna die zweitstärkste landwirtschaftliche Region Italiens. Zwar dürfen nur in Parma (Emilia-Romagna) erzeugte Schinken das Gütesiegel ›Farmaschinken‹ tragen, doch wird auch in der nur wenige Kilometer entfernt liegenden Lombardei nach der gleichen Methode Schinken hergestellt. In den letzten Jahren versuchte man, in der Po-Ebene

Mit dem Aufkommen von alljährlichen Messen, zunächst im Zusammenhang mit kirchlichen Feiertagen, wanderten viele Italiener als Kaufleute, vor allem jedoch als Zinswucherer, ins Ausland aus. Diese Kaufleute und Wucherer wurden ziemlich pauschal, unabhängig von ihrer Herkunft, als Lombarden bezeichnet.

Durch die Erschließung des Gotthard-Passes im 13. Jh. wurde die Rheinstraße, die von Italien über die Alpen nach Basel führte und sich in Deutschland über Speyer, Worms, Mainz, Koblenz und Köln erstreckte, die bedeutendste Handelsstraße. Viele der sogenannten Lombarden siedelten sich in den Städten entlang des Rheins an; ähnlich wie die Juden waren sie immer wieder Repressalien ausgesetzt. Weil die Konkurrenz der lombardischen Geldverleiher in Frankreich, England und Deutschland zu groß geworden war, sahen sich viele jüdische Familien gezwungen, nach Osteuropa auszuwandern. Im 13. Jh. gab es in Frankreich kaum eine Stadt, die nicht eine ›rue des lombards‹ hatte, und noch heute heißt die Hauptgeschäftsstraße im Londoner Bankenviertel Lombardstreet.

Der Lombardkredit erinnert an diese Pfandleiher aus Oberitalien. Auch dieser Kredit wird nur gegen von der Bundesbank besonders festgesetzte Sicherheiten wie bestimmte Wertpapiere und Schuldbuchforderungen an andere Kreditinstitute zur kurzfristigen Überbrückung von Liquiditätsbedürfnissen vergeben. Mit dem Zinssatz, den die Bundesbank für diese Kredite festsetzt, dem Lombardsatz, steuert sie die Menge des in Umlauf gesetzten Geldes. Eine Methode, die sich vor allem zur Zeit der Ölkrise ausgezeichnet bewährt hat.

neue Pflanzen zu beheimaten, wie z. B. Soja und Sonnenblumen. Besonders erfolgreich war man mit der als empfindlich geltenden Kiwipflanze. Mittlerweile erzeugt Italien ein Drittel der gesamten Weltproduktion dieser Früchte und damit mehr als das Herkunftsland der Kiwi, Neuseeland.

Ein dritter Wirtschaftsfaktor in der Po-Ebene ist die Fischzucht. Hier werden jährlich 149 000 Tonnen verschiedenster Fischsorten wie Aale, Karpfen und Forellen gezüchtet.

Obwohl die 1,9 Mill. Kühe in erster Linie der Milcherzeugung dienen, muß Italien ein Drittel des nationalen Milchbedarfs importieren. Die Hauptursache für diese hohe Importquote liegt in der Landflucht vieler Bergbauern und dem Verlust an Ackerflächen in der Ebene. Es wird sehr viel fruchtbares Land für Straßenbau sowie neue Industrie- und Wohngebiete ausgewiesen,

Bauern bei der Heuernte

während die Altstädte oft leerstehen. In der Provinz Brescia gingen in den letzten Jahren rd. 22 000 ha Ackerland verloren.

Die Landschaft der Valtellina wird bis zu einer Höhe von 700 m überwiegend landwirtschaftlich genutzt. Die daraus resultierenden Einnahmen machen jedoch nur 4 % der Gesamteinnahmen des Tales aus. Auf den terrassenförmig angelegten Hängen werden überwiegend Äpfel und Weintrauben angebaut. Durch die Almwirtschaft ist die Auswahl an Käseprodukten und an aus Rindfleisch hergestellter Wurst recht groß.

Eine weitere Besonderheit der Lombardei besteht im Anbau von Reis. Insbesondere in der Lomellina werden viele verschiedene Sorten angepflanzt.

Industrie

Ein geflügeltes Wort in Italien sagt: »Rom ist das Herz und Mailand das Hirn«. Der ehemalige sozialistische Bürgermeister Mailands Aniasi ließ sich sogar zu dem Ausspruch: »Mailand wirft den Schatten Europas auf Italien – Rom den Schatten Afrikas« verleiten. Während man in Rom diskutiert und debattiert, die wichtigsten Gesetze im letzten Moment noch zu Fall bringt, funktioniert die Wirtschaft im Norden auch ohne diese.

Die industrielle Entwicklung hat in Norditalien recht früh eingesetzt. Schon im 8. Jh. sprach man in der Provinz Como von Eisenverarbeitung, doch der große Boom setzte erst Mitte des 18. Jh.s unter der österreichischen Herrschaft ein. Heute wird Eisen vor allem in der Provinz Brescia verarbeitet. Petrochemische Industrie findet man in der Provinz Mantua; die Brianza hingegen ist bekannt für ihre holzverarbeitende Industrie: in erster Linie werden Möbel hergestellt.

Das wichtigste Produkt der Lombardei, die Seide, ist in Como zu erwerben, wo sich die großen Seidenmanufakturen befinden.

Bekleidungsindustrie und Design

Obwohl Spanien einen Anlauf genommen hat, Italien auf dem Modemarkt zu überflügeln, kann man im Moment noch behaupten, daß Italien die führende Nation in dieser Branche ist.

Schon von den Etruskern wird berichtet, daß sie großen Wert auf ihre äußere Erscheinung legten. Die Damen der italienischen Renaissancehöfe standen den Etruskern in nichts nach: Barbara Sforza, die Frau von Ludovico il Moro, ließ ihre Kleider gar von Leonardo da Vinci entwerfen.

In italienischen Modezeitschriften kommt diese Liebe zu Eleganz und schöner Kleidung auch heute noch zum Ausdruck. Man ist in Italien immer eine Spur eleganter als anderswo.

Die gesamte Region Lombardei ist eine einzige ›Schneiderwerkstatt‹. Von Seidenstoffen über Knöpfe, Pailletten, Arbeitsutensilien für die Bekleidungsindustrie bis zu Schuhen, Handtaschen und Accessoires wird alles hergestellt.

Begonnen hat alles am Comer See. Er befand sich einst an der Haupthandelsroute von Genua nach Nordeuropa über den San Bernardino-Paß. Como war wichtigster Umschlagsplatz für Wolle und Garne aus dem Orient. Nach der Öffnung des Gotthard-Passes im 13. Jh. geriet Como ins Abseits. Die Stadt mußte sich nach neuen Einnahmequellen umsehen, und man fand diese in der Weiterverarbeitung der importierten Wolle und Garne. Viele Frauen arbeiteten in Heimarbeit an diesen Produkten.

Doch erst im 18. Jh. hat man in der Brianza und bei Mantua damit begonnen, die Garne selbst herzustellen. Das österreichische Herrscherhaus förderte die Anpflanzung von Maulbeerbäumen, die Seidenraupenzucht – deren Geheimnis China jahrtausendelang gehütet hatte – wurde zur wichtigsten Lebensgrundlage der Bauernfamilien. Die Männer arbeiteten in den Maulbeerkulturen, während die Frauen und Mädchen – oftmals in Heimarbeit – die Seide verarbeiteten. Mittlerweile ist die Seidenraupenzucht zurückgegangen, und die Manufakturen importieren überwiegend die kostengünstigeren Garne aus Asien. Heute hat man sich deshalb wieder der Wei-

Frau am Webstuhl. Historische Fotografie, Ende 19. Jh.

terverarbeitung zugewandt. Dazu gehören die Verarbeitung zu Stoffen sowie das Einfärben und Bedrucken der Textilien.

Viele Modedesigner nutzen den günstigen Standort Mailand, die Nähe zu den Rohstofflieferanten und zu den Kunden, um ihre Ware auf den Markt zu bringen. Armani, Versace, Missoni haben ihre Vertragsschneidereien, die auch schon mal unetikettiert eine Kopie der Designerware auf den Markt bringen. Solange es ein gewisses Maß nicht überschreitet, wird dies von den Designern auch geduldet, denn letztlich sitzt der Zulieferer am längeren Hebel. Es soll schon vorgekommen sein, daß die Ware nicht rechtzeitig zur Modemesse geliefert wurde, deshalb ist ein gutes Verhältnis zwischen Schneiderei und Designer so wichtig.

Aber auch rund die Hälfte aller italienischen Industrie- und Architekturdesigner arbeitet in Mailand und Umgebung. Sie beschäftigen sich mit der Gestaltung neuer Museumsflächen in Paris und Barcelona, der Ausstattung von ganzen Ladenketten, entwerfen auch Möbel, Leuchten, Schreibmaschinen und Haushaltsgeräte. In den Geschäften Mailands kann man diese Designer-Objekte zu den entsprechenden Preisen erstehen. Besondere Vorliebe zeigen italienische Designer für Gebrauchsgegenstände, die zwar jeder modernen Küche den Stempel ›up to date‹ aufdrücken, ansonsten aber selten zu gebrauchen sind. Die schönsten und ausgefallensten Modelle werden alle drei Jahre auf der Mailänder *Triennale* ausgestellt und prämiiert.

Einer der bedeutendsten Designer der Welt ist Ettore Sottsass, der 1980 gemeinsam mit zwei Kollegen, Aldo Cibic und Marco Zanini, ein Studio in Mailand eröffnete. Mittlerweile beschäftigen sie über 30 Mitarbeiter aus aller Welt. Aber auch Alessandro Mendini ist von Frankreich, wo er an der Ecole des Ateliers de Paris unterrichtet, bis Japan ein überaus gefragter Designer. Für die Silberkollektion von ALESSI hat er Kaffee- und Teesets entworfen. Er propagiert den ›malerischen Stil‹. Aldo Rossi ist vielleicht der bekannteste italienische Architekt. Er entwirft so ganz nebenbei auch schon mal einen Sessel für UNIFORME oder Standuhren für ALESSI.

Wer Design studieren möchte, hat gleich mehrere Schulen zur Auswahl. Den besten Ruf genießt jedoch die Domus Academy in Mailand.

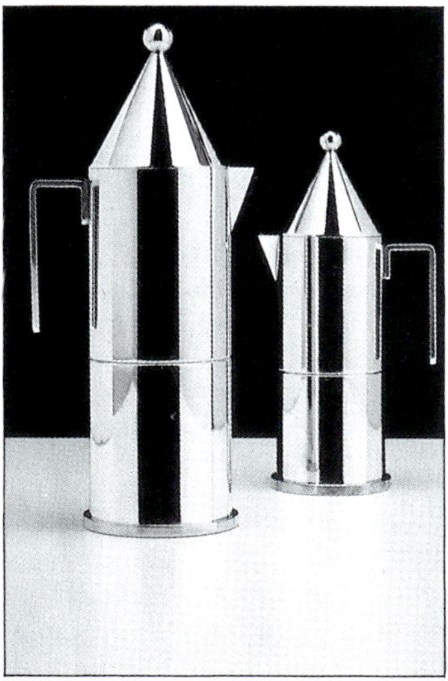

Autoindustrie und -zubehör

Der größte italienische Automobilhersteller sind die FIAT-Werke in Turin. Ihr Besitzer Giovanni Agnelli, der sich mittlerweile aus der Unternehmensleitung zurückgezogen hat, zählt zu den einflußreichsten Männern Italiens. Seit 1986 gehören auch die im Jahre 1907 gegründeten Mailänder ALFA ROMEO-Werke zu seinem Firmenimperium.

ALFA ROMEO entwickelte 1940 den ersten 12-Zylinder-Motor sowie erstmals Bremsen, die an allen vier Rädern greifen. Das Signet des ALFA ROMEO zieren das Kreuz der Kommune Mailand und die Natter der Visconti (s. S. 28). Weniger bedeutend sind die ebenfalls in Mailand ansässigen INNOCENTI-Werke.

1906 begannen in Mailand die gummiverarbeitenden Werke PIRELLI mit der Reifenfabrikation. PIRELLI hat mittlerweile erhebliche finanzielle Schwierigkeiten. In der Lombardei hat auch die Karosseriefabrik PININFARINA ihren Sitz. Sie zeichnet verantwortlich für die Karosserien von PEUGEOT, ALFA ROMEO sowie die Sportwagen von FIAT und dem Paradepferd Italiens: FERRARI.

Caffettiere ›La conica‹ und ›Miniconica‹ von Aldo Rossi für Alessi, 1982–88

Alfa Romeo

1907 war das Gelände von Portello im Norden Mailands von dem französischen Automobilkonstrukteur Alessandro Darracq gekauft worden. Er baute das schnellste Auto seiner Zeit und wollte auch auf dem italienischen Automobilmarkt Fuß fassen.

Schon nach wenigen Jahren sah er sich jedoch gezwungen, seine Fabrik an eine lombardische Gruppe zu verkaufen. Die Gruppe der A.L.F.A. (Anonima Lombarda Fabbrica Automobili). Sie sah die ökonomische Zukunft der Region in der Automobilindustrie und begann deshalb mit der Vorgabe, 350 Autos im Jahr herzustellen. Dazu wurden 250 Mitarbeiter neu eingestellt. Doch schon sehr schnell, durch den bevorstehenden Krieg, verschlechterte sich die Auftragslage, und A.L.F.A. mußte verkaufen. Käufer war ein mutiger Ingenieur aus dem neapolitanischen Hinterland mit Namen Nicola Romeo. Doch auch für Nicola Romeo war der Start nicht einfach. Zunächst mußte er seinen Traum von schnelleren und sicheren Autos zurückstellen, da der Krieg einen erhöhten Bedarf an Kriegsmaterial erforderte und Autos keine Abnehmer fanden. Gegen Ende des Krieges gelang Romeo ein echter Glücksgriff, er konnte den Techniker Vittorio Jano von Fiat abwerben. Jano hatte einen genialen neuen Motor entwickelt, der dem damaligen Fiatprogramm nicht entsprach. Nicola Romeo jedoch schätzte den neuen Motor richtig ein und ließ ihn von Jano für seine

Messen

Messen haben in der Lombardei eine lange Tradition. Schon im Mittelalter hatte die Woll- und Garnmesse in Como die meisten Besucher. Heute bietet fast jede kleinere Stadt Messeveranstaltungen an. Die wichtigsten Messen finden jedoch in Mailand statt.

Als im April 1920 die Mailänder Messe zum ersten Mal ihre Pforten öffnete, waren zwar 1233 Aussteller vertreten, doch schloß die Veranstaltung mit einem Defizit ab. Als Messestände dienten Baracken, Überreste aus der Kriegszeit. Den Organisatoren gelang es, trotz aller Hindernisse – wie Streiks und zurückhaltender Investoren –, die April-Messe zu einem Treffpunkt internationaler Einkäufer zu machen. Man kaufte später das Gelände auf der ehemaligen Piazza d'Armi und begann mit dem Bau der Messehallen. In den 60er Jahren war der An-

Wagen weiterentwickeln. Gleichzeitig nannte Nicola Romeo seine Werke in ALFA ROMEO um.

In einem Rechtsstreit mit A.L.F.A. konnte er den Richtern glaubhaft machen, daß sein Alfa der erste Buchstabe des griechischen Alphabetes sei und nichts mit den Automobilwerken A.L.F.A. gemeinsam habe.

Bei dem neuen Motor, den der Ingenieur Jano entwickelt hatte, handelte es sich um einen 8 Zylinder mit 2000 ccm. Der damit ausgestattete Wagen, der berühmte ›P2‹, schaffte schon damals eine Spitzengeschwindigkeit von 180 km/h.

1925 gewann der P2 die Weltmeisterschaft. Der Triumph dieses Wagens war auch ein Triumph für Italien. Vittorio Jano erhielt das Ingenieursdiplom ›honoris causa‹. Nicola Romeo wurde zum Senator des Reichs ernannt. Der von Jano entwickelte Motor ist das Vorbild fast aller Rennmotoren geworden. Die verbesserte Version wird immer noch in jeden ALFA eingebaut. Das Motorengeräusch der Autos von ALFA ROMEO ist deshalb unverwechselbar. 1986 wurden die ALFA ROMEO-Werke an den FIAT-Konzern verkauft.

Seine Teststrecke fand der P2 auf dem Autoring von Monza, dessen Bau ein Wald, ein Hirschgehege, die ungarische Fasanerie und andere Teile des Parks der Villa Reale zum Opfer fielen. Die Anlage besteht aus drei Rennstrecken: eine für Hochgeschwindigkeitsrennen, eine für Straßenrennen und eine Juniorrennstrecke für Formel 3 und Nachtrennen. 150 000 Menschen haben Platz im Gelände, davon 30 000 auf Tribünen. Die Rennstrecke kann nach Entrichten einer entsprechenden Gebühr privat befahren werden. Sie ist täglich geöffnet von 8.30 bis 12.30 Uhr und von 13.30 bis 17.30 Uhr.

drang auf der April-Messe so groß, daß man sich entschloß, auch branchenbezogene Messen anzubieten. Das Resultat sind 90 Messeveranstaltungen jährlich mit einer Besucherzahl von 4,3 Millionen. Die Messeveranstaltungen bringen der Stadt Mailand ca. 4,6 Milliarden DM jährlich. Während der Messezeiten sind bis zu 121 000 Mitarbeiter beschäftigt.

Mit dem Umzug, noch vor dem Jahr 2000, auf das Gelände von Portello, das gleiche, das einst Alessandro Darracq für seine Automobilfabrik (ALFA ROMEO) erworben hatte, soll sich die traditionelle April-Messe zu einem gigantischen internationalen Treffpunkt entwikkeln. Hinzukommen sollen dann: internationale Kunstausstellungen, Konferenzen führender Wirtschaftskräfte aller fünf Kontinente, Vorstellung neuer Projekte und Begegnungen zwischen den Bürgermeistern der großen Städte der Welt.

Tourismus

Die größte Einnahmequelle Italiens ist der Tourismus. Dies betrifft allerdings in erster Linie die stark frequentierten Küstenorte an der Riviera und der Adria.

In der Lombardei spielt der Tourismus eine untergeordnete Rolle; dies, obwohl die Lombardei von allen italienischen Provinzen am besten gerüstet ist. Die Infrastruktur ist gut ausgebaut, es gibt ausreichend Hotels und Pensionen jeder Kategorie sowie genügend Campingplätze und Jugendherbergen.

Insgesamt 150 000 Betten stehen den 15 Millionen jährlichen Gästen zur Verfügung. Selbst wenn man voraussetzt, daß alle in Hotels und Pensionen übernachten, bedeutet das für die Hotels eine Auslastung von nicht einmal 30 %. Von den 15 Mill. Besuchern sind 2 Mill. ausländische Gäste, die überwiegend zu den verschiedensten Messeveranstaltungen nach Mailand kommen.

Größter Anziehungspunkt, sowohl italienischer als auch ausländischer Touristen, ist der Gardasee, der durch diesen Ansturm ökologisch stark belastet ist.

Die Skigebiete in der Valtellina und bei Bergamo zählen noch zu den touristischen Geheimtips, doch sowohl in Livigno als auch in Bormio (Valtellina) hat man sich auf größere Touristenzahlen vorbereitet. Für viele Bergbauern ist dies die Chance, weiterhin an Ort und Stelle ihr Auskommen zu finden. Durch die lange Erfahrung mit dem Naturschutzgebiet am Stilfserjoch steht zu hoffen, daß man die nötige Vorsicht beim Ausbau der Skigebiete walten läßt. Bisher werden die zahlreichen Thermalbäder in der Lombardei überwiegend von Italienern besucht.

Daten zur Geschichte

5.–4. Jh. v. Chr.	Durch den Einfall der Kelten werden verschiedene, den Etruskern verwandte Völker aus den Alpen in die Ebene verdrängt; Gründung Mailands durch die Insubrer, Bergamos und Comos durch die Orober, Brescias durch die Cenomanen.
225–194 v. Chr.	Ausdehnung des römischen Reiches bis zur Po-Ebene.
59 v. Chr.	Cäsar wird römischer Konsul.
58 v. Chr.	Beginn der Eroberung Galliens durch Cäsar. Die heutige Lombardei wird als *Gallia Cisalpina* Teil der gallischen Provinzen. Die Poebene dient Cäsar als Winterquartier.

49 v. Chr. Cäsar verleiht der Provinz Gallia Cisalpina das römische Bürgerrecht. Cäsar überschreitet den Rubicon.

44 v. Chr. Ermordung Cäsars.

292 n. Chr. Mailand wird Residenz des weströmischen Kaisers Maximianus.

313 Im ›Mailänder Edikt‹ verkündet Konstantin der Große die freie Ausübung und Gleichberechtigung aller Religionen.

374 Der aus Trier stammende Ambrosius wird erster Bischof von Mailand.

395 Teilung des Imperium Romanum in Ost- und Weströmisches Reich.

404 Honorius, der erste Weströmische Kaiser, verlegt die Hauptstadt des Westreiches von Mailand nach Ravenna.

Ost- und West-Rom um 408

476 Der Germane Odoaker entthront Romulus Augustulus. Ende des Weströmischen Reiches.

489–493 Krieg zwischen Theoderich und Odoaker. Die Po-Ebene gelangt in die Hände von Theoderich.

Die Langobarden

Eine uralte Legende berichtet von der Zeit als die Vandalen noch gegen die Vinnilen Kriege führten, daß die Vandalen den Gott Wotan um Hilfe im Kampf anriefen. Der unbestechliche Wotan ließ sich soweit erweichen, denen den Sieg zuzubilligen, die er am besagten Morgen zuerst nennen würde. Die Vinnilenfrauen, denen dies zu Ohren kam, wandten sich besorgt an Freia, Wotans Weib. Diese riet ihnen, sich am Morgen des Kampftages mit dem langen, vor das Gesicht gebundene Haar noch vor den Reihen der Männer aufzustellen. Als an jenem Morgen die Sonne aufging und Wotan aus einem Fenster auf die aufgereihten Mannen (und Frauen) blickte, rief er: »Wer sind diese Langbärte?« und mußte somit den Sieg den Vinnili zugestehen, die fortan nur noch Langobarden (Langbärte) genannt wurden.

Die Langobarden sollen ursprünglich aus Skandinavien stammen. Sie werden als groß, blond und sehr tapfer beschrieben. In Skandinavien muß es ihnen etwas zu eng geworden sein, denn sie spalteten sich in drei Gruppierungen, von denen eine das Land zu verlassen hatte. Das Los entschied, wer bleiben durfte und wer gehen mußte.

Gemeinsam mit vielen anderen Völkern der Völkerwanderungszeit vagabundierten sie durch ganz Europa und Kleinasien. Mancher Kriegszug hat ihnen ein kleines Vermögen beschert, das der Anführer und später der König mit sich führte. Zeitweise hatten sich die Langobarden auch unter die Fittiche Attilas begeben. Später gingen sie eine schicksalvolle Allianz mit dem byzantinischen Feldherrn und Eunuchen Narsete ein. Gemeinsam überquerten sie die Adria und kämpften gegen Odoaker. Doch schon bald hatte Narsete sich im eigenen Land, vor allem bei der Königin Sofia, unbeliebt gemacht. Es kam zu einer Auseinandersetzung, in der die Königin nicht an beleidigenden Worten sparte, und Narsete zog sich wutentbrannt und haßerfüllt nach Neapel zurück, wo er auf Rache sann.

Er rächte sich mit einer netten kleinen Einladung, die er zusammen mit einem großen Geschenkkorb, gefüllt mit einer Auswahl der köstlichsten Früchte Italiens, an den Langobardenkönig sandte. Das heimatlose Volk ließ sich nicht zweimal bitten. 568 eroberte es die Stadt Cividale in Friaul und nach und nach den Rest Italiens. Wer sich ihm zur Wehr setzte, wurde gnadenlos niedergemetzelt, das Vermögen wurde konfisziert. Am heftigsten wehrte sich Pavia. Ganze drei Jahre dauerte die Belagerung, bis endlich der Langobardenkönig Alboin ungefährdet durch das Stadttor reiten konnte.

535–553	Kaiser Justinian macht Italien zur oströmischen Provinz.
568–573	Einfall der Langobarden in Oberitalien. Ihr Regierungssitz wird Pavia.
774	Mit der Gefangennahme des Langobardenkönigs Desiderius in Pavia gewinnt Karl der Große die Macht über Oberitalien, er wird der König der Langobarden, damit wandelt sich das langobardische Reich zum karolingischen.
781	Karl der Große bestätigt Pavia als Hauptstadt des *Regnum Italicum*
800	Kaiserkrönung Karls des Großen in Rom.
888	Nach dem Zerfall der karolingischen Macht wird der Markgraf von Friaul zum König Italiens gekrönt. Er kann jedoch die Entstehung selbständiger Kleinstaaten nicht mehr aufhalten.
891	Guido von Spoleto, König von Italien, erklärt die Städte Mailand, Como, Pavia, Seprio, Bergamo, Lodi, Cremona, Brescia, Mantua, Piacenza, Parma, Reggio und Modena zur Mark Lombardei.
951	Italienzug des Sachsenkönigs Otto I., Krönung zum Langobardenkönig.
961–992	Der 962 zum Kaiser gekrönte Otto I. gründet das Heilige Römische Reich. Er setzt Bischöfe als Feudalherrscher ein.
1076	Investiturstreit zwischen Papst Gregor VII. und Kaiser Heinrich IV.
1097	wird die Existenz einer Selbstverwaltung Mailands dokumentiert.
1110–1126	Immer mehr Selbstverwaltungen ersetzen die Bischöfe, z. B. in Como, Cremona, Bergamo und Brescia.
1155	Kaiser Friedrich Barbarossa wird in Pavia zum König Italiens gekrönt.
1167	Die Städte Mailand, Bergamo, Lecco, Cremona, Mantua und Brescia schließen sich zur antikaiserlichen *Lega Lombarda* zusammen.
1176	Die Lega Lombarda schlägt das Heer Friedrich Barbarossas bei Legnano. Der Kaiser erkennt die Autonomie der Kommunen im Friedensvertrag von Konstanz (1183) an.
12.–13. Jh.	Bau des *Naviglio Grande*, des ersten großen Kanals, der zur Be- und Entwässerung der Lombardei dient.
1237	Öffnung des Gotthard-Passes.

1277 Ottone Visconti wird zum Signore der Stadt Mailand proklamiert.

1328 Luigi Gonzaga übernimmt die Macht in Mantua.

1361 Pavia erhält von Kaiser Karl IV. die Erlaubnis, ein *studium generale* einzurichten.

1397 Gian Galeazzo Visconti wird Herzog der Lombardei.

1401 Gian Galeazzo Visconti schlägt König Ruprecht von der Pfalz.

Das Heilige Römische Reich verliert seinen Einfluß auf Italien.

1450 Francesco Sforza besetzt Mailand nach dem Tod des letzten Visconti.

1499–1500 Louis XII von Frankreich schlägt Ludovico Sforza, *il Moro*, den gefürchteten Herzog von Mailand und Arbeitgeber von Leonardo da Vinci. Er wird als Gefangener nach Frankreich verschleppt. Sein Herzogtum fällt an den französischen König, Cremona an Venedig und Bellinzona mit dem Tessin an die Schweiz.

Karte von Oberitalien aus dem Jahre 1590. Civica Raccolta delle stampe Achille Bertarelli, Mailand

1521–1525	Erneuter Krieg um das Herzogtum Mailand, diesmal zwischen François I, König von Frankreich, und dem Habsburger Kaiser Karl V. Francesco II Sforza wird von dem in der Schlacht von Pavia siegreichen Karl V. zum Herzog von Mailand eingesetzt.
1529	Frankreich erklärt im ›Damenfrieden von Cambrai‹ den Verzicht auf Italien. Mailand sowie Sardinien, Neapel-Sizilien gelangen nach der Teilung der Habsburgischen Lande zu Spanien.
1535	Francesco II Sforza stirbt ohne Erben.
1620	Antiprotestantische Auseinandersetzungen in der Valtellina.
17. Jh.	Das Herzogtum Savoyen-Piemont entwickelt sich zum stärksten Herzogtum Oberitaliens.
1628–1631	Die Bevölkerung Mailands sinkt als Folge der Pest von 130 000 auf 70 000 Einwohner.
1706	Eugen, Prinz von Savoyen, besetzt im Namen Kaiser Josephs I. Mailand und beendet damit die spanische Herrschaft in der Lombardei.

Österreich und Frankreich

1706 besetzt Eugen von Savoyen, im Namen des Kaisers Josephs I, im Verlauf des spanischen Erbfolgekrieges Mailand. Es ist das Ende der spanischen Herrschaft in der Lombardei. Im Friedensvertrag von Utrecht 1713 und dem von Rastatt 1714 wird die Lombardei den Österreichern zuerkannt. Die neuen Machthaber rationalisieren radikal die öffentlichen Verwaltungen.

Unter der spanischen Herrschaft hatte sich der Adel einige Privilegien erobert. So saßen Adelige, da nur ihnen die höheren Schulen und Kollegien zugänglich waren, in allen wichtigen Machtpositionen. Für die Österreicher waren die Patrizierfamilien ein nicht einschätzbarer Risikofaktor, und so beschnitt man zunächst deren Privilegien. Die gesamte Verwaltung, die bisher in den Händen der Aristokratie lag, wie der Senat und der Magistrat, wurde aufgelöst. Titel wurden nur noch über einen heraldischen Gerichtshof verliehen, um zu verhindern, daß die Patrizierfamilien, wie bislang üblich, sich gegenseitig die Positionen zuschieben konnten.

Unter spanischer Herrschaft konnten die Adeligen ein durchschnittliches Jahreseinkommen von 300 000 Lire erzielen, das der Bürger lag bei lediglich 75 000 Lire. Der Kaiserhof in Österreich führte deshalb eine neue Besteuerung ein, die sich nach der Größe des Besitzes und dem häuslichen Nettoeinkommen richtete. Um dies gerecht durchführen zu können, mußte erst mal das Land erfaßt werden. 1760 wurde deshalb in der Lombardei das Kataster eingeführt.

Die Österreicher hatten aber auch erkannt, daß das Hauptprivileg der Patrizier in ihrer ausgesprochen guten Schulbildung bestand. Sie öffneten nun die höheren Schulen für jedermann. So studierten 1760 in Pavia lediglich 150 Studenten, nach der Einführung des neuen Schulrechts erhöhte sich die Zahl auf 1000.

Trotz des gerechteren Verwaltungssystems erfaßten die Ideen und Forderungen der französischen Revolution einen Großteil der lombardischen Bevölkerung. Die Österreicher sahen ihre Machtposition in Gefahr und setzen deshalb die Reformen aus. Als am 15. Mai 1796 Napoleon in Mailand einzog, wurde er von vielen mit großem Jubel empfangen. Die Mehrheit der Bevölkerung glaubte, er sei gekommen, um die Revolution auch nach Italien zu bringen. Sehr schnell schossen Vereinigungen, die das neue Recht auf Versammlungsfreiheit in Anspruch nahmen, aus dem Boden. Freiwillige verpflichteten sich bei den französischen Truppen, um das Land von der ›Sklaverei‹ zu befreien.

Der neue Staat ›Cisalpina‹ erhielt eine eigene Verfassung (1802), die sich an die der französischen Republik von 1795 anlehnte. Darin wurde unter anderem die Pressefreiheit garantiert. Unzählige Zeitungen entstanden. Die Staatsgewalt wurde in Legislative und Exekutive getrennt. Das Volk wurde souverän und die Gleichheit der Bürger vor dem Gesetz garantiert. Napoleon hat auch die Präfekturen eingeführt und damit die Verwaltungsgebiete geschaffen, die auch heute noch existieren. Doch zur großen Enttäuschung seiner Anhänger erfüllte Napoleon die in ihn gesetzten Erwartungen nicht. Er hofierte den Adel und schränkte die Pressefreiheit erneut ein.

1713 Als Folge des spanischen Erbfolgekrieges wird die Lombardei im ›Frieden von Utrecht‹ Österreich zugeschlagen.

1740–1748 Im ›Frieden von Aachen‹ erhält die Kaiserin Maria Theresia von Österreich den mittleren Teil der Lombardei und Mantua.

Die Gebiete südlich des Po (Oltrepò Pavese, die Lomellina und Novara) fallen an Carlo Emanuele III von Savoyen.

1796	Nach der Schlacht von Lodi gegen die Österreicher marschiert Napoleon am 15. Mai in Mailand ein.
1797	Ausrufung der ›Cisalpinischen Republik‹, die nun die Lombardei, das Veltlintal, die Stadtstaaten Bologna, Ferrara, Modena und Reggio umfaßt. Hauptstadt wird Mailand.
1801–1802	Umwandlung der Cisalpinischen Republik in eine italienische Republik. Mailand bleibt Hauptstadt, Napoleon wird ihr Präsident.
1804–1805	Nach der Erhebung Bonapartes zum Kaiser werden die verschiedenen italienischen Republiken zum Königreich Italien zusammengefaßt. Napoleon krönt sich mit der eisernen Langobardenkrone in Mailand zu dessen König.
1814–1815	Zusammenbruch der napoleonischen Herrschaft in Italien. Der Wiener Kongreß gibt u. a. die Lombardei an Österreich zurück.
1815–1820	Entstehung der Geheimbünde der *Carbonari* und des *Giovine Italia,* die sich dem Kampf des italienischen Freiheits- und Einheitsgedankens verschworen haben. Ihre Anführer sind Mazzini und Garibaldi.
1848	Der Sturz Metternichs im März löst eine Revolution in der Lombardei aus. Der erste Unabhängigkeitskrieg hat damit seinen Beginn.
1859	Nach einem weiteren Unabhängigkeitskrieg fällt die Lombardei (ohne Mantua) an Napoleon III, der sie Vittorio Emanuele II von Savoyen schenkt.
1860	Für die Unterstützung im Unabhängigkeitskrieg erhält Frankreich gemäß dem Bündnisvertrag die Heimatstadt Garibaldis, Nizza, und Savoyen. Nach einer Volksabstimmung stimmen die meisten italienischen Gebiete der Angliederung an Piemont zu.
1861	Das Parlament von Turin ruft das Königreich Italien aus mit Vittorio Emanuele II als König.
1865	Da Napoleon III den Kirchenstaat nicht freigeben will und Rom besetzt hält, wird die Hauptstadt Italiens zunächst Florenz.

Einzug von Napoleon III und Vittorio Emanuele II in Brescia am 18. Juni 1859. Aquarellierte Lithographie. Civica Raccolta delle stampe Achille Bertarelli, Mailand

1866	Erneuter Unabhängigkeitskrieg. Obwohl Italien die wichtigsten Schlachten verliert, erhält es Venetien zurück, so daß Mantua wieder Teil der Lombardei wird.
1870	Italien kann Rom besetzen, das nunmehr Hauptstadt wird.
1882	Öffnung des Eisenbahntunnels durch den Gotthard.
1898	Im Zusammenhang mit einem Generalstreik in Mailand kommt es zu gewaltsamen Auseinandersetzungen mit den Staatskräften, in deren Verlauf 81 Menschen getötet und 502 verletzt werden.
1900	Der Anarchist Gaetano Bresci erschießt König Umberto I in Monza, um die Toten von Mailand zu rächen.
1914	Am 15. November gründet Benito Mussolini *Il Popolo d'Italia* in Mailand.
1915	Erste österreichische Bomben über Brescia und Mailand.
1919	23. März – Mussolini gründet in Mailand die *Fasci Italiani di Combattimento.*
1921	Soziale Unruhen, geschürt durch die faschistische Partei Mussolinis.

1922 Marsch der Faschisten auf Rom.
Übertragung der Regierung auf Mussolini durch Vittorio Emanuele III (31. 10.).

1926 Mussolini nennt sich nun *Duce*.

1936 Mussolini kündigt auf dem Domplatz von Mailand die Allianz mit Nazi-Deutschland an. Hier fallen zum ersten Mal die Worte: »Die Achse Rom – Berlin.«

1943 Absetzung und Gefangennahme Mussolinis am 25. Juli. Nach seiner ›Befreiung‹ im September durch die Deutschen zieht sich Mussolini in das deutsch besetzte Oberitalien zurück. Am 23. September gründet er in Salò am Gardasee die *Repubblica Sociale Italiana*. Er kann jedoch nicht mehr aktiv in den Kampf eingreifen.

1945 Die gesamte Lombardei ist befreit. Mussolini wird von Partisanen ermordet.

1946 Im Referendum vom 2. Juni entscheiden sich 64,10 % der lombardischen Wähler für die Republik. Der König dankt ab.
Gründung der Region Lombardei.

Faschistischer Kalender von 1923. Civica Raccolta delle stampe Achille Bertarelli, Mailand

Gesellschaft und Alltag

Bevölkerung

Familie

Religiöse Minderheiten

Bildungswesen

Regierungssystem

Medien

Bevölkerung im Wandel

Seit etwa 10 Jahren ist Italien insgesamt in verstärktem Maße von illegalen Zuwanderern aus Nigeria, Ghana, Senegal, Elfenbeinküste, Mali, Marokko und Albanien betroffen. Alle Versuche des Italienischen Staates, die genauen Zahlen der Zuwanderer festzustellen, sind bisher gescheitert. Durch die langen, unbewachten Küsten Italiens ist der Zustrom nicht kontrollierbar. Man schätzt, daß sich ungefähr 35 000 legale und illegale Einwanderer aus nicht der EG angehörenden Ländern in Mailand aufhalten.

Viele dieser Zuwanderer leben in ärmlichsten Verhältnissen am Rande des Existenzminimums. Sie verdienen sich ihr Geld durch Verkauf von Modeschmuck und Dienstleistungen in den Städten, wo sie zum alltäglichen Bild gehören.

Noch vor 15 Jahren zog es vor allem Süditaliener aus Kalabrien, Apulien und Sizilien in den reichen Norden, wo sie hofften, in der gut entwickelten Industrie Beschäftigung zu finden. Für die meisten hat sich diese Hoffnung erfüllt; einige wenige konnten sich mit Restaurants oder Handwerksbetrieben selbständig machen.

Aber auch aus der Lombardei selbst wanderten z. B. im Jahre 1988 rd. 6000 Menschen aus,

Straßenhändler in Mailand

überwiegend nach Nordeuropa und Nordamerika. 1990 waren in der Lombardei rd. 98 000 Ausländer polizeilich gemeldet, davon leben allein 65 % in Mailand.

Schon in den ersten Monaten nach Inkrafttreten des sogenannten ›Gesetzes Martelli‹ (1989) hatten sich 34 000 illegale Einwanderer bei den Polizeibehörden gemeldet. In diesem Gesetz wird denjenigen Einwanderern, die aus der Illegalität heraustreten und sich bei den Ausländerbehörden registrieren lassen, eine Aufenthaltsgenehmigung, die eine Arbeitserlaubnis beinhaltet, zugesichert.

Etwa 38 000 Einwanderer stammen aus Afrika, Asien oder dem Mittleren Osten. Seither hat jedoch nur ein Viertel dieser ›legalen‹ Immigranten eine Vollzeitarbeitsstelle gefunden. Dies liegt auch an den strengen Vorschriften der Gewerkschaften, die von den Arbeitgebern verlangen, nur dann ausländische Mitarbeiter einzustellen, wenn diese eine Arbeit leisten, für die keine einheimischen Arbeitskräfte zur Verfügung stehen.

Die Mehrzahl der Einwanderer ist alleinstehend oder lebt von der Familie getrennt, wünscht sich also eine Familienzusammenführung. Nur jeder 16. Nordafrikaner kann mit einer höheren Schulbildung aufwarten, doch eine große Zahl der Männer und vor allem Frauen hat nie eine Schule besucht. Dies führt zu erheblichen Schwierigkeiten beim Erlernen der italienischen Sprache.

Die italienische Regierung hat dies erkannt und fördert deshalb spezielle Sprachkurse für Ausländer. Der staatliche Fernsehsender RAI 3 brachte einen sechzig Lektionen umfassenden Italienischkurs für nichteuropäische Ausländer.

In Mailand finden regelmäßige Treffen statt, die besonders ausländische Frauen ansprechen. Hier sollen sie in italienisch von sich selbst und ihrer eigenen Kultur erzählen. Man führt sie zu den Geschäften und den sozialen Einrichtungen ihres Stadtviertels, um sie mit den italienischen Gepflogenheiten vertraut zu machen. Aber natürlich auch, um die einheimische Bevölkerung auf ihre Probleme aufmerksam zu machen.

Viele dieser Immigranten aus Marokko, den Philippinen, China, Ägypten, Eritrea, Senegal ... verdienen sich ein paar Lire als Straßenverkäufer oder Fensterputzer. Sie gehören längst zum Straßenbild Mailands. Den Wohnungsnotstand in der Metropole bezeichnen sie als ihr größtes Problem, die wirtschaftlichen Sorgen folgen erst an zweiter Stelle.

Im Zusammenhang mit dem Gesetz Martelli wurde in Rom ein neues Ministerium für Immigranten geschaffen, von dem einige Initiativen ausgehen. Oft vergeht jedoch zu viel Zeit, bis diese die Betroffenen erreichen können.

Mit dem erneuten Aufkeimen faschistischer Gruppierungen in Italien und ganz Europa hat sich die Situation der Immigranten erheblich verschärft. Doch immer wieder stehen Menschen öffentlich auf und drücken ihre Empfindungen mit Sätzen aus wie: »Ich schäme mich für meine Mitbürger, die Schwarze oder Nordafrikaner mißhandeln.« So geschehen z. B. im Frühjahr 1992 in der Maurizo Castanzo Show, einer täglichen Talk Show, in der auch das Publikum zu Wort kommt. Besonders in kleineren Orten finden sich die Immigranten in einem Netz von privaten Hilfeleistungen gut aufgehoben. Das reicht von der Versorgung mit Lebensmitteln bis zur Hilfe bei der Jobsuche.

›Kleinfamilie‹ an Karneval auf dem Domplatz in Mailand

Die Rolle der Familie

Die Familie ist immer noch das wichtigste Element der italienischen Gesellschaft; dies hat sowohl traditionelle wie ökonomische Gründe. Da das durchschnittliche Einkommen niedriger liegt als z. B. in der Bundesrepublik, die Lebenshaltungskosten aber höher sind, bleiben selbst erwachsene Kinder während des Studiums bzw. in den ersten Berufsjahren zu Hause wohnen, wo ihnen durch die bestehenden Beziehungen der Eltern auch die Möglichkeit zu einem Nebenverdienst offensteht. Es ist nicht üblich, daß Kinder zu Hause Geld abliefern müssen, so daß die meisten bei ihrer Eheschließung in der

Erbrecht in der Valtellina

Im Herbst ist Bauer Giovanni Galli, Besitzer eines kleinen Gehöftes in Bormio mit 12 ha Alpweiden im Alter von 84 Jahren verstorben. Die Anzeige seines Todes hängt schwarz umrandet an mehreren öffentlichen Tafeln in Bormio aus. Der Zufall will es, daß seine Traueranzeige direkt neben der Gedenkanzeige seines fast sieben Jahre zuvor tödlich verunglückten Sohnes hängt.

Auch in den Kleinanzeigen der örtlichen Zeitung finden sich mindestens sieben Anzeigen. Da ist der örtliche Gemeinderat, der den Verlust des Ratsmitgliedes betrauert. Da sind die Eltern seines Schwiegersohnes, die der geliebten Schwiegertocher, in den Tagen des tragischen Verlustes, Trost und Beistand wünschen.

Den Beistand werden sie und ihre Verwandten auch bei der Verteilung der Erbmasse brauchen, denn diese ist, weil gerecht verteilt wird, sehr schwierig.

Zunächst gehört einmal die Hälfte des Landes Mafalda Galli, der Ehefrau des Verstorbenen. Zwischen den vier Kindern des Verstorbenen wird nun folglich die zweite Hälfte des Grundvermögens (sonstiges Vermögen ist keines da) aufgeteilt. Da nur noch zwei der vier Kinder leben, erhalten diese beiden lebenden je ein Achtel des Vermögens. Die restlichen beiden Achtel gehen an die Nachkommen der beiden verstorbenen Kinder. Dies ist im Falle der Tochter Maria noch recht einfach, sie hat zwei Kinder, die nun je ein Sechzehntel erhalten.

Der verunglückte Sohn Giuseppe aber hat drei Kinder, von denen die älteste Tochter im Alter von 35 Jahren an Krebs gestorben ist. Sie hinterließ zwei Kinder. Das bedeutet pro Kind 1250 m^2 Land – Land, das sich in 1400 Meter Höhe befindet und nur fünf Monate im Jahr zu bewirtschaften ist. Da dieses Land im Naturschutzpark Stilfserjoch liegt, ist eine touristische Nutzung nicht möglich. Nur wenige Kilometer weiter im autonomen Südtirol wäre es nie zu einer solchen Landzersplitterung gekommen, denn hier erbt noch nach alter Tradition der älteste Sohn.

Zum Glück besteht in Giovanni Gallis Familie niemand auf der Auszahlung seines Erbteils. Die Familie trifft sich zu einem gemütlichen Essen, man kommt sich ein bißchen in die Haare, aber letztendlich siegt die Vernunft. Giovannis Enkel Sandro, der die Viehwirtschaft schon nach dem Tod seines Vaters sieben Jahre zuvor übernommen hat, wird die restlichen Erbteile anpachten, als Gegenleistung wird er seine Verwandten mit Käse und anderen Molkereiprodukten beliefern. Und er hat längst weiteres Land zu einer sehr geringen Gebühr von der Gemeinde Bormio gepachtet. Vielleicht wird er in zwei Jahren, sollte die Großmutter einverstanden sein, den Hof umbauen und Zimmer an Touristen vermieten. Dann wird er sehr wahrscheinlich auch Giovanni Gallis Platz im Gemeinderat übernommen haben und damit über den notwendigen Einfluß verfügen, der zu solch ehrgeizigen Projekten notwendig ist, will man nicht Jahrzehnte auf eine Baugenehmigung warten.

Lage sind, sich eine Eigentumswohnung zu kaufen.

In der sogenannten Durchschnittsfamilie ist der Haupternährer der Vater, die Ehefrau häufig im Dienstleistungsgewerbe tätig. Der familiäre Zusammenhalt wird hauptsächlich von der Mutter getragen. Wie vielfach auch in Deutschland obliegen ihr die Hausarbeiten. Eine Beteiligung des Mannes oder Sohnes wird in den seltensten Fällen gefordert. Weitaus üblicher ist die Hingabe an den Sohn, der mit allen Kräften unterstützt wird.

Doch gerade in Norditalien wünschen sich junge Frauen weniger verwöhnte Männer, die sich auch für die Hausarbeit nicht zu schade sind; denn in den letzten fünf Jahren hat sich der Anteil der Frauen *in carriera* fast verdoppelt.

Es gibt mittlerweile auch viele unverheiratet zusammenlebende Paare. Der italienische Staat hat dem Rechnung getragen, indem er die Frau weitgehend rechtlich absichert.

Die Familie besitzt immer noch einen höheren Stellenwert als Freunde. Familiäre und intime Probleme werden entweder in der Familie ausgetragen oder ganz in der Öffentlichkeit, wie z. B. bei den beliebten Scheidungsshows im italienischen Fernsehen.

Religiöse Minderheiten

Die italienische Bevölkerung ist überwiegend katholisch. In einer Großstadt wie Mailand sind durch das Zusammenleben verschiedener Nationen auch deren Glaubensgemeinschaften vertreten. So gibt es in der Via Solferino eine anglikanische Kirche, in der Gottesdienste in englischer Sprache abgehalten werden. Es existiert eine kleine deutschsprachige protestantische Gemeinde und eine chinesisch sprechende baptistische. Außerdem werden regelmäßig ka-

Im Dom von Como

tholische Messen in englischer und deutscher Sprache gelesen (siehe Seite 190). Es gibt mehrere islamische Zentren und Moscheen sowie eine Zen-Buddhistische Gemeinde, wo sich nicht nur Japaner, sondern auch mittlerweile eine größerwerdende Zahl Italiener treffen.

Eine andere religiöse Minderheit in Norditalien sind die Waldenser. Diese Glaubensgemeinschaft wurde schon um 1170 von dem Lyoneser Kaufmann Waldes gegründet. Sie gehörte zu den sogenannten Armutsbewegungen. Bereits Petrus Waldes veranlaßte eine Übersetzung der Bibel ins Provenzalische. Das Sakrament der Priesterweihe erklärten die Waldenser für nichtig und förderten die Laienpriesterschaft, die auch das Sakrament der Kommunion einschließt. Sie glauben, daß die Kommunion von jedem Gläubigen (Mann oder Frau) und an jedem Tisch ausgeteilt werden kann, denn die Wandlung geschieht, nach ihrer Lehre, erst in der Hand des Empfängers.

In Italien hatte man über die Jahrhunderte hinweg ein gespaltenes Verhältnis zu den Juden. Die katholische Kirche verurteilte grundsätzlich die Verleihung von Geld gegen Zinsen. Diese Geschäfte wurden bis ins späte Mittelalter überwiegend von Juden getätigt; deshalb waren viele Städte für Juden verboten.

Die eigenwilligen Condottieri mit ihrem hohen Geldbedarf, wie die Gonzaga in Mantua, förderten hingegen den Zuzug von Juden. Hier ist auch von Ausschreitungen nichts bekannt. Im Gegenteil, die Juden waren gern gesehene Mitbürger, die im hohen Maße das Theater und die ersten Universitäten bereicherten. Anders in Mailand, wo man zur Zeit der Pestwellen jeden Fremden, und Juden galten als Fremde, beschuldigte, die Brunnen vergiftet und die Türen der Erkrankten mit ›Schleim‹ beschmiert zu haben.

Heute sind allein in Mailand vier verschiedene jüdische Glaubensrichtungen vertreten.

Bildungswesen

In Italien besteht Schulpflicht vom 6. bis 14. Lebensjahr. Das bedeutet den Besuch einer fünfjährigen Grundschule *(scuola elementare)* und einer dreijährigen Mittelschule *(scuola media)*.

Die Schüler müssen eine alljährliche Versetzungsprüfung ablegen. Erst kürzlich ergab eine Statistik, daß trotz bestehender Schulpflicht immer noch 5 bis 6 % der Kinder nach der Grundschule, also mit 11 Jahren, die Schule ohne Mittelschulabschluß verlassen.

Vier verschiedene Gymnasialformen stehen den Schülern zur Wahl: das humanistische Gymnasium *(liceo classico)* mit den Hauptfächern Italienisch, Griechisch, Latein und Philosophie; das wissenschaftliche Gymnasium *(liceo scientifico)* mit den Hauptfächern Italienisch, Mathematik, Latein und Physik; das neusprachliche Gymnasium *(liceo linguistico)* mit den Hauptfächern Italienisch und drei europäischen Fremdsprachen und das künstlerische Gymnasium *(liceo artistico)* mit den Hauptfächern Zeichnen, Architektur, Plastik und Kunst. Die nur vierjährige Ausbildung am künstlerischen Gymnasium berechtigt lediglich zum Besuch der Kunstakademie und des Polytechnikums. Für die Zulassung zur Universität muß ein zusätzliches Gymnasialjahr absolviert werden. Außerdem gibt es noch verschiedene Fachschulen, an denen man die Fachhochschulreife erwerben kann.

Das gesamte Bildungswesen untersteht dem Erziehungsminister *(ministero della pubblica istruzione)*. Sowohl staatliche als auch private Schulen sind gleichberechtigt. Letztere können nur ein vorläufiges Abschlußzeugnis ausstellen. Das gültige Zeugnis muß einen Stempel des italienischen Erziehungsministeriums tragen. Mancher Schulabsolvent muß bis zu einem Jahr auf sein aus Rom kommendes Zeugnis warten.

Die italienischen Universitäten gehören zu den ältesten der Welt, so wurde die Universität von Bologna als theologische und juristische Fakultät bereits im 11. Jh. gegründet. Es gibt insgesamt 24 staatliche Universitäten. Im Gegensatz zur deutschen Universität wird größerer Wert auf Allgemeinbildung als auf umfassendes Wissen

Vigili urbani, Carabinieri, Polizia

Aufnahmeprotokoll eines Verkehrsunfalls durch die Carabinieri: »Der Fahrer eines mit Hühnern beladenen Kastenwagens wurde mit einer Geschwindigkeit von 70 km/h aus der Kurve getragen. Der Wagen kippte um, und dabei öffnete sich die Ladeklappe. Die Ladung wurde erheblich beschädigt. 15 weibliche und 3 männliche Hühner starben noch am Unfallort.« Ein Witz? Nein, sondern ein wirkliches Unfallprotokoll aus Italien.

Ist ihnen in ihrem Neuwagen schon mal in Italien über längere Zeit ein Wagen der *Carabinieri* gefolgt, oder wurden sie gar angehalten und ihr Auto von der Stoßstange bis zur Heckklappe generaluntersucht? Keine Sorge, dies bedeutet lediglich: Einer der Carabinieri möchte sich in naher Zukunft ein neues Auto zulegen und begutachtet den ausgewählten Fahrzeugtyp.

»Er wollte gerade ein Auto klauen, wir haben ihn auf frischer Tat ertappt.« Carabinieri-Karikatur von Giorgio Cavallo

Ihnen wurde in Mailand Ihr gesamtes Geld geraubt, doch die Polizei zeigte kein besonderes Interesse für Ihre Situation? Wen wundert das in einem Land, in dem jede Stunde ein LKW spurlos verschwindet. In manchen Teilen Süditalien fahren die LKWs mittlerweile nur noch in Kolonnen und unter Polizeischutz.

Vigili urbani, Polizia, Carabinieri, wer ist denn nun zuständig, wenn die Brieftasche geklaut ist?

Nun, zunächst kann man einmal die *Vigili* rufen. Das sind die Männer und Frauen mit dem weißen Helm, die immer da stehen, wo die Zufahrt in die Altstädte gesperrt ist. Die Vigili urbani sind Angestellte der Stadt. Ihre Aufgabe ist es, den Verkehr zu regeln und Verstöße gegen die Straßenverkehrsordnung zu ahnden. Sie sind verpflichtet, alle darüber hinausgehenden Vorfälle der Polizei oder den Carabinieri zu melden. Am besten aber geht man direkt zur nächsten Dienststelle der *Polizia*, z. B. im Bahnhof.

Die *Polizia* besteht aus Staatsangestellten, die für die Bekämpfung jeglicher Form von Kriminalität zuständig sind. Die Carabinieri erfüllen im Grunde die gleiche Funktion wie die Polizia. Sie sind jedoch Teil des Militärs. Sie können folglich militärische Grade erwerben.

Zwischen diesen einzelnen Polizeigruppen gibt es keine Verbindung, was sich besonders im Kampf gegen die Mafia und die Drogenkriminalität als negativ erwiesen hat. Man versucht, dem nun durch eine gemischte Einsatztruppe Abhilfe zu schaffen.

Jeder Carabinieri ist ausgesprochen stolz auf seinen Beruf, auf seine Uniform und die Stelle, die er einnimmt. Dieser Hang zur Selbstüberschätzung wird in vielen Witzen aufs Korn genommen.

im Fachgebiet gelegt. Eine Spezialisierung erfolgt erst während der Diplom- oder Doktorarbeit. Eine der jüngsten Universitäten ist die 1920 gegründete Mailänder Universität.

Regierungssystem

Italien ist aufgeteilt in 20 Regionen, diese wiederum sind in Provinzen und Kommunen unterteilt. Die Lombardei, eine der 15 Regionen mit Normalstatut (es gibt 5 Regionen mit Sonderstatut), verzeichnet die meisten Kommunen.

Das Parlament in Rom, dem die Regionen trotz weitgehender Autonomie unterstehen, setzt sich zusammen aus der Abgeordnetenkammer *(Camera dei Deputati)* mit 630 Abgeordneten und dem Senat *(Senato della Repubblica)* mit 315 Senatoren *(onorevoli)*, welche die 20 Regionen des Landes vertreten und alle 5 Jahre neu gewählt werden. Diese relativ hohe Zahl von Parlamentsmitgliedern wird von vielen Italienern als großes Handicap bei der demokratischen Entscheidungsfindung angesehen.

Oberhaupt der Republik ist der Staatspräsident, der ein größeres Mitspracherecht in der Politik hat als z. B. der deutsche Bundespräsident. Er kann das Parlament auflösen, einen neuen Ministerpräsidenten benennen und auch Veto gegen einen Gesetzesentwurf einlegen.

Nach zahlreichen Krisen, in denen es um Korruption, Kontakte zur Mafia und die Unfähigkeit der Parlamentarier ging, Entscheidungen zu fällen, wurde ein Referendum der Regierung im April 1993 sehr begrüßt, dessen Ziel es war, ein neues Wahlrecht zu installieren. Etwa 80 % der Bevölkerung stimmten per Volksentscheid für den Vorschlag, die Senatsmitglieder künftig per Mehrheitswahlrecht zu wählen. Die Abgeordneten werden zunächst noch nach dem Verhältniswahlrecht ernannt. Korrupten Politikern soll der Prozeß gemacht und der Kampf gegen das organisierte Verbrechen fortgeführt werden. Es wurden einige überflüssige Ministerien aufgelöst, und es ist geplant, bald Parlamentswahlen nach den neuen Regeln durchzuführen.

Nachdem bei den Kommunalwahlen im Juni '93 Vertreter der *Lega Lombarda* erstmals Einzug in die Stadträte hielten und in einigen Städten gar das Bürgermeisteramt übernahmen, obliegen die Regierenden einer stärkeren Kontrolle.

Die Lega Lombarda – **gestern** und **heute**

Eine Hochzeit ist ein großes Ereignis und bedarf einiger Vorbereitungen, so auch in Mailand 1186. Die ganze Stadt war unterwegs, um das Ereignis des Jahres vorzubereiten. Mailand war noch nie zuvor mit soviel Korn angefüllt gewesen, sogar die Kirche, in der die Trauung stattfinden sollte, diente noch bis kurz vor den Feierlichkeiten als Kornspeicher. Das Ereignis, das die Mailänder in solch große Erregung versetzte, war die Hochzeit des Barbarossa-Sohnes Heinrich mit Konstanze, der Tochter des sagenhaften Normannenkönigs Roger.

Diese Verbindung sollte nicht nur symbolisch das Ende der Zwistigkeiten zwischen Kaiser, Lombardei und Sizilien darstellen – Zwistigkeiten, die im Zusammenhang mit dem Streit zwischen Barbarossa und Papst Alexander ausgebrochen waren. Der Papst beanspruchte das Recht für sich, den Kaiser in sein Lehen einzusetzen. Barbarossa, mit überzeugender Mehrheit vom Reichstag gewählt, konnte und mußte dem widersprechen: Die Macht des Kaisers sei von Gott gegeben und brauche keine Bestätigung des Papstes.

Die lombardischen Städte, die in den langen Jahren, in denen sich kein deutscher Kaiser in Italien mehr gezeigt hatte, zu einigem Wohlstand gelangt waren, hatten sich von der Herrschaft der Kurie und auch der Fürsten befreien können. Ihr Stadtrat bestand aus gewählten *consuli,* sie hatten Ländereien für sich in Anspruch genommen und prägten eigene Münzen. Selbstverständlich war dies einem Mann wie Barbarossa ein Dorn im Auge. Er konnte diese völlige Reichsunabhängigkeit nicht dulden. So wurde sein Feldzug gegen Papst Alexander III. auch gleichzeitig ein Feldzug zur Wiederherstellung der alten Reichsordnung.

Auf dem Reichstag von 1158 auf den Ronkalischen Feldern bei Piacenza setzte der Kaiser eine Kommission ein, die zu überprüfen hatte, welche Städte zu Recht oder Unrecht kaiserliche Regalien in Anspruch nahmen. Pavia, Cremona, Piacenza und Lodi fügten sich, doch Mailand und Crema leisteten erbitterten Widerstand. Friedrich Barbarossa reagierte mit der Reichsacht; als dies nichts nützte, ließ er beide Städte dem Erdboden gleichmachen. Die Bewohner wurden in Dörfern angesiedelt und einem Podestà unterstellt. Die kaisertreuen Städte konnten jedoch die Regalien behalten.

Die Zwistigkeiten waren auch danach nicht behoben. Insgesamt fünfmal mußte der Kaiser mit seinem Heer den beschwerlichen Weg über den Brenner nach Italien nehmen, bevor er seine endgültige Niederlage 1176 bei Legnano gegen den 1167 gegründeten lombardischen Städtebund erlitt.

1167 hatte man in Norditalien mit Freude beobachtet, wie das ganze 5000 Mann starke Heer Barbarossas bei Rom an Malaria erkrankte. 2000 Ritter starben an dieser Krankheit. Händereibend beob-

Medienstadt Mailand

Anfang des 20. Jh.s legten zwei mutige Jungunternehmer den Grundstein zu zwei bedeutenden Verlagshäusern, nämlich Arnoldo Mondadori und Angelo Rizzoli.

»Ein Buch an jedem Ort, in jedem Straßenwinkel, auf Schritt und Tritt, überall wo sich eine Gruppe von Personen befindet, wo ein Haus oder ein Kirchturm steht . . .« war das erklärte Ziel von Arnoldo Mondadori, als er 1907 mit 18 Jah-

achteten die 16 Bündnispartner der *Lega Lombarda,* wie das völlig entkräftete Heer seinen Rückzug nach Deutschland antreten mußte. Trotz der schlechten Vorzeichen von 1167 und der Niederlage von 1176 erwies sich Kaiser Friedrich I. als der Klügere. Er zögerte die Friedensverhandlungen so lange hinaus, bis der Städtebund von alleine mürbe wurde und dem Kaiser in seinen Forderungen entgegenkam. In der Zwischenzeit war Barbarossa mit dem Papst zu einer Einigung gelangt und hatte somit der *Lega Lombarda* den wichtigsten Bündnispartner entzogen.

Wenn sich heute eine Partei *Lega Lombarda* nennt, dann geht es auch ihr um Unabhängigkeit von einem Staat. Es ist die Italienische Republik, die viele Anhänger der *Lega Lombarda* (oder auch der *Lega Nord*) als zu instabil und korrupt empfinden.

Die *Lega Lombarda* fordert eine unabhängige Lombardei in einem föderalistischen Europa, eine Wiedergeburt der lombardischen sozialen und moralischen Werte, was immer das bedeuten mag. Jeder Lombarde soll das Recht auf bevorzugte Behandlung bei der Vergabe von Arbeitsstellen, Wohnungen oder staatlichen Unterstützungen erhalten.

Weiterhin fordert die *Lega Nord:* Selbstverwaltung der Lombardei in bezug auf Steuern, Rentenversicherung und Schulbildung.

Die *Lega Lombarda* genießt einen recht hohen Zuspruch (1992 lag er bei ca. 10 % der Wähler), der allerdings von vielen Kennern der politischen Szene Italiens eher als Abwendung von den traditionellen Parteien bewertet wird, deren Abgeordnete zu häufig in Bestechungsaffären u. ä. verwickelt sind. Die *Lega Lombarda* arbeitet bisher lediglich mit Forderungen, die zwangsläufig denen aus dem Herzen sprechen, die das gesamte zentralistische System Italiens als überholt und unpraktikabel empfinden, ein echtes politisches Programm bietet sie jedoch noch nicht. 1994 gewann sie in Allianz mit der damals neu gegründeten Partei Silvio Berlusconis *Forza Italia* die Mehrheit im italienischen Parlament.

ren seinen Verlag gründete. Mondadori war Sohn eines Bauern und mußte schon nach der dritten Grundschulklasse mit den ersten Arbeitserfahrungen beginnen, u. a. war er als fahrender Verkäufer mit dem Pferdewagen unterwegs. Heute ist das Verlagshaus Mondadori der größte Buchverlag in Italien mit einer Auflage von 1500 Neuerscheinungen pro Jahr.

Das wichtigste Nachrichtenmagazin, *Panorama,* erscheint bei Mondadori, neben insgesamt 19 weiteren Zeitschriften, die dieses Verlagshaus herausgibt.

Größter Konkurrent des Hauses Mondadori ist das Verlagshaus Rizzoli. Es wurde 1909 von dem Mailänder Angelo Rizzoli gegründet. Von seinen ersparten 850 Lire gab Rizzoli zunächst 350 Lire für die Miete eines kleinen ›Loches‹ aus, wo er sein erstes Büro unterbrachte; für 200 Lire kaufte er repräsentative Kleidung.

Der erste Auftrag des Verlagshauses bestand im Druck von Aufklebern für Obstkisten. 1948 wurde im Verlagshaus Rizzoli die Idee einer *Biblioteca universale* entwickelt. Diese Bücher (B.U.R.) sollten die großen Autoren der Weltliteratur für jedermann erschwinglich machen. Die einzige Forderung Rizzolis an die Lektoren war, »eine schöne und ernsthafte Sache« zu machen. Bis heute wurden 14 Millionen dieser B.U.R. *(Biblioteca Universale Rizzoli)* verkauft.

1986 schlossen sich Rizzoli und das Verlagshaus des *Corriere della Sera,* der wichtigsten Mailänder Tageszeitung, zur Gruppo R.C.S. Editori zusammen. Hier erscheint auch *La Gazzetta dello Sport,* die meistgekaufte Sportzeitung Europas. Im Ausland ist der Verlag vor allem in den Vereinigten Staaten aktiv, wo er Marktführer im Bereich der Architekturbücher ist.

Das jüngste Verlagshaus in Mailand ist das 1955 von Giangiacomo Feltrinelli gegründete. Ihm gelang es von Anfang an, große zeitgenössische internationale Autoren an sein Verlagshaus zu binden, wie Henry Miller, Gabriel García Marquez, Martin Walser, Uwe Johnson, Max Frisch, Günter Grass und den Japaner Mishima. Seit dem Tode Feltrinellis wird das Verlagshaus von seiner deutschen Frau Inge weitergeführt.

Italien war lange Zeit der ›Wilde Westen‹ der Medienlandschaft. Bis 1976 gab es keine Gesetze, die den Privatfunk regulierten. Trotzdem waren zwischen 1971 und 1975 schon 350 Privatsender aktiv. Dies hat dazu geführt, daß besonders innovative Personen, wie Silvio Berlusconi, sich mit mehreren Fernsehsendern ausbreiten konnten.

Im Frühjahr 1979 gründet Berlusconi die *Rete Italia,* eine Gesellschaft für den Kauf und Verkauf von Programmen. Er kaufte vom Filmverleih Titanus 300 italienische Spielfilme sowie Filmserien und Fernsehfilme aus den USA. Diese Filmrechte haben sich mittlerweile als Goldgrube erwiesen. So zahlte Berlusconi damals für die Verleihrechte eines Trickfilms 80 DM; heute kann er pro Filmminute 1800 DM verlangen.

Im August 1990 wurde dann endlich ein Mediengesetz erlassen, das z. B. beinhaltet, daß, wer drei Fernsehsender besitzt, keine Zeitung haben darf und daß ein Medienunternehmen die Grenze von 25 % der Einnahmen des gesamten Werbemarktes nicht überschreiten darf. Im August 1992 mußten an einem Stichtag 800 von 6600 privaten Fernsehsendern schließen.

Werbung für ein Abonnement des *Corriere della Sera,* Winter 1896

Radio Popolare

Mailand Januar 1991, ein paar Tage nach Ausbruch des Golfkrieges. Die Empörung der italienischen Bevölkerung wächst; man versammelt sich auf den Plätzen, um zu diskutieren und zu demonstrieren. Und ein Radiosender ist immer live dabei. Dort wo Menschen ihre Ängste und Zweifel laut werden lassen, steht auch schon ein Reporter von Radio Popolare mit dem Mikrofon in der Hand.

Diejenigen, die bei ihm nicht zu Wort kommen, können auf eine andere Weise ihre Befürchtungen und Ängste loswerden. Ein Anruf in den Studios von Radio Popolare in der Via Stradella genügt. Die 97 000 Hörer von Radio Popolare können so von einer in Tränen aufgelösten Sechzehnjährigen erfahren: Sie fühlt sich dem Weltuntergang nahe und will nun in eine Kirche gehen, um, solange der Krieg noch andauert, darin zu beten. Ein Dreißigjähriger aus Varese möchte die Hörer von Radio Popolare einfach an den Informationen teilhaben lassen, die er selbst durch das Fernsehen der französischen Schweiz erhalten hat.

Die arabisch sprechenden Mitarbeiter der Sendung ›Radio Shabi‹, die eigentlich für die vielen Immigranten in Mailand gedacht ist, übersetzen exklusiv für ihren Haussender Radio Popolare die arabischen Nachrichten, die sie mittels Weltempfänger abhören.

Radio Popolare wurde 1976 in Mailand gegründet. Die Idee, ein volksnahes Radio zu schaffen, stammt von einem Nachrichtenspezialisten der RAI namens Piero Scaramucci. Scaramucci ist ein stark gewerkschaftlich engagierter Journalist, der mit Mikro und Kamera immer dort erscheint, wo es am heißesten hergeht. Angst scheint für ihn ein Fremdwort zu sein. Viele Italiener erinnern sich an seinen ergreifenden Bericht über den großen Dammbruch in der Valtellina 1987 für die Nachrichtensendung der RAI I.

Das Projekt ›Radio Popolare‹ entstand im Umfeld der Gewerkschaften. Ziel ist es, denen Gehör zu verschaffen, die keine Möglichkeit haben, Stellung zu beziehen; die akuten Probleme derjenigen, die klein, schwach und ohne Einflußmöglichkeiten sind, aufzuzeigen. Radio Popolare sollte deshalb parteiunabhängig sein.

1976 wurde eine Kooperative gegründet, an der sich die Gewerkschaft, einige linke Parteien, die Redakteure und die zukünftigen Hörer beteiligten. Diese wurde jedoch 1990 in eine Aktiengesellschaft umgewandelt. Die Aktienmehrheit hält weiterhin die Kooperative, weitere 10 837 Aktien werden mit Hilfe einer großen Verkaufskampagne an die Hörer verkauft. Der Großteil dieser Neuaktionäre hält gerademal eine Aktie. Im gleichen Jahr bekräftigt Radio Popolare noch einmal den Anspruch, den der Sender an sich stellt, nämlich das Recht der Person auf Kommunikation und Information zu verwirklichen. Aus diesem Grund beliefert Radio Popolare seine Hörer regelmäßig mit Nachrichten und Informationssendungen, außerdem versucht der Sender allen Minderheiten, die ein Forum suchen, die Möglichkeit zu geben, sich der öffentlichen Diskussion zu stellen. Wenn es sich bei diesen Minderheiten z. B. um Faschisten handelt, kann dies auch schon mal zur heftigen Polemik unter den Hörern führen.

Mittlerweile bietet Radio Popolare neben dem Service von ›Radio Shabi‹ für Immigranten eine wöchentliche Rubrik für Schwule (Radio Gay).

Auch musikalisch versucht man, sich auf Minderheiten und Randgruppen einzustellen. Mit Veranstaltungen, in denen ausschließlich Musik aus Afrika, Südamerika und Asien übertragen wird, versuchen die Redakteure, Interesse für die Probleme der Immigranten aus diesen Ländern zu wecken. Während der gesamten Dauer des Golfkrieges ging kein einziges Lied über den Sender, in dem Krieg und Gewalt verherrlicht wurden.

Nach dem Ausbau ihres Auslandskorrespondentennetzes und dem Aufbau eines neuen Kommunikationssystems für die Hörer über Videotel versucht Radio Popolare inzwischen italienweit zu senden. Man ging sogar soweit, den Bau der Sendemasten ohne staatliche Hilfe zu finanzieren.

Das Beispiel des Mailänder Senders hat in den letzten Jahren auch in anderen italienischen Städten Schule gemacht. So entstand 1975 ›Controradio‹ Florenz, 1987 ›Radio Kapstadt‹ Bologna, 1988 ›Radio Verona Popolare‹ und 1991 ›Radio Popolare Brescia‹. Zum Teil beliefert Radio Popolare Mailand diese Sender mit seinen Nachrichtenprogrammen.

Doch nicht nur an den einzelnen Sendungen können sich die Höhrer via Telefon oder Videotel beteiligen, Radio Popolare offeriert ihnen auch die Möglichkeit, die Geschäftsverluste der Aktiengesellschaft auszugleichen. In solchen Fällen ruft Radio Popolare zur Solidarität auf: »Wir haben so und so viele Verluste; wenn sich 7100 entschließen könnten, $^1/_3$ dessen zu investieren, was sie auch für Tageszeitungen ausgeben würden, dann könnten wir unsere Bilanz ausgleichen. Wir können es schaffen!!«

Kunst und Kultur

Von der Jungsteinzeit bis heute

Löwen am Nordportal von Santa Maria Maggiore in Bergamo

Jungsteinzeit

Felsritzzeichnung bei Capo di Ponte

Die Region Lombardei hat sich als Wahrzeichen ein keltisches Symbol ausgewählt. Es handelt sich um die *Rosa camuna* oder *Rosa celtica*, die gewöhnlich als Sonnensymbol interpretiert wird.

Die ›keltische Rose‹ findet man in viele Felsen eingraviert, vor allem im Camonicatal, im Veltlintal und am nördlichen Comer See. Diese Felsgravierungen weisen auf eine frühe Besiedelung der Lombardei hin. Die ersten Zeichnungen stammen wohl aus der frühen Jungsteinzeit (ca. 4500 Jahre v. Chr.). Es handelt sich um naturalistische Zeichnungen, die Jagdszenen darstellen. Sie sind in der Nähe von Breno im Camonicatal zu finden. Schon zu dieser Zeit führen die wichtigsten Verbindungswege nach Mitteleuropa durch die Alpen. In den besonders windgeschützten u-förmigen Tälern, welche die Gletscher in der Eiszeit gegraben hatten, machen die Jäger und Sammler Zwischenstation. Ein weiterer Vorteil dieser Täler ist die Wasserverbindung durch Flüsse und Seen.

Die keltische Rose

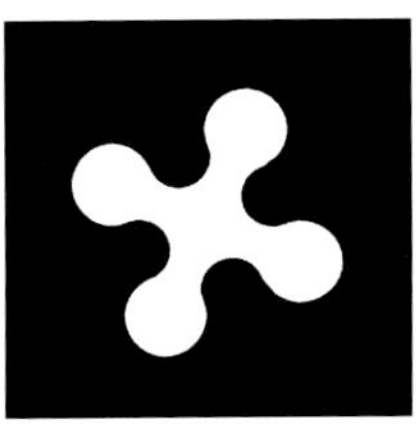

Im Neolithikum (4000 bis 2800 v. Chr.) siedeln sich diese Völker fest in den Gletschertälern an. Die Fundorte der von ihnen hinterlassenen Felsgravierungen liegen zumeist an außergewöhnlichen Stellen, wie z. B. einem flachen Felsplateau in der Talmitte, oder in Sichtweite eines heiligen Berges wie des Pizzo Badile in der Valcamonica. Im Frühjahr und im Herbst geht die Sonne genau hinter diesem Berg auf; wenige Minuten vor ihrem Erscheinen wirft der Berg imposante Schatten – eine Erscheinung, der die Menschen des Neolithikums sicherlich kultische Bedeutung beimaßen. Ihre Zeichnungen zeigen zunächst menschliche Figuren, das Sonnensymbol und Szenen des Ackerbaues, später auch kultische Szenen, ausgeführt sehr wahrscheinlich von den ersten ›Berufskünstlern‹.

Bronze- und Eisenzeit

Im Bronzezeitalter (2000 bis 1000 v. Chr.) entstehen die ersten befestigten Siedlungen. Die Zeichnungen haben erzählenden Charakter. Sie illustrieren handwerkliche Aktivitäten und religiöse Aspekte, den Handel, Werkzeuge, Waffen, Räder und Karren. Als wahre Fundgrube verschiedener Objekte aus der Vorgeschichte hat sich die kleine Isola Virginia im Lago di Varese erwiesen; sie besteht zum großen Teil aus dem Müll dieser ersten Siedlungen.

Gegen Ende der Eisenzeit gewinnen die Etrusker an Einfluß in der Alpenregion, während gleichzeitig die Gallier von Norden her eindringen. Von beiden Völkern werden neue Kulte übernommen. Auf den Felsen sind nun auch Zeichen in etruskischer Schrift zu erkennen. Ihre Bedeutung ist nur teilweise zu rekonstruieren, da es bisher noch keinen Schlüssel für das Etruskische gibt. Die einzige Fundstätte etruskischer Kultur in der Lombardei ist ein etwa 120 000 m^2 umfassendes Gelände bei Bagnolo San Vito, 12 km südlich von Mantua.

Mit der Eroberung Oberitaliens durch die Römer (222 v. Chr.) finden die sogenannten Camuna-Kulturen ihr Ende.

Die römische Provinz Gallia Cisalpina

Die Römer legen zunächst an den wichtigsten Verkehrswegen Militärlager an. Einer dieser Wege führt das Rheintal entlang, über die Via Mala (in Graubünden/Schweiz) zum Splügen-Paß und weiter zum Comer See und von dort per Schiff nach Como. Der Lageplan von Como läßt die Struktur des alten Römerlagers mit seinen sich im rechten Winkel kreuzenden Hauptachsen (*Decumanus* und *Cardo*) noch erkennen. Die Römer erklärten die neue, nördlich des Po gelegenen Gebiete zur Provinz Gallia Cisalpina, dem diesseitigen Gallien.

Viele Römer lernen das milde Klima der oberitalienischen Seen schätzen und bauen dort ihre Ferienvillen, wie z. B. Plinius d. Ältere am Comer See.

Zunächst ist Gallia Cisalpina autonome Provinz (89 v. Chr.) und wird später, durch die Verleihung des römischen Bürgerrechts, Teil des Imperium Romanum (49 v.

Ruinen der Villa des Catull am Gardasee

Chr.). Dies bedeutet einen großen ökonomischen Aufschwung für diese Region. Die römische Kultur durchdringt bald sämtliche Bereiche. Öffentliche und private Bauunternehmungen sowie das Kunsthandwerk sind davon beeinflußt. Die ersten Städte nach den Militärlagern errichten die Römer über schon existierenden Siedlungen. Bald schon versieht man die Städte Mediolanum (Mailand), Brixia (Brescia), Ticinum (Pavia), Mantua und Cremona mit einem Mauerring. Die Einheimischen verfallen der Faszination des römischen Lebens und ihrer Monumentalbauten. Schon bald geben sie ihr Stammesleben auf und leben gemeinsam mit den Römern in Städten. Sie arbeiten als Handwerker und im Dienstleistungsgewerbe, während die landwirtschaftliche Arbeit, als die angesehenere, den Römern vorbehalten bleibt. Die Landwirtschaft bildet die Basis einer florierenden Wirtschaft, wobei der Ackerbau an erster Stelle zu nennen ist, an zweiter die Viehzucht und an dritter die Wollproduktion. Der Straßenbau wird durch die Ebene erheblich erleichtert. So entsteht die kurvenlose Via Aemilia, die Rimini und Piacenza miteinander verbindet. Auf den Flüssen und Seen herrscht reger Schiffsverkehr.

Nur wenige Zeugnisse aus der Römerzeit sind erhalten geblieben. So stehen in Brescia Überreste eines kapitolinischen Tempels, den 73 v. Chr. Kaiser Vespasian erbauen ließ. Die Tempelanlage befindet sich am Ende eines Forums. Vor der Kirche von San Lorenzo Maggiore in Mailand sind 16 Säulen eines Portikus erhalten (s. S. 172).

In Sirmione am Gardasee stehen die Überreste der sogenannten Villa des Catull. Wie viele römische Villen liegt sie an landschaftlich reizvoller Stelle. Die Bogengänge mit ihren Tonnengewölben, die einst die große Aussichtsterrasse stützten, stehen heute noch.

Ein Reich zerfällt…

Im 3. Jh. nach Chr. beginnt der allmähliche Zerfall der Städte im römischen Reich. In der Po-Ebene sterben viele Menschen an Malaria. Das große römische Reich ist von *einer* Hauptstadt aus nicht mehr zu regieren. So werden die Regierungssitze nach Byzanz und Antiochia im Osten, nach Trier, Paris und Mailand im Westen verlegt. Aus dieser Zeit sind in Oberitalien nur wenige Dokumente erhalten geblieben.

Kaiser Konstantin, von 306–337 Alleinherrscher über das römische Reich, erläßt 313 das Toleranzedikt, das den Christen Religionsfreiheit gewährt. Er verlegt 330 den Regierungssitz nach Byzanz. Aber erst unter Ambrosius, dem bedeutendsten Kirchenlehrer seiner Zeit, der 373 Bischof von Mailand wird, kann sich die christliche Religion endgültig durchsetzen.

Aus dieser Zeit sind zwei Elfenbeinarbeiten erhalten, die man in Brescia und Monza besichtigen kann. In Brescia handelt es sich um ein Elfenbeinkästchen mit Szenen aus dem Alten und Neuen Testament, in Monza hingegen um ein Elfenbeindiptychon. Diese Tafel war dem Heerführer Stilicho zu seinem Amtsantritt geschenkt worden, der nach der Teilung Roms 395 in ein Weströmisches und ein Oströmisches Reich, die Vormundschaft über den minderjährigen weströmischen Kaiser Honorius übernommen hatte. Die Außenseiten tragen Reliefs, die Stilicho und seine Familie zeigen. Die Innenseiten waren ursprünglich mit einer Wachsschicht versehen, in die man Notizen einritzen konnte.

Ende des 4. Jh.s beginnt der fast komplette Zerfall der römischen Bauwerke, der Straßen, der Aquädukte, der Stadtmauern… Die Stadtbevölkerung des Mittelalters benutzt sie als Steinbruch.

…ein neues entsteht

Die Gründung von Mönchsklöstern im 5. Jh., die sich zu wichtigen Handelszentren entwickeln – es werden überwiegend Lebensmittel und Handwerksprodukte verkauft –, fördert erneut die Stadtentwicklung.

Der Einfall barbarischer Völker in Italien, wie z. B. 452 jener der

Die ›Eiserne Krone‹ der Langobarden

Hunnen unter der Führung Attilas, bringt große Unruhen mit sich. Attila gelingt es sogar, die Städte Pavia und Mailand zu erobern. Alteingesessene Familien flüchten zum Teil in geschützte Gebiete, wie das Sumpfgebiet von Mantua. Die Langobarden, die 568 zunächst Oberitalien besetzten, benutzen dieses als Ausgangsbasis zur Eroberung Mittelitaliens. Pavia wird 572 Königssitz des Langobardenreiches. Den langobardischen Fürsten gelingt es, byzantinische Künstler an ihre Höfe zu ziehen. Ein Freskenzyklus in Santa Maria foris portas in Castelseprio, der die Geburt Christi darstellt, belegt dies.

Es ist sehr wahrscheinlich, daß die langobardischen Künstler ursprünglich in Holz arbeiteten und diese Technik auf die Steinmetzkunst übertrugen.

Im Domschatz von Monza finden sich mehrere wertvolle Stücke langobardischen Kunsthandwerks. Die Legende erzählt, daß der Eisenring auf der Innenseite der Langobardenkrone aus einem Eisennagel des Kreuzes Christi gefertigt sei. Die ›Eiserne Krone‹ ist mit Goldplatten und wertvollen Edelsteinen verziert. Sie wird in einem Tresor, der als Tabernakel in den Altar einer Seitenkapelle integriert ist, im Dom zu Monza aufbewahrt. Es ist fraglich, ob es sich um die Krone handelt, mit der Karl der Große zum Langobardenkönig gekrönt wurde. Sicher ist jedoch, daß Napoleon sich 1805 mit dieser Krone im Mailänder Dom zum König Italiens krönen ließ.

Von Karl dem Großen bis zur Signoria

774 erobert Karl der Große die Hauptstadt des langobardischen Reiches. Desiderius und seine Familie fallen den Eroberern zum Opfer.

Die Gefahr der Türken und Ungarn aus dem Osten im 9. und 10. Jh. sowie der Fall des karolingischen Reiches fördern den Bau von Befestigungsanlagen im gesamten Gebiet. Es entstehen große Herrschaftssitze. Der einfache Bauer wird zum Fronarbeiter degradiert.

Das bedeutendste Kunstwerk des 9. Jh.s in Oberitalien steht in der Basilika von Sant' Ambrogio in Mailand, die dem Bischof Ambrosius geweiht ist. Es handelt sich um den ›goldenen Altar‹, eine Holzkonstruktion ohne Boden und ohne Deckel, an deren vier Seiten reichverzierte Gold- und Silberplatten befestigt sind. Diese Platten erzählen in Reliefs auf der goldenen, mit Filigranarbeit und Edelsteinen verzierten Vorderseite das Leben Christi und auf der silbernen Rückseite das Leben des hl. Ambrosius.

Der ›goldene Altar‹ in Sant'Ambrogio, Mailand (Vorderseite)

Im 11. Jh. wird zum ersten Mal von Mailand als Stadtrepublik berichtet. Die ersten Dokumente künstlerischen Schaffens aus dieser Zeit sind ebenfalls in der Basilika von Sant' Ambrogio in Mailand zu sehen; die Skulpturen an den Portalen im Atrium sind seit dem Untergang des römischen Reiches die ersten Skulpturen des Christentums und noch mit dem Baukörper verbunden. Der Ruf der lombardischen Baumeister dringt bis weit nach Nordeuropa. Vor allem die Arbeiten der Maestri comacini (oder Comasken) und der Meister aus dem Intelvital (einem Hochtal zwischen Comer und Luganer See) beeinflussen in hohem Maße die romanische Baukunst Oberitaliens, Frankreichs, Deutschlands und sogar Schwedens. Lombardische Bauleute arbeiten sowohl in Speyer als auch in Mainz am Dom. Vorbild im Kirchenbau wurde das erstmals in S. Ambrogio konstruierte Kreuz-

Der lombardische Baustil des 11. Jahrhunderts

Eines der ältesten Gebäude im lombardischen Stil ist die Basilika Sant' Ambrogio, eine dreischiffige Kirche, bei der das Dach des Mittelschiffs die beiden anderen nicht überragt. Die Kirche ist war nicht mit einer Holzdecke versehen, sondern komplett eingewölbt, und zwar erstmals in Italien nicht mit einem Tonnengewölbe, wie bei den Römern üblich, sondern mit einem Kreuzrippengewölbe. Das Kreuzrippengewölbe ist um einiges leichter als das Tonnengewölbe, aber auch wesentlich empfindlicher als dieses. Es hat weniger Auflage und deshalb sehr viel mehr Schwachpunkte. In den Wänden mußten darum die Öffnungen erheblich reduziert werden, um die Stützlast nicht noch zu erhöhen. Für den Innenraum bedeutet dies, daß nur über Fenster in der Vorderfront Licht einfällt. Es ist eine Architektur, in der man sich wie in einer Burg geschützt fühlt. Typisch für die Romanik der Lombardei ist der drei- bis fünfschiffige Bau, dessen Innengliederung sich in der Fassade widerspiegelt. Die Fassade ist vorgesetzt und oft breiter und höher als die Kirche.

Die Glockentürme der Kirchen sind, im Gegensatz zu denen der Toskana und anderer italienischer Regionen, häufig an die Fassade angebaut.

Zum ersten Mal war von lombardischen Architekten der Dom von Modena (Emilia-Romagna) mit einer Zwerggalerie verziert worden. Dieses Architekturelement beeindruckte die Kirchenfürsten in ganz Europa. Sie ließen sich lombardische Bauleute kommen, die damit maßgeblich an der Ausbreitung der Romanik in Europa beteiligt waren.

Die Fassade der Kirche San Michele in Pavia (1117–1160), die Krönungskirche der Könige und Kaiser, ist ein Paradebeispiel lombardischer Romanik. Lisenen und Halbsäulen stützen die äußere Fassade an

rippengewölbe. In Italien hatte man den Kontakt zur römischen Architektur nie verloren und war für Einflüsse aus dem oströmischen Reich offen, wo diese Technik schon Jahrhunderte vorher angewandt wurde.

Wichtig für die ökonomische Entwicklung der Lombardei wird die Öffnung des Gotthard-Passes und der Ausbau der Straßen, die eine Überquerung der Alpen auch im Winter ermöglichen. Wichtige Handelswege aus Byzanz und Venedig führen nun durch die Region. Der Kanalbau, der die Stadt Mailand mit den Flüssen und Seen

San Michele in Pavia

den Schnittstellen der einzelnen Schiffe. Eine Zwerggalerie läuft entlang der Dachkante. Die Lisenen und Portale sind reich verziert. Die Vorlage für die Verzierungen stammt wahrscheinlich von einer der hochentwickeltsten Künste der Langobarden: nämlich der Elfenbeinschnitzerei. Ihre Motive sind oft knospendes Rankenwerk mit Figuren und Tieren sowie allegorische Gestalten und Heilige. Die richtigen Körperproportionen treten zugunsten des Ornaments zurück , ganz im Gegensatz zur griechischen oder römischen Skulptur..

Ein schönes Beispiel für fest mit dem Baukörper verbundene Skulpturen jener Zeit sind die Propheten am Portal des Doms von Cremona, geschaffen von Meister Willigelmus. Anders als im Rest Europas signierten die Künstler ihre Werke, so daß man den Steinmetz vieler Portale und Reliefbänder noch benennen kann.

verbindet, schafft neue Bewässerungssysteme für die Felder. Die Landwirtschaft erhält wieder neuen Aufschwung.

Führende Köpfe des Landadels können sich als *Signori* (Stadtherrscher) in den wichtigsten lombardischen Städten etablieren, wie z. B. die aus Angera stammenden Visconti in Mailand und die Gonzaga in Mantua. Sie stellen als Condottieri ihre Truppen, Pferde und Waffen den Ghibellinen und Guelfen gegen Mehrheitsgebot zur Verfügung.

Von der Kultur der Renaissance...

An den Höfen der Condottieri entwickelt sich im 15. Jh. die Kultur der Renaissance. Sie finanzieren den Bau neuer Kirchen wie den Dom von Mailand, der 1386 begonnen worden war, oder die Kartause von Pavia. Den Visconti gelingt es, Leonardo da Vinci an ihren Hof zu verpflichten. Er entwirft Schleusen für die Kanäle, Befestigungsanlagen und Kriegsgerät. Nebenbei entstehen einige seiner bekanntesten Gemälde.

Garten des Palazzo del Tè in Mantua

In Mantua läßt sich die Familie Gonzaga einen Fürstenpalast bauen, der alle Bedürfnisse eines Renaissance-Hofes erfüllt. Es gibt abgeteilte Kapellen für die Andacht, kleine Innenhöfe zur Erfrischung, eine überdachte Galerie, von der aus man den Turnieren zusehen kann, offene Speiseräume und einen Dachgarten. An diesem Hof verkehren u. a. der Papst, der französische König und der deutsche Kaiser.

Ein bemerkenswertes Beispiel des aufkommenden Manierismus ist der Palazzo del Tè (1536) in Mantua, der mit üppigen, zum Teil erotischen Szenen ausgemalt ist. Der Ruf des Künstlers Giulio Romano gelangt sogar bis nach England, wo Shakespeare ihn in sei-

nem »Wintermärchen« als großen italienischen Meister verewigt. Dieser schloßähnliche Bau wird in allen Teilen Europas bewundert. Der österreichische Hof läßt sich über die Baufortschritte regelmäßig unterrichten. Wahrscheinlich diente der Palazzo del Tè sogar als Vorbild für Schloß Schönbrunn in Wien.

Im 15. und zu Beginn des 16. Jh.s ist die Lombardei Schauplatz im Kampf der europäischen Mächte. 1525 kann Kaiser Karl V. durch seinen Sieg bei Pavia Frankreich ausschalten. 10 Jahre später wird die Lombardei einem spanischen Statthalter unterstellt. Die ausländischen Truppen bringen eine der größten Geiseln der Menschheit, die Pest, nach Italien. Sie wütet in fast allen Städten und hinterläßt sie nahezu entvölkert. Es ist eine Zeit der großen Armut und des Hungers.

...bis heute

Nach dem spanischen Erbfolgekrieg fällt 1713 die Lombardei an Österreich. Sie wird nun verwaltungsmäßig neu strukturiert, was einen erneuten wirtschaftlichen und sozialen Aufstieg zur Folge hat. In dieser Zeit werden viele Villen und Gartenanlagen gebaut.

Ein Beispiel hierfür ist die berühmte Villa Carlotta mit ihren Gärten am Comer See (s. S. 106).

Als Grundform ziehen die italienischen Architekten dieser Villen häufig den Kubus vor. Die Gärten sind italienisch-barock, die Pflanzen nach einem symmetrischen Gartenplan angeordnet. Die Gärtner stehen mit der Schere bereit, jeden eigenwilligen Trieb zurechtzuschneiden. Manche dieser Gärten werden im 19. Jh. im englischen Stil neu angelegt.

Das 19. Jh. bringt die Industriealisierung der Region mit sich. Das Bildungsbürgertum erreicht seine führende Position, Malerei und Skulptur werden zu einem erschwinglichen Artikel. Die Adelsfamilien hingegen sehen sich gezwungen, ihre wertvollen Sammlungen zu verkaufen. Deshalb sind einige wichtige Werke aus Familienbesitz heute im Prado von Madrid, im Louvre in Paris oder in der National Gallery in London.

Die Lombardei wechselt im 19. Jh. gleich dreimal die Herrscher. Unter Napoleon wird sie vorübergehend französischer Vasallenstaat. 1815 fällt sie wieder an Österreich und 1859 wird sie Teil des neugegründeten italienischen Königreiches. Nach der Volksabstimmung von 1946 ist Italien Republik, und die Region Lombardei wird gegründet.

Villa Carlotta in Tremezzo am Comer See

Sprache und Literatur

Während sich in Griechenland die Philosophen über das Leben, die Welt und das Universum Gedanken machten, beschäftigte man sich in Rom mit der Juristerei und den Naturwissenschaften. Die Sprachforscher erklären dieses Phänomen anhand der unterschiedlichen Sprachstruktur. Das Lateinische hatte für einen Begriff oft nur *ein Wort,* im Gegensatz zur wortreichen griechischen Sprache.

Die Namen dreier großer lateinischer Autoren sind mit der Lombardei verbunden, und zwar Vergil (70–19 v. Chr.), Plinius d. Ältere (um 22–79) und Plinius d. Jüngere (61–113), beide in Como geboren. Die 37 Bände der Naturgeschichte von Plinius d. Älteren sind in deutscher Sprache leider nicht mehr vollständig aufgelegt. In seiner Naturgeschichte kann man nachlesen, daß in der Antike die wahre Form der Erde sehr wohl bekannt war, allerdings war man der Meinung, Sonne und Mond würden sich um die Erde drehen.

Von Plinius d. Jüngeren ist eine neunbändige Ausgabe seiner Briefe, die das zeitgenössische römische Leben schildern, in deutsch veröffentlicht.

Der in Mantua geborene Vergil hatte in Mediolanum (Mailand) die Rhetorikschule besucht. Diese Ausbildung sollte ihn auf die Anwaltslaufbahn vorbereiten. Doch sein erster Auftritt als Anwalt in

Rom scheiterte kläglich. Später finden wir ihn als Dichter und Poet im Kreis des Maecenas (s. S. 232f.). Zu diesem Kreis gehörte neben Vergil auch Horaz.

Die Zeit der Völkerwanderung brachte natürlich auch sprachliche Veränderungen mit sich. Generell wurden überwiegend Mundarten gesprochen. Lateinisch war jedoch die Amtssprache. Das bekannteste Werk aus dem 13. Jh. in lateinischer Sprache ist die »Legenda aurea« des Jacobus a Voragine (ca. 1230–1298), eine Sammlung von Heiligenlegenden. Die erste Dichtung in ›Italienisch‹ verfaßte Franz von Assisi (um 1182–1226), dessen Mutter aus der Provence stammte: den »Sonnengesang«, in einer Mischung aus Toskanisch und Provenzalisch.

Zu dieser Zeit besuchen zunehmend Minnesänger und Troubadoure die oberitalienischen Höfe, um Heldenepen und Liebeslieder in provenzalischer Sprache vorzutragen. Ihre Liebeslyrik huldigt der schönen, tugendhaften Frau, die zu einem Idealbild verherrlicht wird. Das gleiche Ideal drückt Dante Alighieri (1265–1321) in den Sonetten der Dichtung »La vita nuova« an seine Idealgestalt Beatrice aus. 1301 beginnt Dante mit seinem Hauptwerk, der »Göttlichen Komödie« – in Toskanisch, und Francesco Petrarca (1304–1374) schreibt seine Sonette an seine ideale Geliebte Laura (»Il canzoniere«) ebenso in Toskanisch wie Giovanni Boccaccio (1313–1375) seine Novellensammlung »Decamerone«. Durch die Werke dieser drei Großen der italienischen Literatur verbreitet sich das Toskanische, aus dem sich die italienische Sprache entwickelte, im Norden wie im Süden. Viele norditalienische Literaturinteressierte mußten sogar Sprachkurse absolvieren, um diese Bücher lesen zu können.

Im Zeitalter des Humanismus und der Renaissance erwacht erneut das Interesse an den antiken Autoren, Latein und Griechisch gewinnen an Bedeutung.

Ein Dichterwettstreit in Florenz im Jahre 1441, veranstaltet von Leon Battista Alberti (1404–1472) in italienischer Sprache, bringt eine erneute Hinwendung zum *volgare*, also zur italienischen Volkssprache. Aber erst im 16. Jh. wird Italienisch dem Lateinisch ebenbürtig. Der Venezianer Pietro Bembo (1470–1547) bewertet in seinem Buch »Prose della volgar lingua« die Werke Petrarcas als vorbildlich für die Lyrik wie jene Boccaccios für die Prosadichtung.

Die Fürstinnen der Renaissance an den Höfen der Gonzaga, Este und Sforza hatten einen ihren Männern vergleichbaren Bildungsstand. Sie förderten die Künste und pflegten das philosophische und literarische Gespräch. Dichter waren an den Höfen gern gesehen, so Torquato Tasso (1544–1595) in Mantua und Ludovico Ariosto (1474–1533) in Ferrara.

In der Lombardei entwickelt sich im 15. Jh. die bald in ganz Europa erfolgreiche Stegreifkomödie, die Commedia dell'Arte. Eine ihrer komischen Figuren, der bauernschlaue Diener Zanni aus Bergamo Bassa, »wo die Luft so dick ist, daß sich das Gehirn nicht entwickeln kann«, begegnet uns noch heute in den Figuren von Zampano und Kasperle (s. S. 142/143).

Niccolò Machiavelli (1469 bis 1527) und auch Francesco Guicciardini (1483–1540) treten als Autoren von Geschichtswerken hervor, Baldassare Castiglione (1478–1529) schreibt sein Buch vom Hofmann (»Il Cortegiano«).

Das 17. Jh. läßt in Italien die Mundartdichtung wieder aufblühen. Opernlibretti und Theaterstücke sind die Ausdrucksmittel vieler Autoren. Carlo Goldoni (1707–1793), zunächst beeindruckt von der Commedia dell'Arte, wendet sich bald von dieser ihm zu oberflächlich erscheinenden Form ab und schreibt Charakterkomödien in venezianischem Dialekt. Die Stücke des wegen seiner juristischen Ausbildung ›Avvocato‹ genannten Goldini werden heute noch aufgeführt.

Der berühmteste italienische Schriftsteller der Romantik ist ohne Zweifel Alessandro Manzoni (1785–1873). Als er in Mailand zu Grabe getragen wird, folgt ihm eine große Trauergemeinde aus ganz Italien. Die Anteilnahme ist so groß, weil er als erster Autor des geeinten Italiens gilt. Manzoni, geboren in Lecco am Comer See, schrieb eines der wichtigsten Werke der italienischen Literatur: »Die Verlobten«. In seinem romantischen Roman läßt er das 17. Jh. wieder lebendig werden. Es gibt wohl kaum eine eindrucksvollere Beschreibung der Pest von 1630 in Mailand als in diesem Roman.

Titelabbildung der Originalausgabe »I promessi sposi« von 1840–42

Eine herausragende Gestalt des frühen 20. Jh.s ist Gabriele D'Annunzio (1863–1938), der nicht nur durch seine Dichtungen und Romane, sondern auch durch sein exzentrisches Leben von sich reden machte (s. S. 162/163).

Manzoni, »Die Verlobten«

»...Lecco, die wichtigste Ortschaft, welche dem Gebiet auch ihren Namen gibt, liegt nicht weit von der Brücke entfernt am Seeufer, ja zuweilen im See selbst, wenn dieser ansteigt. Heute ist es ein großer Marktflecken und auf dem besten Wege, Stadt zu werden. Zu der Zeit, in der sich die Vorgänge abspielten, die wir erzählen wollen, war der schon beachtliche Ort auch eine Feste und hatte daher die Ehre, einen Kommandanten zu beherbergen, und den Vorzug, eine feste Garnison von spanischen Soldaten zu besitzen. Diese brachten den Frauen und Mädchen der Umgebung die Unterwürfigkeit bei und walkten hin und wieder einen Ehemann oder Vater tüchtig durch. Gegen Ende des Sommers verfehlten sie niemals, in die Weingärten auszuschwärmen, um die Traubenfülle zu lichten und den Winzern die Mühsal der Lese zu erleichtern.«

Manzoni beschreibt hier die Heimat seiner Familie etwa 250 Jahre vor seiner Geburt.

Er wurde am 7. März 1785 in Mailand geboren. Seine Mutter, Giulia Beccaria, war ziemlich unglücklich mit dem Grafen Pietro Manzoni verheiratet, vermutlich hatte sie einen Liebhaber, dessen Kind Alessandro sein könnte. Manzoni wuchs in Obhut einer Amme auf dem Landgut der Familie seines ›Vaters‹ Pietro bei Lecco auf.

1792 trennen sich die Eltern endgültig, die Mutter übersiedelt mit einem Geliebten nach Paris. 1805 besucht Alessandro die Mutter in Paris, die ihn in verschiedene literarische Salons einführte. Zu diesem Zeitpunkt hat Manzoni schon einige »Gesänge« veröffentlicht. Zwei Jahre später stirbt Graf Pietro Manzoni, Alessandro tritt sein Erbe an.

Zahlreiche italienische Autoren des 20. Jh.s sind in aller Welt bekannt, ihre Werke wurden in viele Sprachen übersetzt, wie z. B. Giuseppe Tomasi de Lampedusas (1896–1917) sizilianischer Familienroman »Der Leopard« oder der Roman einer Verbannung, »Christus kam nur bis Eboli«, von Carlo Levi (geb. 1902). Die in den letzten Jahren erfolgreichsten italienischen Autoren sind wohl der Semiotiker Umberto Eco mit seinem Bestseller »Der Name der Rose« und das Autorenteam Fruttero und Lucentini aus Turin, deren Romane sich großer Beliebtheit erfreuen.

Durch seine Heirat mit der Genferin Henriette Blondel, die zwar aus einer calvinistischen Familie stammt, sich aber intensiv mit der katholischen Religion beschäftigt, nähert sich Manzoni wieder dem Glauben, den ihm seine Lehrer in der kirchlichen Schule gründlich verdorben hatten.

1812, nach Italien zurückgekehrt, beginnt Manzoni mit der Arbeit eines Gedichtzyklus zu den kirchlichen Hauptfesten, »Heilige Hymnen«, der jedoch unvollendet bleibt. Das Vorwort zu seiner Tragödie »Der Graf von Carmagnola« wird zum Manifest der italienischen Romantik.

1823 arbeitet Manzoni an einer ersten Fasung der »Verlobten«. Nach Erscheinen des Buches schickt er ein Exemplar an Goethe, den er in der Zwischenzeit kennengelernt hat. Goethe reagiert begeistert und unterstützt die Veröffentlichung in deutscher Sprache.

Manzoni erzählt die Geschichte des Paares Renzo und Lucia. Die Hochzeit der beiden ist schon geplant, als ein spanischer Fürst den Pfarrer zwingt, von der Trauung abzusehen. Lucia und Renzo müssen getrennt flüchten und erleben manches Abenteuer in den rauhen Zeiten der Wegelagerer und Pestilenzen.

Manzoni schildert humorvoll und äußerst detailgetreu das Leben des 17. Jh.s in Mailand und Umgebung. Allein die Schilderung der Pest in Mailand oder die Seelenqualen des feigen Pfarrers, der Renzo und Lucia trauen sollte, sind ein Genuß.

Manzoni, der seit seinem 32. Lebensjahr an einem schweren Nervenleiden litt, starb 1873 im hohen Alter von 88 Jahren in Mailand. Seinem Sarg folgte der größte Trauerzug, den Italien bis dato je gesehen hatte.

Kunsthandwerk

So verschieden die einzelnen Provinzen der Lombardei sind, so unterschiedlich ist auch ihr traditionelles Kunsthandwerk. In den Bergtälern, wo der Winter und seine Nächte lang sind, verarbeiten vor allem die Frauen bunte Stoffreste zu Teppichen. Außerdem werden rustikale Möbel und Haushaltsgeräte aus Holz hergestellt. In Bormio, Tirano und Chiavenna gibt es außerdem Werkstätten für Kupferwaren.

In Oberitalien werden in alter Tradition Musikinstrumente noch in Familienbetrieben hergestellt. Die bekanntesten Betriebe findet

Souvenirgeschäft mit Kupfer- und Messingwaren

man in Cremona, der einstigen Wirkungsstätte Stradivaris. Hier kann man auch die einzige Schule Europas für Violinbauer besuchen. Nicht weit von Cremona liegt die kleine Stadt Crema, wo Orgeln gebaut werden. In der Provinz Mantua gibt es viele Mundharmonika-Werkstätten und in Stradella bei Pavia ebensoviele Ziehharmonika-Hersteller. Früher wanderten ambulante Verkäufer mit diesen Instrumenten durch ganz Oberitalien.

In Brebbia, in der Nähe des Lago Maggiore liegt das Pfeifenraucherparadies. Hier werden Pfeifen handgearbeitet. Brescia ist bekannt für seine Jagdgewehre. In Mailand und Vigevano gibt es neben vielen großen industriellen Betrieben noch Werkstätten, die handgefertigte Schuhe herstellen.

In Como sind die großen Seidenmanufakturen, die längst mit elektronisch gesteuerten Maschinen arbeiten; nur Lederwaren werden noch handgearbeitet. Manche Lederwerkstatt versucht, Seide und Leder zu kombinieren, so stellte z. B. die Firma LARIUM mit Seidenstoff bezogene Handtaschen u. ä. her. In Cantù bei Como beherrscht man noch die alte Technik der Holzintarsien.

Viele Kunstfertigkeiten sind von Generation zu Generation vererbt worden und werden von den jungen Leuten auch heute noch gepflegt.

Unterwegs in der Lombardei

Die schönsten Routen zwischen Valtellina und Po-Ebene, Lago Maggiore und Gardasee

Besuche in der Metropole Mailand und vielen historischen Stadtzentren

Die Provinz Sondrio

Splügen-Paß

Chiavenna

Sondrio

Valtellina

Bormio

Livigno

Naturpark Stilfserjoch

Grosio in der Valtellina

Vom Splügen-Paß in die Valtellina

Schon in römischer Zeit war die Route von der berühmten Via Mala in der Schweiz über den Splügen-Paß nach Italien eine wichtige Handelsstrecke. Die malerischen Orte in Valmalenco, Valchiavenna und Valtellina bieten Möglichkeiten für Sommer- und Winterurlaub.

In einem engen Tal, nur wenige Kilometer hinter der Schweizer Grenze, liegt in einer Höhe von 1550 m **Madesimo**, schon im 18. Jh. wegen seines sulfat- und magnesiumhaltigen Wassers ein angesehener Kurort.

Seit 1910 wird hier Wintersport betrieben. Die Skipisten im gesamten Tal sind überwiegend mittelschwer bis schwer und für Anfänger wenig geeignet. Neben 23 km Langlaufloipen gibt es eine 8 km lange Tourenroute und eine Rodelbahn. Die Skilifte sind von 8.30 bis 16.30 Uhr in Betrieb. Man bemüht sich mit Hilfe von Schneekanonen, die Pisten optimal befahrbar zu machen.

Die Rodelbahn ist 9.00–12.30, 14.00–18.00 und 20.00–21.00 in Betrieb.

Die Skisaison beginnt im November und endet Anfang Juni (Val Di Lei/Sommerski).

Praktische Hinweise

Touristeninformation: A.P.T., Via Carducci 27, 23024 Madesimo, ✆ 5 30 15 – Fax 5 37 82.
Vorwahl: 03 43.

Hotels: *****Emet,* Via Carducci 28, ✆ 5 33 95; ****Arlecchino,* ✆ 5 30 05 (bietet ein behindertengerechtes Zimmer); *Andossi,* Via de Giacomi 45, ✆ 5 70 00 – Fax 5 45 36 (Babysitting); *Cascata et Cristallo,* Via Carducci 2, ✆ 5 31 08 – Fax 5 44 70; *La Meridiana,* Via Carducci 8, ✆ 5 31 60 (Babysitting); *Torre,* Via Andossi 1, ✆ 5 34 85 – Fax 5 45 61; *Rifugio Mai Tardi,* Ortsteil Andossi, ✆ 5 44 34, renovierte Bergpension mit Schlittenservice im Winter.

Restaurants: *Tèc de l'Urs,* Via Giacomo 27, ✆ 5 32 83; *La Lanterna,* Via Giacomo 13, ✆ 5 34 50.

Polizei: ✆ 1 12.

Bergführer: ✆ 5 33 98; **Skipaß:** Funivie Val di Lei, Via Cascate 8, ✆ 5 32 96; **Skischule:** *Valle Spluga,* ✆ 5 30 49 – Fax 5 41 55.

Erste Hilfe: 1 18; **Medizinischer Dienst für Touristen:** Via alle Scuole, ✆ 5 43 00; **Bergrettung:** ✆ 5 62 50.

Am Splügen-Paß

Chiavenna

Der Name Chiavenna weist schon auf die große Bedeutung hin, die diese Stadt an der Handelsstraße, die zum Splügen-Paß führt, innehatte. Chiavenna wird von dem Lateinischen *clavis* (Schlüssel), im Sinn von ›Schlüssel zum Splügen-Paß‹, abgeleitet. Schon zu Beginn des 11. Jh.s hat sich Chiavenna zur freien Stadtrepublik entwickelt. Nach der Eröffnung des Gotthard-Tunnels hat die Splügen-Paßstraße jedoch ihre Bedeutung verloren.

Sehenswert sind vor allem der Kirchenschatz von *S. Lorenzo* und ein romanisches Taufbecken im Baptisterium der gleichen Kirche. Das Taufbecken ist aus einem einzigen Block gehauen. Es handelt sich um den weichen, grau-grünen Stein, den man häufig in der Valmalenco nördlich von Sondrio findet.

Auch ein Bummel zur Piazza Castello mit dem schönen *Palazzo Balbiani* ist zu empfehlen. Von hier aus sind es nur wenige Schritte zum Botanischen Garten *(Parco botanico del Paradiso)*, durch den ein Lehrpfad führt (Öffnungszeiten: 14.00–17.00 Uhr, montags geschlossen). Hinter dem Botanischen Garten liegt der *Parco delle marmitte dei giganti*, der interessante Erdformationen zu bieten hat, wie z. B. einen 12 Meter tiefen natürlichen Brunnen.

Praktische Hinweise

Touristeninformation: Tourist Coop, 23022 Chiavenna, ✆ 3 34 42.
Vorwahl: 03 43.

Hotels: ****Aurora*, Via Rezzia 73, ✆ 3 27 08 – Fax 3 52 45 (Babysitting); *Conradi*, Piazza Verdi 10, ✆ 3 23 00; *Crimea*, Via Pratogiano 16, ✆ 3 43 43 – Fax 3 59 35; einfach: *Flora*, Via Don Luigi Guanella, ✆ 3 53 30; *Elvezia*, Via G. Garibaldi 3, ✆ 3 21 65.

Restaurant: *Al Cenacolo*, Carlo Pedretti 16, ✆ 3 21 23. Chiavenna ist bekannt für seine Gaststätten in Grotten, wo typische Gerichte der Region serviert werden, z. B. Ristorante *Crotto Ombra*, Viale Pratogiano 14, ✆ 3 34 03.

Banken: *Banca Popolare di Lecco*, Via Consoli Chiavennaschi; *Credito Valtellinese*, Via della Molin.

Erste Hilfe: Via della Cereria, ✆ 1 18.

Bagni di Masino

Bis vor kurzem war das Masinotal völlig abgeschlossen, nun gibt es an der Straße von Chiavenna nach Sondrio von Ardenno aus eine Verbindungsstrecke. Die neue Straße ist gut ausgebaut, aber schmal und kurvenreich. Sie führt durch schöne Kastanienwälder, im Hintergrund der grau-grüne Fels der Berge.

Der Ort Bagni di Masino ist ein traditioneller Thermalkurort, den schon im 16. Jh. viele Mailänder Edelmänner mit ihren Damen aufsuchten, um sich in jeder Hinsicht zu erholen. Der Thermalkurort (geöffnet nur im Sommer) ist Ausgangspunkt schöner Wanderungen am Monte Spluga (2967 m), Pizzo Mercantelli (2070 m), Cima di Cavalcorto (2763 m).

Eine Dreitagestour führt von der Berghütte Omio (2300 m) am Fuß

Blick auf Chiavenna

der Pizzi del Oro über den sogenannten Romaweg, der beständig auf einer Höhe von 2000 m bleibt. Er umrundet das gesamte Tal des Masino. Übernachtungsmöglichkeiten gibt es in den Berghütten von Gianetti und Allievi-Bonacossa. Unerfahrene Wanderer sollten auf jeden Fall auf den lokalen Bergführer zurückgreifen.

Östlich des kleinen Ortes San Martino liegt das Tal von Mello, das sich mit seiner friedlichen Atmosphäre, mit grünen Wiesen und kleinen Bauernhütten zu einem Paradies für Kletterer entwickelt hat.

Praktische Hinweise

Touristeninformation: PAN-Cooperativa Turistica Valtellina-Morbegno, Bagni di Masino, Via Stelvio, ✆ 6 00 15.
Vorwahl: 03 42.

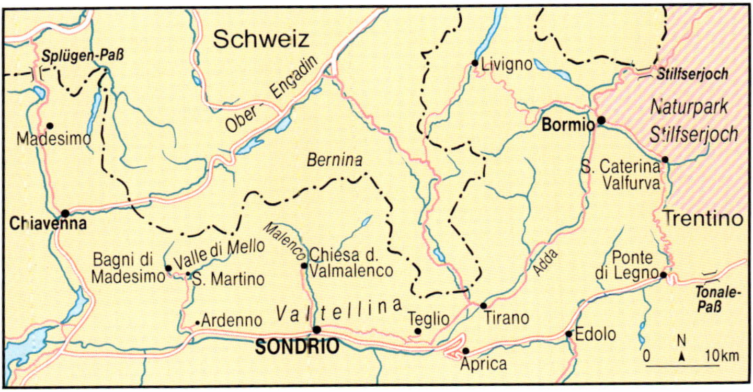

Die Provinz Sondrio

Hotels: ****Terme Bagni*, Masino, ✆ 64 10 10 – Fax 65 30 00 (nur von Juni bis September geöffnet), schönes Haus mit Kurbetrieb; einfach: *Rustichella*, ✆ 64 01 21.

Restaurant: *Hotel Terme Bagni*, Masino, sehr gute Küche.

Bergrettung: Giacomino Fiorelli, ✆ 64 08 58/64 08 73; Ezio Scetti, ✆ 64 08 45.

Sondrio

Sondrio, die Provinzstadt mit 23 000 Einwohnern, liegt im Zentrum der Valtellina an der antiken Via Valeriana. Der Name stammt vom langobardischen Wort *Sonder*, was bedeutet: Terrain, vom Herrn selbst bestellt. Seine Blütezeit erlebte Sondrio unter der österreichischen Herrschaft, als man im 18. Jh. eine Verbindungsstraße von Österreich übers Stilfserjoch zum Comer See baute. Damals wurde Sondrio auch Hauptstadt des Veltintals.

In dieser Epoche entstand die Piazza Garibaldi als der einer Provinzhauptstadt würdige, repräsentative Platz. Er trennt den neueren Teil Sondrios von der Altstadt. In der Via Maurizio Quadrio befindet sich der schöne Barock-Palast *Sassi de' Lavizzari*, auf der sich anschließenden Piazza Quadrivio lohnt der *Palazzo Sertoli* wegen seiner Fresken einen Besuch. Von dort aus erreicht man in wenigen Minuten den *Palazzo Quadrio* in der Via IV Novembre, in dem das historische Museum der Valtellina untergebracht ist.

Von Sondrio aus führt eine malerische Straße, entlang des Flusses Mallero, ins Malencotal, dessen Hauptort **Chiesa in Valmalenco** ist. Besonders am Talende finden sich viele Steinbrüche, in denen der besondere grau-grüne Fels gebrochen wird. Heute gibt es nur noch wenige Handwerker, die aus dem Stein die typischen Kochtöpfe dieser Region formen können.

Die Drahtseilbahn von Chiesa in Valmalenco sollte eigentlich den Gipfel der Bernina erreichen, der Bau wurde jedoch schon auf dem 2000 m hohen Palu beendet. Die Pisten des Palu sind sehr ruhig und nicht allzu schwierig.

Vom Malencotal aus kann man einige leichte Wanderungen machen. Es gibt eine mittelschwere achttägige Route, die über den Ventina-Paß am Palu-See vorbeiführt. Trotz des geringen Schwierigkeitsgrades benötigt man für diese Strecke eine gute Ausrüstung, da sie zum Teil über Gletscher führt.

Man kann Sondrio über die schöne **Burgenstraße** umfahren. Die gut ausgeschilderte *Panoramica dei Castelli* führt von Montagna piano in einer Höhe von ca. 800 bis 900 m durch Weinterrassen und unberührte Dörfer bis nach Teglio.

Teglio ist einen kleinen Zwischenstopp wert. Im *Palazzo Bosta* sind neben interessanten Fresken einige Stelen, die man zwischen Teglio und Tirano gefunden hat, zu besichtigen. Die Zugstrecke zwischen Tirano und St. Moritz ist eine der schönsten der Alpen.

Praktische Hinweise

Touristeninformation: A.P.T., 23100 Sondrio, Via C. Battist 12,

Dorf in der Valmalenco

✆ 51 25 00 – Fax 21 25 90; A.P.T. Chiesa in Valmalenco, Piazza SS. Giacomo e Filippo 1, ✆ 45 11 50 – Fax 45 25 05.
Vorwahl: 03 42.

Hotels: *****Albergo della Posta*, Piazza Garibaldi 19, Sondrio, ✆ 51 04 04, mit sehr gutem Restaurant; ****Schenatti*, Via Bonina 7/B, Sondrio, ✆ 51 24 24; *Primolo*, Chiesa in Valmalenco, ✆ 45 24 15; *Combolo*, Teglio, ✆ 78 00 83; einfach: *Baffo*, Chiuro, ✆ 48 23 37.

Restaurants: *Albergo della Posta*, ✆ 51 04 04; *Le Macine di Totò*, in Poggiridenti al Piano, ✆ 21 61 05; *Cerere* in Ponte Valtellina, ✆ 48 22 94, typische lokale Gerichte; *Cima 11*, Via Pelosi, Sondrio, ✆ 51 50 40, typische lokale Gerichte; *Vecchio Mulino*, Via Perego 8, Sondrio, ✆ 21 93 02, Spaghetti, Pizza.

Museen: *Museo Valtellinese di Storia ed Arte*, Palazzo Quadrio, Via IV Novembre 20, Sondrio. Geöffnet: Montag 14.30–16.30 Uhr, Dienstag bis Freitag 9.00–12.00 und 14.30–16.30 Uhr, Samstag 16.00–19.00 Uhr.

Taxi: Piazza Garibaldi im Zentrum, ✆ 51 51 00. Am Hauptbahnhof, ✆ 21 40 23.

Polizei: ✆ 1 12.

Erste Hilfe: ✆ 1 18;
Bergrettung: Valerio Rebai (Spürhunde), ✆ 51 45 04 (privat), 21 62 55 (Büro).

Frühlingswiese in der Valmalenco

Zwischen Aprica und Livigno

Hier liegen schneesichere Skigebiete, im Sommer locken Golf, Tennis und Gleitschirmfliegen sowie Wanderungen im Naturpark Stilfserjoch.

Von Tirano aus führt südlich eine Straße nach **Aprica**, das sich – in 1172 m Höhe an der Grenze zur Valcamonica gelegen – in Italien als Wintersportort einen guten Ruf erworben hat.

›Aprica‹ bedeutet: der Sonne zugewandt, und die scheint auch entsprechend häufig. Die 25 Skipisten bieten sowohl Anfängern als auch Könnern genügend Auswahl. 32 Hotels und 100 Skilehrer bemühen sich um die Gäste.

Praktische Hinweise

Touristeninformation: A. P. T., Corso Roma 175, Aprica, ✆ 74 61 13 – Fax 74 77 32. **Vorwahl:** 03 42.

Hotels: *****Bozzi Park*, Via Europa, ✆ 74 61 69 – Fax 74 77 66; ****Aprica*, Via Roma 269, ✆ 74 61 03 – Fax 74 66 76; *Aurora*, Via Italia, ✆ 74 61 74; *Cristallo*, Via Europa 37, ✆ 74 61 59 – Fax 74 61 59; *Larice Bianco*, Via Adamello, ✆ 74 62 75; *Sport*, Via Europa 106, ✆ 74 61 34; *Urri*, Via Roma 106, ✆ 74 61 10 – Fax 74 74 28; einfach: *Bellavista*, Via Valtellina 90, ✆ 74 61 73; *Firenze*, Via Roma 227, ✆ 74 62 25; *Stelvio*, Via Roma 173, ✆ 74 60 83.

Camping: *Camping Aprica*, Via Nazionale, ✆/ Fax 71 00 01.

Polizei/Carabinieri: ✆ 74 62 22.

Skipaß: *Sita*, Via Europa, ✆ 74 64 63; *Siba*, Via Magnolta, ✆ 74 73 95; *Sacit*, ✆ 74 63 12; **Skischulen:** *Aprica*, Via Adamello 10, ✆ 74 60 04; *Passo Aprica*, ✆ 74 51 08; *Full Sky*, Via Europa 47, ✆ 74 71 90.

Notdienst: ✆ 1 18; **Medizinischer Dienst für Touristen:** ✆ 74 71 14; **Bergrettung:** ✆ 74 60 95.

Edolo und Ponte di Legno

Von den beiden Ferienorten hat sich Edolo auf Sommerurlauber eingerichtet, während sich Ponte di Legno seit 80 Jahren auf den Wintersport konzentriert.

In Edolo ist die Altstadt in der Nähe des Ponte Alteo (›hohe Brücke‹) interessant.

Viele Wanderwege führen sowohl von Edolo als auch von Ponte di Legno aus in das interessante Gletschergebiet der Adamello-Gruppe. Die Pisten des Wintersportortes Ponte di Legno liegen am Tonale-Paß. Sie werben mit dem Slogan: »Hier gibt es keine Warteschlangen.« Und tatsächlich braucht die Drahtseilbahn lediglich fünf Minuten zum Passo del Paradiso. Auf dem spaltenfreien Gletscher des Presena ist auch Sommer-Skifahren möglich.

Praktische Hinweise

Touristeninformation: A.P.T., Corso Milano 41, Ponte di Legno, ✆ 9 11 22.
Vorwahl: 03 64.

Hotels (in Ponte di Legno): *****Mirella*, ✆ 9 16 61; ****Pineta*, ✆ 9 12 59.

Skipaß: *Consorzio Skirama*, Via Cida 14, Ponte di Legno, ✆ 9 02 07; **Skischulen:** *Ponte di Legno-Tonale*, Corso Milano, Ponte di Legno, ✆ 9 13 01; *Tonale-Presena*, Passo del Tonale, ✆ 9 23 88; Pirovano, *Albergo Paradiso Pirovano*, Tonale, ✆ 9 13 41.

Bormio

12 km nordwestlich von Santa Caterina Valfurva liegt eine der ältesten Ortschaften der Valtellina. Bormio kann auf keltische und rätische Ursprünge zurückblicken. Auch die Römer fanden Gefallen an dem reizvollen Tal mit seinen Thermalquellen. Der römische Schriftsteller Cassiodorus erwähnt sie als »Aquae Burmiae«. Selbst gotische Könige empfahlen die Thermalkuren Bormios an ihre Fürsten weiter. Heute werden in Bormio

Bormio

überwiegend Frauenleiden behandelt.

Ein besonderes Erlebnis bieten die Kuren der *Bagni Vecchi* (ca. 5 km außerhalb Bormios), wo man die Reise Dantes durch das Paradies und das Fegefeuer (= der Gang durch einen langen Tunnel mit Heiß- und Kaltwasserduschen) in die Hölle (= Grotte mit heißem Dampf) nachvollziehen kann. Die Schwitzgrotte von Bagni Vecchi ist das einzige natürliche Dampfbad im Alpenraum.

Für Wintersportler bietet Bormio 50 km erstklassige Pisten. Gemeinsam mit Santa Caterina Valfurva, Livigno und dem Stilfserjoch offeriert Bormio einen Skipaß, der in allen Skigebieten der vier Täler gültig ist. Für ganz Wagemutige gibt es einen Ski-Helikopter-Service, der auch die höchsten Gipfel anfliegt.

In Bormio kann man im *Giardino botanico Rezia* den größten Teil der 2000 geschützten Pflanzen kennenlernen, die im Naturpark Stilfserjoch wild wachsen. Auch leben hier Gemsen, Adler und Murmeltiere. Der Park lädt zu ausgedehnten Spaziergängen ein.

Praktische Hinweise

Touristeninformation: A.P.T., Via Stelvio 10, 23032 Bormio, ✆ 90 33 00 – Fax 90 46 96.
Vorwahl: 03 42.

Hotels: *****Baita dei Pini*, Via Don Peccedi 15, ✆ 90 43 46 – Fax 90 47 00 (Babysitting); *Palace Hotel*, Via Milano 52, ✆ 90 31 31 – Fax 90 33 66 (Babysitting); *Albergo Posta*, Via Roma 66, ✆ 90 47 53 – Fax 90 44 84 (Babysitting); ****Aurora*, Via Coltura, ✆ 91 00 52 – Fax 90 31 96; *Baita Clementi*, Via Milano 46, ✆ 90 44 73 – Fax 90 36 49; *Derby*, Via Funivie 15, ✆ 90 44 33 – Fax 90 11 30 (Babysitting); *Terme*, Via Martinelli 6, ✆ 91 01 56; einfach: *Dante*, Via Trieste 2, ✆ 90 13 29 – Fax 90 31 96; *Eira*, Piatta 24, ✆ 91 00 04; *Everest*, Via S. Barbara 11, ✆ 90 12 91; *Olimpia*, Via Funiva 39, ✆ 90 15 10; *Piccolo Mondo Meublé*, Via alla Cultura 18, ✆ 90 43 27, in der Nähe der Piste gelegen.

Camping: ****Cima Piazzi* – Ortsteil Tola Valdisotto, ✆ 95 02 98; ***Pineta* – Ortsteil Isolaccia Valdidentro, ✆ 98 53 65.

Restaurants: *Piccolo Mondo*, Via alla Cultura 18, ✆ 90 50 54; *Magic Euroresidence*, Via Milano 48, Self-Service; *Miramonti*, Via Milano 46, Self-Service.

Einkaufen: Erster Dienstag im Monat Straßenmarkt, Via Cacciatori delle Alpi.

Skipaß: *Impianti Alta Valtellina*, Via Battaglion Morbegno 25, ✆ 90 14 51; **Skischulen:** *Anzi*, Località Ciuk, ✆ 90 43 81; *Nazionale*, Via Funivia 6, ✆ 90 15 53; *Bormio 2000*, Via Peccedi 6, ✆ 90 31 35; *Sertorelli*, Via Piave 3, ✆ 90 30 60, *Sci Fondo* Alta Valtellina, Via Manzoni, ✆ 90 50 69.
Golf: Ortsteil Fornace-San Gallo, ✆ 90 25 12.
Mountain Bikes: *Antonioli Roberto-Bobo Moto*, Via al Forte, ✆ 90 90 64.
Squash: c/o *Hotel Baita Clementi*, Via Milano, ✆ 90 44 73.
Bergführer: Via Roma 38, ✆ 90 17 37/ 90 15 54.
Lawinenvorhersage: ✆ 90 50 30.

Erste Hilfe: ✆ 90 23 44. **Bergrettung:** (Lawinen- und Spürhunde) Alberto Nino Zappa, ✆ 90 44 52; Zivilschutzkorps (ständige Bereitschaft), ✆ 90 30 40.

Livigno

Livigno liegt auf 1816 m Höhe in einem schwer zugänglichen, langgestreckten Tal, das sich ausgezeichnet zum Skilanglauf eignet. Vier Loipen mit über 40 km Länge sind gespurt. Das Schöne: Man hat von fast jedem Hotel des Ortes direkten Zugang zur Loipe.

Livigno

Zudem bietet Livigno 80 km Abfahrtspisten: viele für Anfänger geeignete, aber auch interessante Abfahrten für Könner, wie z. B. die sogenannte ›Direttissima‹, eine steile Schußstrecke mit über 2 km Länge.

Alle Häuser, traditionell aus Holz gebaut, stehen in einem gewissen Abstand zueinander, dies soll im Brandfall das Übergreifen des Feuers auf andere Häuser verhindern.

Livigno ist von Italien nur über zwei Alpenpässe zu erreichen. Erschwerend hinzu kommen die hohen Niederschlagsmengen, die Livigno 9 Monate Winter im Jahr bescheren, deshalb war Livigno in der Vergangenheit einige Monate im Jahr völlig abgeschnitten. Im letzten Jahrhundert bestand die Gefahr, daß der Ort völlig ausstürbe. Die napoleonische Regierung versuchte, den Menschen des Ortes ein neues Auskommen zu bieten, indem sie Livigno zum zollfreien Gebiet erklärte. Von Skiausrüstung über Alkohol bis zum technischen Gerät reicht mittlerweile das zollfreie Warenangebot.

Im Sommer bietet Livigno eine große Auswahl an Wanderwegen, die zum Teil in die Schweizer Alpen führen.

Praktische Hinweise

Anreise: *Aus Richtung Frankfurt:* Davos – Flüela-Paß – Zernez, Tunnel ›Munt La Schera‹ – Livigno; *aus Richtung München:* Garmisch-Partenkirchen – Landeck – Martina – Scuol – Zernez-Tunnel ›Munt La Schera‹ – Livigno; *aus Richtung St. Moritz:* Pontresina – Bernina-Paß – Forcola-Paß (im Winter geschlossen) – Livigno; *von Mittel- und Süditalien:* Brennerautobahn bis Bozen – Meran – Taufers im Münstertal – St. Maria – Ofen-Paß – Livigno; *aus Richtung Mailand:* Lecco – Colico – Sondrio – Tirano – Poschiavo – Forcola-Paß (nur im Sommer/im Winter über Bormio) – Livigno.

Touristeninformation: A.P.T., Via dala Gesa 65, 23030 Livigno, ✆ 99 64 02 – Fax 99 68 81.
Vorwahl: 03 42.

Hotels: *****Intermonti*, Via Gerus 17, ✆ 99 63 31 – Fax 97 02 31; *Pare*, Via Gerus 1/3, ✆ 99 62 63 – Fax 99 74 35 (Konferenzraum); ****Adele*, Via Rasia, ✆ 99 72 69 – Fax 99 75 47; *Baita Montana*, Via Monteneve 1, ✆ 99 63 22 – Fax 99 74 07 (Babysitting); *Alpenrose*, Via Plan 28, ✆ 99 60 38; *Concordia*, Via Plan 20, ✆ 99 60 61 – Fax 99 69 14; *Europa*, S. S. 301n.28, ✆ 99 62 78 – Fax 99 74 47; *Krone*, Via Bondi 8, ✆ 99 60 15 – Fax 97 02 15; *Livigno*, Via Osteria 103, ✆ 99 61 04 – Fax 99 76 97; *Margherita Residence*, Via Teola 3, ✆ 99 61 53 – Fax 99 74 67 (Konferenzraum); *Sonne*, Via Plan 87, ✆ 99 64 33 – Fax 97 04 99; *Spol*, Via della Chiesa 27, ✆ 99 61 05 – Fax 97 02 05; *Valtellina*, Via Saroch 96, ✆ 99 67 81 – Fax 99 61 09; *Villa Erika*, Via Pontiglia 13/15, ✆ 99 68 01 – Fax 97 03 34;
einfach: *Aquila*, Via Saroch 135, ✆ 99 75 14 – Fax 99 72 87; *Cassana*, Via Domenion 16, ✆ 99 65 65; *La Pastorella*, Via Plan 64, ✆ 99 60 95 – Fax 99 66 25; *Pontiglia*, Via Pontiglia 8, ✆ 99 66 28; *Touring*, Via Plan 77, ✆ 99 61 31; *Dse*, Via Osteria 35, ✆ 99 61 55 – Fax 99 75 30; *Miramonti*, Via Osteria 4, ✆ 99 61 54 – Fax 99 60 17.

Ferienwohnungen: siehe Praktische Reiseinformationen.

Camping: **Campeggio Palipert*, Via Palipert, ✆ 99 63 29; **Wohnmobilplätze:** Località Pemont; via Rasia; via Palipert.

Restaurants/Pizzerien: *Alpino* (Trepalle), – Via S. S. 301, ✆ 99 60 12; *Ambassador*, Via Rin, ✆ 99 72 68; *Astoria*, Via Saroch, ✆ 99 67 77; *Bellavista*, Via Saroch, ✆ 99 73 34; *Calcheira*, Via Federia, ✆ 99 71 58; *Il Pastore*, Via Rasia, ✆ 99 72 21; *La Dolce Vita*, Via Gerus, ✆ 99 72 67; *Nuova Laterna*, Via Prestefan, ✆ 99 64 70; *Pesce D'Oro*, Via Plan, ✆ 99 63 52; *Rusticana*, Via Olta, ✆ 99 60 47; *Touring*, Via Plan, ✆ 99 76 40.

Autoverleih und Abschleppdienst: Via Fontana, ✆ 99 63 40.

Busverbindungen: Busverbindungen gibt es von Livigno aus nach Zernez, Bormio, Bozen und Sondrio.

Taxi: Piazzale Mottolino, ✆ 97 02 09.

Post: *Ufficio Postale*, Plaza dal Comun, ✆ 99 60 49, geöffnet: Montag–Samstag 8.00–13.00 Uhr.

Telefon: Telefonkarten sind erhältlich u. a. bei *Agenzia Interalpen*, Via Isola; *Agenzia Livigno Idea*, Via Saroch; *Da Marisa*, Via Plan; *Studio-Gioco*, Via ala Gesa.
Im Ort gibt es mehrere Telefonzellen.

Banken: *Banca Cariplo*, Via Botarel, ✆ 97 00 00 (mit Bancomat); *Banca credito Valtellinese*, Plaza dal Comun, ✆ 99 60 29 (mit Bancomat und Wechselautomat); *Banca Popolare di*

Sondrio, Via Saroch, ✆ 99 76 56 (mit Bancomat).

Skipaß-Büros: *Ufficio Associazione Skipaß,* Via Pontiglia, ✆ 99 69 15; *Ufficio Skipaß SITAS,* Via Ostaria, ✆ 99 65 77; *Agenzia Viaggi e Turismo F.A.V.,* Via Bondi, ✆ 99 60 33 (täglich geöffnet).

Skischulen:
Alpin: *Scuola Italiana Sci Interalpen,* Via Isola, ✆ 99 62 62; *Scuola Italiana Sci Livigno Inverno-Estate,* Via Plan, ✆ 99 62 76; *Scuola Italiana Sci Livigno Italy,* Via Plan, ✆ 99 67 67; *Scuola Italiana Sci Livigno Soc. Soop. a.r.l.,* Via Saroch 81, ✆ 97 03 00;
Langlauf: *Scuola Italiana Sci Fondo Livigno,* Via Isola, ✆ 99 63 67.
Skitouren, Buchung und Information: *Gruppo Guide Livigno,* c/o Lodovico Cusini, Via Plan, ✆ 99 61 07.

Motorschlitten: Galli Franco, Via Rasia, ✆ 97 01 06; Bormolini Michele, Via Fontana, ✆ 99 64 05 oder 0330-71 68 41.

Schlittschuhlaufen: (nur während der Wintersaison möglich) *San Rocco,* Via Saroch, ✆ 99 72 44 (geöffnet täglich 10.00–23.00 Uhr).

Winterwanderungen: 7 km entlang des Livigno-Tales (gemütliche Spaziergänge, auch mit dem Fahrrad und abends bei Licht).

Gleitschirmfliegen: *Scuola Italiana Sci Inverno-Estate,* Via Plan, ✆ 99 62 76.

Golf: Es gibt lediglich einen Übungsplatz in der Via Rasia, Juli bis September 10.00–18.00 Uhr.

Tennis: (nur während der Sommersaison möglich) *San Rocco,* Via Saroch, ✆ 99 72 44 (geöffnet täglich 8.00–24.00 Uhr).

Erste Hilfe: ✆ 1 18. **Touristischer Sanitätsdienst:** Via Freita 18, ✆ 99 63 44 (geöffnet vom 1. Juli bis zum 20. September 10.00– 12.00 Uhr und 15.30–18.30 Uhr
Bergrettung: Via Plan 41, ✆ 99 61 23.

Stilfserjoch

Santa Caterina Valfurva

Im Sommer kann man über den Gavia-Paß von Ponte di Legno nach Santa Caterina Valfurva gelangen. Die schmale, kurvenreiche Straße ist eine der höchsten Paßstraßen der Alpen (2621 m). Sie führt mitten durch das Naturschutzgebiet des Stilfserjochs und bietet herrliche Ausblicke auf den Sobretta-Gletscher.

Santa Caterina Valfurva ist ein weiterer Wintersportort, der sich aus einem alten Thermalkurort entwickelt hat. Die berühmteste Abfahrt von Santa Caterina ist die des Monte Paradiso, auf der 1985 die Weltmeisterschaft im Riesenslalom der Damen ausgetragen wurde.

In der Valfurva

Der Großteil der Pisten ist sehr anspruchsvoll.

Im Frühjahr und im Herbst kann man von Santa Caterina aus schöne Wanderungen im Nationalpark unternehmen. Eine Route führt z. B. vom Hotel dei Forni über die Hütte *Pizzine* zur Hütte *Branca* und zurück zum Hotel (5 Std.). Beide Hütten sind schon in Santa Caterina ausgeschildert; folgt man dieser Beschilderung, erreicht man in 2178 m Höhe das *Hotel dei Forni* (Fahrstraße), wo der Wanderweg beginnt. Von der Branca-Hütte aus hat man eine phantastischen Blick auf den Forno-Gletscher.

Praktische Hinweise

Touristeninformation: Pro Loco, Piazza Magliavaca, Santa Caterina Valfurva, ✆ 93 55 98 – Fax 93 53 42. **Vorwahl:** 03 42.

Hotels: *****Residence Valtellina,* Via Gavia 2, ✆ 93 54 03 – Fax 92 51 08; ****Genzianella,* Via Nazionale 31, ✆ 93 55 52; *Residence* Tredici *Cime,* Via Vedig, ✆ 93 54 69; *Valfurva Residence,* Via Magliaga 44, ✆ 93 55 00 – Fax 93 54 65; einfache Unterkünfte: *Castello,* S. Antonio, ✆ 94 57 09; *Park,* Piazza Magliavaca 5, ✆ 93 55 51; *Pineta,* Via Magliaga 48, ✆ 93 55 09.

Skipaß: *Società Impianti Valfurva,* Via La Fonte, ✆ 93 55 78.
Skischule: *Santa Caterina,* Via Magliaga, ✆ 93 55 75.

Der Nationalpark Stilfserjoch

Von Ponte di Legno bis ins Schweizer Inntal reicht das Naturschutzgebiet des Stilfserjoch-Nationalparks. Er wurde 1935 angelegt, um 96 000 ha Gebirgslandschaft zu schützen. 1977 kamen weitere 38 000 ha hinzu.

Die Verantwortung im italienischen Teil des Parks teilen sich die Provinzen Brescia und Sondrio sowie die Region Südtirol/Trentino. Über 50 Seen und 100 Gletscher gehören zum Naturschutzgebiet. 70 Staatsangestellte sind mit der Überwachung des Gebietes betraut, die den gesamten Park rund um die Uhr beobachten. Sie sorgen dafür, daß der Bestand an Steinböcken, Rehen und Hirschen nicht gefährdet wird, helfen Besuchern und wachen über die Einhaltung der Vorschriften.
Dazu gehören:
- Fahrverbot für Geländewagen und Motorfahrzeuge auf unbefestigten Wegen;
- das Betreten der Wiesen ist verboten, aber auch das Mitbringen von Hunden.

Anders als im Naturschutzgebiet des Ticino darf am Stilfserjoch weder wild gecampt noch gepicknickt werden. Allerdings gibt es mehrere Übernachtungsmöglichkeiten, Campingplätze und auch Picknickstellen.

Bei Bormio kann man sich im alpinen Botanischen Garten *Rezia* über die Pflanzen informieren, denen man auch auf den vielen Wanderwegen wieder begegnet. Auf einer solchen Wanderung sollte man unbedingt ein Fernglas mitnehmen, dann kann man – ohne die Tiere zu stören – ungeniert Adler, Murmeltiere und Steinböcke beobachten.

Schon in den Ortschaften am Rand des Naturschutzgebietes finden sich Hinweisschilder auf Berghütten.

Rund um den Comer See

Como

Argegno

Tremezzo

Menaggio

Bellagio

Gravedona

Lecco

Lago di Lugano (Ceresio)

Windsurfer bei Domaso am Comer See

Der Comer See

Von Mailand etwa 50 km entfernt, zählt der Comer See zu den beliebtesten Wochenendzielen – nicht nur der italienischen Oberschicht. Weniger mondän, aber malerisch zwischen Bergen und saftigen Wiesen mit weidendem Vieh gelegen, sind die Ortschaften am Lago di Ceresio, am italienischen Teil des Luganer Sees.

Im Gegensatz zum Luganer See, der zu zwei Dritteln in der Schweiz liegt, gehört der Comer See als einziger der großen oberitalienischen Seen vollständig zur Lombardei. Er ist mit 146 km^2 Wasserfläche und 410 m Tiefe (zwischen Argegno und Nesso) der größte und tiefste dieser Seen.

600 000 bis 12 000 Jahre v. Chr. sorgten die Eiszeiten und die zurückbleibenden Gletscher der Valtellina für die Entstehung des Lago di Lugano und des Lago di Como. Die ersten Eiszeiten formten die Hügel rund um die Seen, während die späteren die Täler weiter aushöhlten und zugänglich machten. Die weißen Spitzen der Gletscher Monte Adda und Monte Rosa sind im Norden des Comer Sees deutlich zu sehen.

Durch den Wärmeaustausch der großen Wassermengen mit der sie umgebenden Luft ist das besonders milde Klima an den Seeufern bedingt. Jasmin und Oleander wachsen hier, aber auch Olivenbäume und Dattelpalmen. Trotzdem können im Winter schon mal minus 18 Grad gemessen werden. Gebirgsorte wie Lanzo d'Intelvi und Castiglione, die zwischen Luganer und Comer See in ca. 900 m Höhe liegen, sind im Winter schneesicher und im Sommer eine beliebte Sommerfrische der Mailänder, die hier der Hitze und dem Smog ihrer Stadt entfliehen können.

Die Gegend war zum ersten Mal im 11. Jh. v. Chr. durch Stammesangehörige der Orober besiedelt. Grabesfunde in der Nähe der Stadt Como belegen eine erste Ansiedlung.

Zur Zeit Cäsars gehörte die Region zur Provinz Gallia Cisalpina, deren Oberkommandeur Cäsar selbst war. Durch seine Expansionspolitik wird die Region für das römische Reich wichtig. Als Ausgangspunkt zu den meistgenutzten Alpenpässen entwickeln sich das Seengebiet und vor allem die Stadt Como zu den bedeutendsten Handelsstätten Oberitaliens.

Schon in der Antike waren die oberitalienischen Seen beliebte

Blick von Loveno di Menaggio auf den Comer See

Sommerfrischen. Künstler und Dichter, wie Plinius der Ältere (in Como geboren, gest. 79 beim Vesuv-Ausbruch) und Plinius der Jüngere (61–113), besaßen Villen an den Seen. In vielen italienischen Reiseführern findet man den Comer See noch unter dem Namen *Lario*, einer Abwandlung seines römischen Namens: *Larius*.

In den Wirren des römischen Reiches verliert die Region an Bedeutung. Mitte des 6. Jh.s wird sie von den Langobarden besetzt. Zunächst lebten die Stadtbewohner von Wegzöllen, bis sich aus dem Handel mit Wolle und Garnen eigene Stoff- und Seidenmanufakturen entwickelten.

Im späten Mittelalter unter spanischer Herrschaft werden selbst Dörfler im Gebirge mit der Seidenspinnerei beschäftigt. Wer heute mit italienischer Mode und Stoffen handelt, wird kaum um einen Besuch der Messen und Werkstätten der Provinz Como herumkommen.

Die verschiedenen Rundrouten um die Seen lassen sich gut durch die vor allem im Sommer ausgezeichneten Fährverbindungen zu den gegenüberliegenden Ufern als Tagesausflüge organisieren. Fahrpläne sind von der Touristeninformation in Como, Menaggio und Lecco zu erhalten.

Como

Como, in 201 m über dem Meeresspiegel gelegen, hat etwa 93 600 Einwohner, ist Hauptstadt der gleichnamigen Provinz und die wichtigste Stoff- und Seidenpro-

Como, Domplatz

duktionsstätte der Lombardei. Zwischen dem 6. und 3. Jh. v. Chr. entwickelte sich Como wirtschaftlich und kulturell zum Hauptort kleinerer Dörfer, die im Verteidigungsfall eine Einheit bildeten, ansonsten aber unabhängig voneinander waren. Reste dieser Siedlungen – wie Kanalisation und Einfriedungen fürs Vieh – sind noch in Prestino und Lenno zu finden.

Ende des 3. Jh.s beginnen die Römer, Einfluß auf das Gebiet um Como zu nehmen. Doch erst als 89 v. Chr. italische Völker ihre römischen Bürgerrechte erkämpft haben, wird die rechtliche Situation der Provinz Gallia Cisalpina, zu der auch die Po-Ebene gehörte, geklärt. Como wird zur *colonia latina*. Im Bereich der Via del Pero befanden sich damals öffentliche Gebäude wie das Theater und die Thermen. 569 wird die Stadt von den Langobarden besetzt. Como verliert seine Autonomie und ist von nun an direkt dem langobardischen Hof in Pavia unterstellt.

Im zehnjährigen Krieg von 1117 bis 1127 gegen Mailand wird Como von den mailändischen Truppen dem Erdboden gleichgemacht. Erst Friedrich Barbarossa ermöglicht der Stadt den Neubeginn unter seinem Schutz. Sie wird auf der Grundlage der rechtwinkligen römischen Anlage wieder aufgebaut. Als Zentrum entwickelt sich vor allem die Zone um den Bischofspalast. Heute präsentiert sich Como als wohlhabende Stadt mit einem gut erhaltenen historischen Zentrum.

Besichtigung

Wie in den meisten italienischen Städten ist die Parkplatzsuche ein Problem. Allerdings gibt es in der Nähe des historischen Zentrums, der sogenannten *città murata*, einige bewachte Plätze.

Der Hauptplatz, die Piazza Cavour, liegt gegenüber der Schiffanlegestelle, durch eine Fahrstraße vom Seeufer getrennt. Von hier aus sind es nur wenige Meter zum ehemaligen Verwaltungszentrum der Stadt: dem Domplatz, wo *Torre Comunale, Broletto* und *Dom* nebeneinander stehen. Nicht nur die-

Stadtturm und Broletto

ser Platz verbindet Weltliches mit Sakralem, sondern auch bei der Finanzierung des Dombaus selbst beteiligten sich weltliche Kräfte, nämlich die örtliche Kaufmannsgilde. Hier endet die weltliche Verknüpfung jedoch nicht. Die beiden Figuren neben dem Portal an der Domfassade sind nicht etwa zwei Heilige, sondern römische Schriftsteller: Plinius der Ältere und sein Neffe Plinius der Jüngere (s. S. 1).

Von 1396 bis 1770 dauerten die Dombauarbeiten. Bei einer solch langen Bauzeit versteht es sich fast von selbst, daß verschiedene Architekten den jeweils zeitgenössischen Stil einbrachten. Die spätgotische Fassade wurde nach einem Entwurf von Fiorino da Bontà aus Como gebaut. Die Familie Rodari, Vater Giovanni mit drei Söhnen, entwarf und baute ein Teil des Kircheninneren, die Seitenschiffe und schuf einen Großteil der Skulpturen, die den Dom schmücken, unter anderm auch die beiden Dichterfiguren. Die Kuppel wurde erst 1774 aufgesetzt.

Im Inneren hängen neun Seidengobelins aus dem 16. Jh. Sie erzählen Ereignisse des Alten und Neuen Testaments.

Links neben dem Dom schließt sich der Broletto, das ehemalige Rathaus, direkt an. Von dem Podestà Bonardo da Cadazzo am Anfang des 13. Jh.s erbaut, wurde er im 15. Jh. spätgotisch umgebaut. Seine Fassade ist aus grauem, rosa und weißem Marmor, der in der näheren Umgebung abgebaut wurde. Der Stadtturm ist erst 1927 ori-

Blick auf die Domkuppel

Fresken in der Apsis von S. Abbondio

ginalgetreu wiederaufgebaut worden.

Ebenfalls im Stadtzentrum an der Piazza *San Fedele* liegt die gleichnamige Kirche. Sie ist dem römischen Soldaten Fidelis geweiht, der 298 n. Chr. in Sondrio den Märtyrertod starb. Die Basilika wurde zwischen dem 10. und 12. Jh. über einer kleineren Kirche (Santa Eufemia) erbaut. Zum Teil hat die romanische Kirche im 14. und 15. Jh. einige bauliche Veränderungen erfahren. Bemerkenswert sind die phantasievollen Reliefs comaskischer Schule am *Portale del Drago* (Nordportal) und die Freskenreste aus dem 14. Jh. im linken Teil der Apsis.

Der älteste Stadtturm steht am Ende der Via Cantù. Die 40 m hohe quadratische *Torre di Porta Vittoria* entstand 1192.

Am Rande der Altstadt, außerhalb der mittelalterlichen Stadtmauern in der Nähe des *Cimitero Monumentale,* liegt die Basilika *Sant' Abbondio,* ein Meisterwerk romanischer Architektur der Lombardei. Der Vorgängerbau war dem Benediktinerorden geschenkt worden, der diese Kirche errichten ließ; sie wurde 1095 von Papst Urban II. geweiht.

Die überwiegend aus Nordeuropa stammenden Mönche haben den Bau maßgeblich beeinflußt. Kunsthistoriker finden Elemente, die auf Einflüsse aus Cluny und dem Rheinland schließen lassen. Besonders sehenswert ist der Freskenzyklus lombardischer Meister aus dem 14. Jh. in der Apsis der Basilika.

Praktische Hinweise

Touristeninformation: Azienda di Promozione Turistica del Comasco, Piazza Cavour 17, 22100 Como, ✆ 26 97 12.
Vorwahl: 0 31.

Hotels: Exklusiv und teuer, aber stilecht wohnt man im *Grand Hotel Villa d'Este* in Cernobbio, ✆ 34 81 (Okt. bis März geschl.). Auf der Terrasse am See kann man abends zu Live-Musik tanzen – eine schöne Gelegenheit, um als Besucher Villa und Park zu besichtigen. *****Barchetta Excelsior,* Piazza Ca-

vour 1, ✆ 32 21; *Como*, Via Mentana 28, ✆ 26 61 73; *Firenze*, Piazza Volta 16, und *Villa Flori*, Via Cernobbio 132, ✆ 57 31 05; ****Continental*, Viale Innocenzo XI 16, ✆ 26 04 85; *Park Hotel*, Viale Rosselli 20, ✆ 57 26 15; *Plinius*, Via Garibaldi 33, ✆ 27 30 67; *Tre Re*, Piazza Boldoni 20, ✆ 26 53 74; ***Engadina*, Viale Rosselli 22, ✆ 57 00 08 (Ende Okt. bis Anfang März geschl.); *Posta*, Via Garibaldi 2, ✆ 26 60 12; **Sole*, Via Borgo Vico 91, ✆ 57 33 82; *Valtellina*, Via Bellinzona 265 (Ponte Chiasso), ✆ 54 07 50 (3 km außerhalb Comos, kurz vor der Schweizer Grenze).

Jugendherberge: *Ostello dell' Olmo*, Via Bellinzona 2, ✆ 57 38 00; *Protezione della giovane;* Via Borgo Vico, ✆ 57 35 40 (nur für Frauen).

Camping: ***International*, Via Cecilio (Breccia), ✆ 52 14 35 (Leider in Autobahnnähe, aber schattige Stellplätze; April bis Okt. geöffnet).

Restaurants: Exklusiv und teuer: *Vecchie Cantine del Gesumin*, Via Cinque Giornate 44, ✆ 26 60 30, hervorragende comaskische Küche; *Rottiserie Guerci*, Via Muralto, ✆ 26 05 24, *das* Restaurant in Como. Alle am Seeufer gelegenen Restaurants bieten gute Qualität ohne große Preisunterschiede.

Museen:
Tempio Voltiano, Viale Marconi: Neoklassizistischer Bau in Form eines Tempels, der ein Museum mit den Entdeckungen Alessandro Voltas enthält.
Geöffnet: April–Sept. 10.00– 12.00 und 15.00–18.00 Uhr, Okt. bis März 10.00 –12.00 und 14.00–16.00 Uhr, montags geschlossen.
Museo Archeologico Giovio, Piazza Medaglie d'Oro 1: Interessante Gebrauchsgegenstände aus der Bronzezeit. Bezaubernder kleiner Garten aus dem 17. Jh.
Im gleichen Gebäude:
Museo Civico del Risorgimento Garibaldi. Geöffnet: 9.30–12.30 und 14.00 –17.00 Uhr, sonntags 10.00–13.00 Uhr.
Pinacoteca Palazzo Volpi, Via Diaz 84: Malerei des 14.–17. Jh.s, zeitgenössische Malerei sowie Zeichnungen des berühmten comaskischen Architekten Antonio Sant'Elia (1888–1916). Geöffnet: dienstags bis freitags 9.30–12.30 und 14.00–17.00 Uhr, sonntags 10.00 –13.00 Uhr, montags und samstags geschlossen.
Museo Didattico della Seta, Via Valleggio 3: Museum der Seidenfabrikation
Geöffnet: dienstags bis samstags 9.00 –12.00 und 15.00–18.00 Uhr, sonntags und montags geschlossen.

Hauptbahnhof: Piazzale San Gottardo 1, ✆ 26 14 94.

Busbahnhof: Piazzale Matteotti.

Schiffanlegestelle: Lungo Lario.

Taxi: Piazzale S. Gottardo (Bahnhofsvorplatz), ✆ 27 14 66 und 27 10 00.

Post: Hauptpost, Via Galio 6, ✆ 26 20 27.
Telefon: Öffentlicher Fernsprecher (SIP), Via Bianchi Giovani.

Apotheken: *Centrale*, Via Plinio 1, ✆ 30 42 04; *Martinoli*, Piazza Perretta 3, ✆ 26 33 52; *Popolare*, Via Garibaldi 36, ✆ 26 23 66.
Erste Hilfe: *Croce Rossa* (Rotes Kreuz), Via Italia Libera 11, ✆ 26 22 62.

Von Argegno bis Menaggio

Dort, wo das Intelvi-Tal sich zum Comer See hin öffnet, an der Mündung des Telo, direkt am westlichen Seeufer, liegt die Ortschaft **Argegno.** Sehenswert ist die mittelalterliche Brücke über den Telo .

Knapp vier Minuten benötigt eine Seilbahn von Argegno zum 650 Meter höher gelegenen Dorf **Pigra.** Dort überraschen Fresken aus der Mitte des 17. Jh.s im Oratorium von *San Rocco.* Von Pigra aus übersieht man das gesamte Panorama des Sees. Schignano, etwa 6 km oberhalb von Argegno, feiert alljährlich einen charakteristischen Karneval.

Mit dem Schiff erreicht man von Argegno aus die einzige Insel des Comer Sees, die **Isola Comacina.** Obwohl sie nur 29 km² mißt, war die Insel für Rom und Byzanz eine wichtige Befestigungsanlage. Hier gelang es den Byzantinern, sich bis 590 gegen die Angriffe der Langobarden zu behaupten.

Bis 1169 blühte der kleine Ort auf der Insel wirtschaftlich und kulturell. Doch im Streit zwischen dem oberitalienischen Städtebund und den mit Barbarossa alliierten Städten kämpften die Inselbewohner an der Seite Mailands. Die Siedlung wurde bei diesen Kämpfen von den Streitkräften Comos völlig zerstört, ihre Bewohner konnten nach Varenna flüchten. Grundmauern des Dorfes und der Basilika S. Eufemia sind noch zu sehen.

Die *Locanda dell' Isola* in der Nähe der Anlegestelle gehört zu den renommiertesten Restaurants des Seesund lohnt eine Mittagsrast.

Von der Locanda aus führt ein Weg an den Ruinen der ehemaligen Siedlung entlang. Einziges vollständig erhaltenes Gebäude ist das barocke Oratorium *San Giovanni,* auf Mauerresten einer kleineren romanischen Kirche erbaut, im Inneren des Baptisteriums ein schönes Mosaik aus dem 5. Jh.

Riviera Tremezzina

Seit einigen Jahren existiert eine gut ausgebaute Straße (S 340), die durch Tunnel viele Orte umgeht und für eine schnelle Verbindung der beiden westlichen See-Enden

Comer See und Umgebung

sorgt. Schöner ist die kleine Straße direkt am Seeufer entlang.

Bei **Lenno**, daß durch eine Landzunge vom See getrennt liegt, erreicht man den wohl eindrucksvollsten Teil des Comer Sees. Landschaft, Vegetation und Architektur gehen hier eine Einheit ein, wie sie sonst an keinem der Seen zu finden ist. Wegen der vielen Villen mit gepflegten Garten- und Parkanlagen im italienischen Stil wird dieses Seestück zwischen Lenno und Cadenabbia *Riviera Tremezzina* genannt. Zum Teil liegen die Villen so dicht zwischen Seeufer und Straße, daß sie nur über eine Brücke von der gegenüberliegenden Straßenseite aus zu erreichen sind. Die Halbinsel **Dosso di Lavedo,** in Höhe der Isola Comacina, gehört fast vollständig zur Parkanlage einer der romantischsten Villen, die zur Besichtigung freigegeben sind. Im 16. Jh. ließ der Kardinal Tolomeo Gallio die Villa Arconati Visconti (heute: *Villa del Balbianello*) erbauen. Sie liegt direkt am Seeufer, Arkaden ziehen sich bis ans

Garten der Villa Carlotta in Tremezzo

Wasser. So entstehen romantische Winkel und Ecken, von wo aus man den See und die vorgelagerte Isola Comacina überblicken kann. Die Parkanlage ist nur vom See aus zugänglich (s. S. 109).

Tremezzo, einer der bekanntesten Orte des Comer Sees, zeichnet sich durch ein äußerst angenehmes Klima aus; er liegt durch die vorspringende Halbinsel Dosso di Lavedo besonders geschützt. Tremezzo besitzt einen kleinen Yachthafen und ist Anlegestelle der Seeschiffahrt. Die Laubengänge an den Häusern der Uferstraße laden zum Verweilen ein.

Am Ortsende in Richtung Cadenabbia liegt die *Villa Carlotta.* Im 18. Jh. durch die Familie Clerici erbaut, war die Villa 1856 prunkvolles Hochzeitsgeschenk von Marianne von Preußen an ihre Tochter Charlotte von Nassau und den Herzog von Sachsen-Meiningen. Der terrassenförmige Garten zum Seeufer hin ist im italienischen Stil angelegt. Der Park ist zur Zeit der Rhododendron- und Azaleenblüte besonders schön. Die Villa, in der Skulpturen von Canova, Thorvaldsen und Gemälde von Hayez und Migliara zu bewundern sind, ist heute Eigentum des italienischen Staates. Schöne Deckenfresken im pompejanischen Stil (s. S. 109).

Auf dem Weg nach Menaggio kommt man in **Cadenabbia,** einem der mondäneren Badeorte, an der *Villa Margherita-Ricordi,* vorbei. Hier komponierte Verdi die Oper »La Traviata«. Auch Konrad Adenauer suchte im Sommer Erholung in Cadenabbia. Sein damaliges Domizil ist heute Sitz der Adenauer-Stiftung, die dort Tagungen mit internationaler Besetzung veranstaltet.

Villen und italienische Gärten

Im frühen Mittelalter kannte man lediglich den von Mauern umgebenen häuslichen Garten *(hortus conclusus),* in dem Blumen, Kräuter und Gemüse gezogen wurden. Erst in der Renaissance beschäftigte man sich wieder mit der in der Antike hochgeschätzten Kunst der Gartenarchitektur.

Garten der Villa Olmo in Como

Die Natur wird im sogenannten ›italienischen Garten‹ einem Gartenplan untergeordnet. Die einzelnen Elemente sind: Blumenbeete in geometrischen Formen vor der Terrasse der Villa; Gartenwege und Alleen mit in Form geschnittenen Hecken und Bäumen; ein *teatro verde,* ein Amphitheater aus beschnittenen Pflanzen; oft schlossen sich ein kleiner Wald und ein eingehegtes Jagdrevier an; auch Wasserspiele

und Grotten, Pergolen, Skulpturen, ein Labyrinth und eine Orangerie gehörten zu den wichtigen Gartenelementen.

Vor allem Leon Battista Alberti behandelte im 15. Jh. in seinem Traktat über die Architektur auch den Gartenbau. Vorbild und Lehrmeisterin war seiner Meinung nach die Antike, die zu eigenen schöpferischen Leistungen in der Gartengestaltung anregen sollte.

Der Begriff Villa bezeichnete ursprünglich einen Landsitz mit Garten. Diese Gartenanlagen bestanden aus einem repräsentativen zentralen Gebäude mit Empfangs- und Festsälen, das ausschließlich gesellschaftlichen Zwecken diente. Aufgang und Portal des Villengebäudes wurden oft im Stil klassischer Tempelanlagen errichtet. Die Nebengebäude – wie Gästehäuser, Wirtschaftsgebäude, Pferdeställe – wurden symmetrisch um das Herrenhaus gruppiert. Die Gärten verbanden die Villen mit dem Umland.

Um die Schönheit der Anlagen sichtbar zu machen, mußte der Architekt laut Brunelleschi und Leon Battista Alberti auf die Zahlenharmonie der Antike zurückgreifen, so daß alle Gebäude eine optimale Harmonie erreichten.

Die symmetrisch angelegten Gärten der Renaissance und des Barock wurden im 19. Jh. zum größten Teil in Landschaftsgärten im englischen Stil umgeformt.

Am Comer See gibt es zahlreiche Villen, hauptsächlich aus dem 18. und 19. Jh. Viele sind in Privatbesitz, aber einige – mit reizvollen Gärten – sind zu besichtigen:

Villa Melzi, Blick in den Park

Como
Villa Olmo
Via Cantoni
Die Villa entstand 1782–1787. Klassizistischer Bau, mit Fresken ausgestattet, einem Spiegelsaal und einem kleinen Theater.
Kunstvoller italienischer Garten.
Geöffnet täglich von 8.00 bis mindestens 18.00 Uhr, an Sonn- und Feiertagen geschlossen.

Bellagio
(30 km von Como)
Villa Serbelloni
Erbaut im 15./16. Jh., umgebaut im 18. Jh., heute Sitz der Rockefeller-Stiftung.
Garten im italienischen Stil.
Führung durch den Garten täglich um 11.00 und um 16.00 Uhr, montags geschlossen.

Villa Melzi d'Eril
Erbaut zwischen 1808 und 1815. Mischung aus italienischem Garten mit Statuen und Grotten und englischem Landschaftsgarten. Sehenswert besonders die Azaleenblüte im Mai.
Der Garten ist geöffnet vom 3. April bis Ende Oktober 9.00 bis 18.00 Uhr.

Lenno
(27 km von Como)
Villa del Balbianello (ehem. Arconati Visconti)
Erbaut im 16. Jh.
Einer der schönsten italienischen Gärten am Comer See mit Wasserbecken und Statuen, umgeben von einer Steinbalustrade. Nur zugänglich per Motorboot von Sala Comacina aus.
Besuch des Gartens von April bis Oktober dienstags, donnertags, samstags und sonntags 10.00 bis 12.30 und 16.00–18.30 Uhr.

Tremezzo
(30 km von Como)
Villa Carlotta
Errichtet 1747. Berühmteste Villa am Comer See. Ausstattung mit Empiremöbeln und klassizistischen Statuen.
Terrassengarten im italienischen Stil, Park im englischen Stil, berühmt wegen der Azaleenblüte im Mai.
Geöffnet April bis September 9.00–18.00 Uhr, März und Oktober 9.00–11.30 und 14.00–16.30 Uhr.

Menaggio

Über die S 340 mit dem Luganer See und durch die Fähren auch mit den beiden gegenüberliegenden Orten Bellagio und Varenna verbunden, ist Menaggio sowohl ökonomisches als auch touristisches Zentrum des westlichen Seeteils. Schon in der Vorzeit besiedelt, römische Garnisonstadt und Festung im Mittelalter, ist es heute ein lebhaftes Städtchen mit einem zauberhaften alten Ortskern und einer blumengeschmückten Promenade am See entlang.

Oberhalb von Menaggio, im Ortsteil Loveno, liegt die *Villa Vigoni,* ein um 1820 entstandener klassizistischer Bau in einem herrlichen Park. Mit der Auflage, die Villa als deutsch-italienische Begegnungsstätte zu nutzen, vererbte Don Ignazio Vigoni 1983 das Anwesen der Bundesrepublik Deutschland. Heute finden hier Seminare und Tagungen statt mit Themen wie »Das italienische Melodram in Italien und Deutschland in der Barockzeit« oder »Forschung und Praxis der Endokrinologie in Italien und Deutschland«, an denen stets Vertreter beider Nationen teilnehmen.

Praktische Hinweise

Touristeninformation: I.A.T. Ufficio di Informazione e Accoglienza Turistica, Piazza Garibaldi, 22017 Menaggio, ✆ 3 29 24.
Vorwahl: 03 44.

Menaggio

Hotels: ****Grand *Hotel Victoria,* Lungolago B. Castelli 7, ✆ 3 20 03 – Fax 3 06 19, nur durch die Promenade vom See getrennt, Schwimmbad und Tennis, man spricht deutsch; *Grand Hotel Menaggio,* Via IV Novembre 69, ✆ 3 26 40 – Fax 3 23 50, direkt am See, Schwimmbad; ****Hotel Bellavista,* Via IV Novembre 21, ✆ 3 21 36 – Fax 3 17 93, direkt am See, Schwimmbad, die rückwärtigen Zimmer liegen zur Durchgangsstraße; ***Hotel Garni Corona,* Largo Cavour 3, ✆ 3 20 06, im Ortszentrum, Zimmer teils mit Blick zum See; **im Ortsteil Loveno:** ****Hotel Royal,* Largo V. Veneto 1, ✆ 3 14 44 – Fax 3 01 61, hoch über dem See gelegen mit wundervoller Aussicht, Garten mit Swimmingpool, Tennis. Die Besitzer sprechen deutsch; ***Hotel Loveno,* ✆ 3 21 10, einfaches Hotel mit Garten. Außer dem Grand Hotel Victoria sind alle Hotels im Winter geschlossen.

Fischhändler in Menaggio

Camping: ****Lido,* ✆ 3 11 50, ***Europa,* ✆ 3 11 87.

Restaurants: *Da Paolino,* Largo Cavour 4, ✆ 3 23 35; *Meneghet,* Via C. da Castello, ✆ 3 20 81; *Lario,* Via IV Novembre, ✆ 3 23 68; *Lido Giardino,* Via Lungolago, ✆ 3 20 07; *Trattoria Da Gino,* Via Camozzi 16, ✆ 3 23 90; *Pizzeria Agnello,* Via Lusardi 36, ✆ 3 26 23; darüber hinaus die Restaurants der angegebenen Hotels; **im Ortsteil Loveno:** *Trattoria della Rosa,* Via Plesio, ✆ 3 23 51, sowie das Restaurant des *Hotel Royal.* Im Sommer sind alle Lokale täglich geöffnet.

Busverkehr: Busse nach Como und Lugano von der Piazza Garibaldi, direkt am See.

Schiffe: Anlegestelle neben dem *Grand Hotel Menaggio;* Ausflugsschiffe, Tragflächenboote und Fähren nach Como, Menaggio, Bellagio und Varenna.

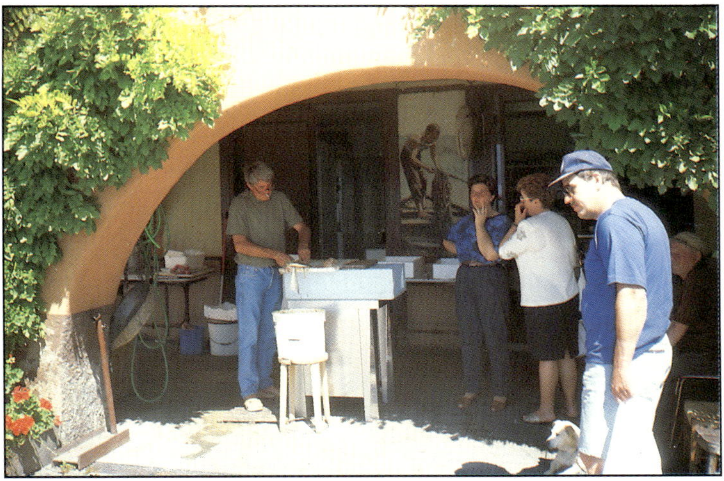

Ausflug nach Bellagio

Bellagio (ca. 3100 Einwohner) ist sowohl von Menaggio wie auch von Varenna mit der Fähre zu erreichen. Die Schiffe fahren im Zweistundentakt. Straßen führen von Como (31 km), Lecco (23 km) und Erba (28 km) an die Spitze des sogenannten Dreiecks des Lario. Die Straßen sind sehr kurvenreich, und entsprechend sollte man die Fahrzeit kalkulieren.

Bellagio ist seit Mitte des 19. Jh.s der mondänste Ferienort der Lombardei. Mark Twain, Franz Liszt und Flaubert, um nur einige zu nennen, verbrachten Ferien in Bellagio. Besonders charakteristisch ist die Altstadt, die sich in vielen schmalen Gassen und Treppen den Hügel hinaufzieht. In Bellagio soll schon der Dichter Plinius der Jüngere eine Villa besessen haben, ebenso der Westgotenkönig Theoderich und einige Langobardenfürsten.

Ludovico il Moro ließ sich anstelle der antiken Festung einen Palast errichten. Diese Villa wurde im 16. Jh. zerstört und von Pio Francesco Sfondrati, dessen Sohn Papst Gregor XIV. wurde, wieder aufgebaut. 1788 gelangte die Villa in den Besitz der Serbelloni. 1885 wurde sie samt Nebengebäuden an einen Schweizer Hotelier verkauft und blieb ein halbes Jahrhundert Hotel. 1928 erwarb die Amerikanerin Ellen Walker das Anwesen, das sie der Rockefeller-Stiftung vererbte. Im Sinne der Erblasserin, sich um das Wohlergehen der Menschen in aller Welt zu bemühen,

Bellagio

Blick von der Villa Serbelloni auf den See

veranstaltet die Rockefeller-Stiftung hier Tagungen und Seminare mit Teilnehmern aus aller Welt und lädt ausgesuchte Künstler und Wissenschaftler zu Studienaufenthalten ein. Nur eines der Gebäude – am Seeufer gelegen –, die zum Komplex der Villa gehörten, ist heute noch Hotel. Die Villa selbst liegt auf dem Hügel und ist nur für Gäste der Stiftung zugänglich. Es gibt jedoch täglich zwei Führungen durch den großen Park, der sich fast über die gesamte Nordwesthälfte der Insel ausbreitet (s. S. 109).

Praktische Hinweise

Hotels: *****Grand Hotel Villa Serbelloni,* ✆ 95 02 16 – Fax 95 15 29, hier wohnten schon Sir Winston Churchill und John F. Kennedy (vom 10. Oktober bis 10. April geschlossen); einfach: *Hotel Silvio,* in der Nähe des Lido gelegen, ✆ 95 03 22; **im Ortsteil Pescallo:** *La Pergola,* ✆ 95 02 63 (Ende November bis Anfang März geschlossen). **Vorwahl:** 0 31.

Von Menaggio nach Lecco

Von Menaggio aus kann man einmal mit dem Schiff die bekannten Ferienorte Como, Bellagio, Varenna besuchen, zum anderen mit

S. Maria del Tiglio in Gravedona

dem Auto eine Rundfahrt beginnen, die zunächst nach Norden führt, den See umfährt und in Lecco endet.

An der Rundroute um den See sind sehenswert **Gravedona** mit der Kirche *Santa Maria del Tiglio* aus dem 12. Jh., die auf den Fundamenten eines frühchristlichen Baptisteriums errichtet wurde. Die Kirche fällt durch ihre ungewöhnliche Außengestaltung auf. Wie viele romanische Bauwerke am Comer See ist das Mauerwerk aus schwarzweißen Streifen zusammengesetzt. Der achteckige Campanile dient gleichzeitig als Vorhalle. Sehenswert ist auch das einschiffige Innere und ein Kruzifix aus dem 12. Jh.

Die daneben liegende Kirche *San Vincenzo*, war ebenfalls ein romanischer Bau, hat aber leider im 17. und 18. Jh. einige Veränderungen erfahren.

An der äußersten Seespitze liegen **Sorico** und **Colico.** Sie sind gleichzeitig Ausgangspunkt der Straße in die Val Chiavenna und zum Splügen-Paß.

Etwa 4 km südlich von Colico führt bei Olgiasca rechts eine Schotterstraße zur **Abtei von Piona,** im 12. Jh. von Cluniazenser-Mönchen erbaut und seit 1937 im Besitz der Zisterzienser. Sehenswert ist der Kreuzgang mit seinen reich dekorierten Kapitellen und die Kirche aus dem 11. Jh. mit Fresken im byzantinischen Stil.

Von Dorio aus kann man einen Ausflug zu dem verlassenen Ort **Mandonica** mit der Kirche *San Giorgio* machen, wo Außenfresken aus dem15. Jh. zu sehen sind.

Varenna konnte sich noch einen Großteil seiner mittelalterlichen Struktur bewahren. Die Stadt besitzt eine reizvolle Uferpromenade. Die *Villa Monastero*, deren Schönheit man am besten vom Wasser aus bewundert, ist heute im Staatsbesitz und dient als Ort für wissenschaftliche Kongresse und Studienseminare. Die Villa war ursprünglich ein Zisterzienserkloster. Die Schwestern sollten hier in völliger Abgeschlossenheit leben. 1567 mußte das Kloster nach Absprache mit Papst Pius V. geschlossen werden, denn massive Gerüchte über die ›weltliche‹ Freizeitbeschäftigung der Schwestern waren bis nach Rom gedrungen. Die Villa wechselte danach mehrfach den Besitzer. Im 19. Jh. gehörte sie einer Deutschen, 1915 nach Kriegsbeginn wurde sie vom italienischen Staat konfisziert. Der Park ist besonders schön angelegt – mit Palmen, Eucalyptus, Südfrüchten und Magnolien. Der älteste Magnolienbaum bringt es auf ein stattliches Alter von 300 Jahren.

Nach einem Fußmarsch von etwa 20 Minuten erreicht man die Festung von **Vezio.** Sie war eine wichtige Signalstation des Comer Sees und Zuflucht der von Barbarossa flüchtenden Bewohner der Isola Comacina.

Dieser östliche Arm des See heißt Lago di Lecco. Einst war die Stadt **Lecco** der Traum vieler Landschaftsmaler. Die Berge bilden ein Halbrund um die Seespitze. Vor allem die Farben, die vom Grau der Felsen und vom Dunkelgrün der Tannen und Zypressen bis zu dem Grün der Olivenbäume reichen, machen den Reiz der Ortschaft aus. Leonardo da Vinci soll sich diese Landschaft als Kulisse für seine Mona Lisa gewählt haben. In seiner Eigenschaft als Ingenieur hatte er mehrfach in Lecco zu tun.

Doch unsterblich geworden ist die Berglandschaft um Lecco durch Alessandro Manzoni und seinen Roman »Die Verlobten«, der hier angesiedelt ist (s. S. 74). Mit der Seilbahn kann man von Lecco aus

Manzoni-Denkmal in Lecco

auf die Piani d'Erna (1329 m) fahren. Lecco hat außerdem einen Touristenhafen. Der kleine vorgelagerte See Garlate ist vor allem bei Anglern sehr beliebt.

Leider ist die Stadt Lecco durch Industrieansiedlungen und Neubauten nicht mehr so romantisch wie zu Manzonis Zeiten.

Praktische Hinweise

Touristeninformation: A.P.T., Via Nazario Sauro 6, 22053 Lecco, ✆ 36 93 90 – Fax 28 62 31.
Vorwahl: 03 41.

Hotels: *****Il Griso,* in Malgrate, ✆ 20 20 40 – Fax 20 22 48, schöner Blick auf den See, Schwimmbad; ****Moderno,* ✆ 28 65 19; *Promessi Sposi da Giovannino,* in Malgrate, ✆ 28 40 13 – Fax 28 66 73; *Hotel-Restaurant Caviate,* Via Lungolario Piave 17, ✆ 36 75 83, nur 7 Zimmer, am See gelegen; Hotel *Giordano,* Via Lungolario Cardornia 20, ✆ 36 71 60 – Fax 28 36 34, am See gelegen.

Restaurants: *Caviate,* Via Lungolario Piave 17, ✆ 36 75 83; *Larius,* Via Sauro 2, ✆ 36 35 58, Fischspezialitäten.

Museen: *Musei Civici,* Palazzo Belgioioso, Corso Matteotti, Lecco Geöffnet: täglich 9.00–14.00 Uhr.
Zu den Städtischen Museen gehört auch die Villa Alessandro Manzonis.

Sport:
Angeln: in Lecco – dieser Teil ist der fischreichste der Lombardei;
Kanu: Canoa Kajak, *Società Canottieri Lecco,* Villa Nullo 2;
Drachenfliegen: *Civate* vom Monte Cornizzclo;
Motordrachen: *Civate* am Pian di Spagna.

Extra-Tips für Ferien am Comer See:

Ferien auf dem Bauernhof:
Sormano: *Allevamento Cavalli ›La Conca d'Oro‹,* Pian del Tivano, ✆ 0 31/67 70 19. Diese Pferdezüchter vermieten Appartments für Aufenthalte von mindestens 2 Tagen.
Valbrona: *Azienda Agricola ›La Caprina‹* (500 m), Visino, ✆ 0 31/66 00 42. Neue Ferienwohnungen sind in Bau und voraussichtlich 1997 fertiggestellt.

Berghütten:
Como: *Baita Bondella,* Pizzo Tre Termini, ✆ 0 31/22 03 07;
Provinz Como: *Capanna ›Giuseppe e Bruno‹,* Castiglione Intelvi, Via delle Tree Croci, ✆ 0 31/83 02 35;
Cernobbio: *Capanna Falco* (1325 m), Monte Bisbino, ✆ 0 31/51 22 97;
Erba: *Capanna Mara,* Bocchetta di Lemna, ✆ 0 31/43 04 18;
Erba: *Rifugio Cacciatori,* La Salute, ✆ 0 31/62 72 70.

Volksfeste in der Provinz Como:
Albavilla: letzter Donnerstag im Januar: *Gubiana*-Fest, der Winter wird in Form einer Puppe verbrannt. Geboten werden Volkstanz, Musikkapellen und Gastronomiezelte.
Rogaro: 3. Sonntag im Mai: Spargelfest. Die Gaststätten bieten Spargel in vielen Variationen an.
Pognana Lario: (von Como aus bequem mit dem Schiff zu erreichen; mit dem Auto über die S 583 Richtung Bellagio). 16. August: Bratwurst- und Gnocchifest. Berühmt für den Ausschank eines sehr guten Rotweines.
Mezzegra: *Missoltino*-Fest: Mitte September, Versteigerung von Körben mit landwirtschaftlichen Produkten.
Ossoucio: Castel d'Isola Comacina, 26./27. Juni: Johannisfest mit Bootsprozession und Feuerwerk.

Sportzentren:
Wasserski:
Lezzeno: *Circolo e Scuola Sci Nautico ›Sci Club Morgan‹,* Fraz. Crotto; *Circolo Sci Nautico ›Jolly Reasing Team‹,* Via Sossano;
Ossuccio: *Indro Sciatori Isola,* Via Provinciale, 80;
Pusiano: *Federazione Italiana Sci Nautico,* Via Zoli 27;
Valmadrera: *Circolo Sci Nautico Moregallo;*

Windsurfen:
Colico: *Centro Nautico Alto Lario,* Via Monpecchio;
Grandola: *Associazioni Velica,* Alto Lago, Piazza Trieste;
Domaso: *Sporting Club,* Via Case Sparse 118.
Segeln:
Como: *Circolo Vela Como,* Viale Puecher 8;
Menaggio: *Centro Nautico,* Riva-Boot-Service, Via Cipressi;
Mandello Lario: *Circolo e Scuolavela,* Via Inbarcadero 1;
Lecco: *Circola Canottaggio e Vela,* Via Nullo 2.
Golf:
Appiano Gentile: *Golf Club ›La Pinetina‹*
Carimate: *Golf Club Carimat;*
Cassina Rizzardi: *Golf Club Monticello;*
Grandole e Uniti: *Golf Club Menaggio e Cadenabbia;* Lanzo Intelvi: *Golf Club Lanzo;*
Montorfano; *Golf Circolo Villa d'Este.*

Ausflug zum Luganer See (Lago di Ceresio)

Der Luganer See liegt zwischen den beiden großen Seen Lago Maggiore und Comer See. Er bedeckt eine Fläche von rund 50 km^2. Seine tiefste Stelle mißt 288 m. Kommt man über die Autobahn

Luganer See bei Gandria

vom Gotthard-Tunnel, führt der sogenannte Damm von Melide über den Luganer See. Bei der Fahrt über den Damm können zumindest die Beifahrer einen ersten Eindruck vom Luganer See gewinnen.

Das Wasser des Lago di Lugano (oder Ceresio, wie der italienische Teil heißt) fließt über den Fluß Tresa in den Lago Maggiore ab. Man kann eine schöne Drei-Seen-Fahrt machen, indem man z. B. von Luino am Lago Maggiore über Ponte Tresa nach Lugano fährt und von Lugano aus über die schöne Uferstraße, entlang des Luganer Sees nach **Porlezza** und weiter nach Menaggio am Comer See. Die Strecke ist gut in einem Tag zu schaffen.

Die Berge umschließen den See vollständig. Sie sind dicht mit Nadelhölzern bewachsen, und viele Hänge reichen bis in den See. Die mondäneren Bade- und Wohnorte befinden sich auf der Schweizer Seite. Die Orte im lombardischen Teil hingegen sind klein und beschaulich. Sie eignen sich besonders für Urlauber, die Erholung an einem See mit ausgedehnten Wanderungen und Spaziergängen verbinden wollen.

In den schönen Seitentälern liegen viele völlig unberührte Orte, deren Häuser, ähnlich wie im Tessin, ganz aus Naturstein gebaut sind. In diesen Tälern kann man noch, einmalig für die Lombardei, Kühe auf der Weide erleben, ansonsten ist reine Stallzucht üblich.

Die Gegend zeichnet sich durch viele Grotten aus, wie z. B. die Grotte von Rescia, 6 km von Porlezza am gegenüberliegenden Seeufer.

Regelmäßige Busverbindung gibt es von Lugano über Porlezza nach Menaggio am Comer See sowie eine Schiffsverbindung zwischen Lugano und Porlezza. Vom Schiff aus hat man den schönsten Blick auf das gesamte Seepanorama.

Mitten im schweizerischen Territorium liegt die italienische Exklave **Campione d'Italia** (ca. 2300 Einwohner). Dieses Gebiet war im 7. Jh. dem Kloster von Sant' Ambrogio in Mailand geschenkt worden und hat diesen Sonderstatus außerhalb der regionalen Administration über die Jahrhunderte hinweg beibehalten. Zwischen dem 12. und 14. Jh. arbeiteten viele Familien aus Campione als Architekten und Bauleute im In- und Ausland, die sogenannten ›Maestri Campionesi‹. Heute leben die meisten Familien von den Touristen, die nach Campione kommen, um das Spielcasino zu besuchen.

Die Hauptverbindungsstraße von Porlezza zum Comer See führt am Lago del Piano vorbei. Die schönere Fahrt führt jedoch von Osteno über Castiglione und Lanzo d'Intelvi nach Argegno. Die Orte **Castiglione** und **Lanzo d'Intelvi** sind beliebte Sommerdomizile. Viele Mailänder besitzen hier Ferienhäuser.

Im Mittelalter kamen aus dem Intelvi-Tal große Meister der Baudekoration. Die Stuck- und Marmorarbeiten der ›Maestri Intelvesi‹ waren in Frankreich und Spanien ebenso beliebt wie in Rußland.

In der Umgebung gibt es viele Berghütten, in denen man auch übernachten kann. Vom Monte Sighignola aus, zu dem im Winter ein Sessellift führt, hat man einen herrlichen Rundblick über die beiden Seen und in die Schweizer Alpen.

Einer der schönsten Golfplätze Italiens liegt bei Lanzo d'Intelvi (9 Löcher).

Praktische Hinweise:

Hotel am Luganer See: ****Europa,* Porlezza, Via Lungo Lago Matteotti 19, ✆ 03 44/6 11 42.

Camping: *La Sbianca,* Via Osterio 24, Porlezza, ✆ 03 44/6 10 27; *Internationaler Sport,* Via Osterio 40, Porlezza, ✆ 03 44/6 18 52.

Sport: *Club Sci Nautico,* Porlezza, Via per Osteno.

Die Provinz Varese

Saronno

Castiglione Olona

Varese

Vareser Seen

Lago Maggiore

Blick vom Campo dei Fiori auf den Lago Maggiore

Die Provinz Varese

Seit Jahrhunderten sind der Lago Maggiore, die Vareser Seen und die romantische Berglandschaft in der Umgebung von Varese beliebte Erholungsziele.

Einst bildete die Provinz Varese mit dem Schweizer Kanton Ticino eine Einheit. Beherrscht wurde sie von der Familie Visconti, die ihre gut befestigte Region als Ausgangspunkt nahm, um die Kommune in Mailand zu stürzen und 1329 die Macht in dem Stadtstaat zu übernehmen. Unter der Herrschaft der Visconti entstanden die großen Burganlagen am Lago Maggiore, wie die Festungen von Arona und Angera, und in Bellinzona eine der größten Burgen Europas.

Das Varesotto war, wie fast die gesamte Alpenregion, schon in der Frühzeit besiedelt. Eine kleine Insel auf dem Lago di Varese hat sich als eine große Fundgrube für die Vor- und Frühgeschichte erwiesen. Später siedelten überwiegend gallische Völker an den Ufern des Lago Maggiore und der Vareser Seen, die den Wasserreichtum schon früh zum Aufbau einer florierenden Textil- und Papierindustrie nutzten.

Die Provinz Varese, wie sie sich heute darstellt, war 1780 von Kaiserin Maria Theresia von Österreich installiert worden. Die Grenzen der Provinz laufen durch den Lago Maggiore, dessen weitere Teile zu Piemont und der Schweiz gehören. Die nördliche Grenze entspricht der Grenze Schweiz/Italien. Im Westen stößt sie an die Provinz Como und im Süden an die Provinz Milano. Hauptstadt ist Varese.

Die wichtigsten Flüsse sind der Ticino und der Olona. Die Visconti ließen ihre erste Kanalverbindung von Mailand zum Olona bauen, um eine direkte Wasserverbindung zum Lago Maggiore zu schaffen.

Von Saronno über Castiglione Olona nach Varese

Saronno

Die Stadt liegt 23 km nordwestlich von Mailand, hat rund 38 000 Einwohner und eine große Textilindustrie. Saronno besitzt seit 1301 das Recht, dreimal wöchentlich Markt abzuhalten.

Im Nordosten der Stadt ist die Hauptsehenswürdigkeit, die Wallfahrtskirche der *Madonna dei Miracoli* zu finden. Mit dem Bau der Wallfahrtskirche war im Jahr 1493 begonnen worden. Am eindrucksvollsten ist die Fassade, die 1596 von Pellegrini vorgesetzt wurde. Ebenfalls aus dem 16. Jh. stammen

Die Provinz Varese

die Fresken von Bernardino Luini im Chor der Kirche. Besonders sehenswert sind »Die Hochzeit der Maria«, »Anbetung der Heiligen« und die »Diskussion des 12jährigen Jesus im Tempel«.

Castiglione Olona

Es gibt zwei Möglichkeiten von Saronno nach Castiglione Olona zu gelangen; die schnellere führt über die Staatsstraße 233 (Varesina) Saronno – Varese; die schönere Straße jedoch von Castellanza das Olona-Tal entlang nach Castiglione. Diese Straße sollte man aber nur bei schönem Wetter benutzen, denn anhaltende Regenfälle lösen kleine Bergrutsche aus, so daß die Straße durch Steine und Bäume blockiert sein kann.

Der Olona hat sich ein tiefes Tal gegraben, die Ansiedlungen befinden sich zumeist auf der Höhe, während sich im Flußtal Mühlen, Gerbereien und andere Industrieanlagen angesiedelt haben. Nur noch die wenigsten sind in Betrieb. Die kleinen Dörfer sind so ruhig und verschlafen, daß es fast unglaublich erscheint, daß eine so große und aktive Stadt wie Mailand nur wenige Kilometer entfernt liegt.

Der Ort Castiglione Olona ist eine Insel toskanischer Kunst in der Lombardei, deshalb wird er auf den gelben Hinweisschildern nur als ›Isola‹ (Insel) ausgewiesen. Die Altstadt liegt im Flußtal des Olona. Sie verdankt ihre Kunstschätze dem Kardinal Branda Castiglione (1350 bis 1443), einem kunstsinnigen Humanisten, der den sich seit 1071 im Familienbesitz befindlichen Ort nach seinem Ideal umgestaltete.

Die Altstadt von Castiglione ist für Autos gesperrt. Es gibt einen großen Parkplatz am Ortseingang, von wo aus man alle Sehenswürdigkeiten bequem zu Fuß erreichen kann. Der Hauptplatz ist die Piazza Garibaldi, die flankiert wird vom *Palast des Branda Castiglione* und der ihm gegenüberliegenden *Chiesa di Villa*.

Fresken von Masolino im Baptisterium der Collegiata Santa Maria

Der Palast ist inzwischen zum Teil in ein Museum umgewandelt worden. Zur Ausschmückung ließ Kardinal Branda den Künstler Masolino aus der Toskana kommen, der in seinem Auftrag das Fresko der Stadt Veszprém in Ungarn, wo Castiglione Bischof war, im Arbeitszimmer ausführte. Auch weitere Fresken in der Palastanlage, wie z. B. in der Familienkapelle, stammen von toskanischen Künstlern.

Die Chiesa di Villa soll von Brunelleschi, dem Konstrukteur der berühmten Kuppel des Florentiner Domes, geplant worden sein.

Von der Piazza Garibaldi führt eine Straße zu dem schmalen Fußweg, der auf einem kleinen Hügel endet, wo die *Collegiata Santa Maria* liegt. Sie nimmt den Platz der ehemaligen Burg ein. Zum Teil sind Reste der ehemaligen Befestigungsanlage noch zu sehen. Die Collegiata ist noch im Stil der lombardischen Gotik gebaut, obwohl sie nur knapp fünf Jahre vor dem Renaissancebau der Chiesa di Villa 1425 geweiht wurde. Die Lünette über dem Eingangsportal zeigt den Kardinal Branda als Stifterfigur vor der Madonna mit Kind kniend. Das Relief soll nach einer Zeichnung von Masolino gemalt sein. In der Kirche selbst stammen die Fresken mit Szenen aus dem Marienleben von Masolino da Panicale. Benutzt man den linken Seitenausgang der Kirche, gelangt man in einen Hof, auf dessen rechter Seite das Baptisterium liegt, eine kleine Kapelle, die in einem ehemaligen Wachturm angelegt worden ist. Hier sind weitere Fresken von Masolino zu sehen: Szenen aus dem Leben Johannes des Täufers (Besichtigungszeit zwischen 10.00 und 12.00 sowie 14.30 und 17.00 Uhr).

Der Reiz des Ortes ist vor allem im Frühjahr und im Herbst zu spüren, wenn der Touristenstrom abgenommen hat und die gewohnte Stille eingekehrt ist. Die einzigen Laute, die man dann hört, sind die Stimmen der Vögel.

In Castiglione sind auffallend häufig römische Überreste wiederverwendet worden, wie z. B. die Säulen und Kapitelle an der Kirche, Medaillons an den Häusern und Teile von Brunnen.

Einer der schönsten Antiquitätenmärkte der Region findet jeden 1. Sonntag im Monat in Castiglione statt, die *Fiera del Cardinale*.

Von Castiglione aus lohnt sich ein Abstecher zu den Ruinen von Castelseprio.

Varese

Die Hauptstadt der Provinz Varese hat rund 90 000 Einwohner. Varese ist gallischen Ursprungs; der Name kommt sehr wahrscheinlich von *vallium exetus*, was bedeutet: Ort am Ausgang des Tales. Die Stadt liegt am Fuß der drei Berge Sacro Monte, Tre Croci und Campo dei Fiori, die schon im 18. Jh. beliebte Sommerdomizile waren.

Varese war von 1538 bis 1765 freie Republik. Karl V. hat ihr dieses Privileg verliehen. 1816 erhielt sie von Kaiserin Maria Theresia die Stadtrechte. Der österreichische Einfluß ist vor allem in der Architektur zu erkennen. Mitte des letzten Jahrhunderts siedelten sich in der Stadt innerhalb kurzer Zeit Schuh- und Textilherstellung an.

Das Pro-Kopf-Einkommen der Bewohner von Varese gehört mit zu dem höchsten in ganz Italien. In Varese hat eines der vier europäischen Gymnasien, in denen die Unterrichtssprache wahlweise Italienisch, Deutsch, Französisch oder Englisch ist, seinen Sitz.

Varese wird auch die Gartenstadt genannt, weil sich die Oberschicht außerhalb des historischen Stadtkerns Villen und Gärten angelegt hat. Die größte Anlage ist der noch im Stadtkern liegende *Palazzo Estense* an der Via Sacco. Er ist heute Sitz der Stadtverwaltung. 1766–1773 ließ Francesco III d'Este, Herzog von Modena und Herr der Stadt Varese, den barocken Palast erbauen. Der Empfangssaal ist sehenswert. Der große Barockgarten der Villa wurde der Anlage des kaiserlichen Schlosses Schönbrunn in Wien nachempfunden. Er ist heute, gemeinsam mit dem der Villa Mirabello ein öffentlicher Park. Die *Villa Mirabello* ist Sitz der *Musei Civici*. In den Musei

Civici ist ein Großteil der prähistorischen Funde von der Isola Virginia im Lago di Varese ausgestellt. Varese ist bekannt für seine überdachten Laubengänge, wie man sie auch aus Verona und Bologna kennt.

Lohnend ist ein Spaziergang durch die ehemaligen Villenvororte, die heute zur Stadt gehören, wie z. B. **Biumo Superiore**, Wohnort eines des größten Sammlers moderner Kunst Italiens: Giuseppe Panza. Ebenfalls sehenswert im Stadtteil **Biumo Inferiore** ist die alte Mühle Bagotta in der Via Ghiberti 8–10, die seit 1857 in eine Gerberei umgewandelt worden ist. In Giubiano, Via Maspero, lohnt sich die Besichtigung des Friedhofs mit vielen Skulpturen aus dem 19. Jh. ebenso wie die *Villa Recalcati* in Asbeno.

Verläßt man Varese über die Viale Aguggiari, gelangt man zum *Campo dei Fiori* und dem *Sacro Monte.* Der etwa 8 km von der Stadt entfernt liegende Sacro Monte ist seit mehreren Jahrhunderten eine stark frequentierte Wallfahrtsstätte. Auf etwa 590 m Höhe beginnt ein gepflasterter Fußweg, der über 2 km, vorbei an 14 Kapellen aus dem 17. Jh., zur Wallfahrtskirche *Santa Maria* führt. Links, oberhalb der 14. Kapelle liegt das Museum der *Villa Lodovico Pogliaghi.* Zu sehen ist eine umfangreiche Sammlung von ägyptischen, griechischen, etruskischen und römi-

schen Antiquitäten sowie Werke von Künstlern des 19. und 20. Jh.s.

Vom Eingang des Wallfahrtszentrums aus erreicht man über den Berg Tre Croci das Massiv des Campo dei Fiori. Auf seiner Spitze liegt das heute verwaiste Grandhotel, ein Jugendstilbau.

Ein Teil des Campo dei Fiori gehört zur Wetterstation und ist deshalb für Autos gesperrt. Im Gegensatz zu anderen Ländern gehört die Wettervorhersage in Italien zu den Aufgaben des Militärs; bis vor wenigen Jahren wurde deshalb der Wetterbericht im staatlichen italienischen Fernsehen von einem Militär der *Aeronautica* in Uniform verlesen. Der Campo dei Fiori ist beliebt wegen seiner Vielzahl alpiner Blumen und dem herrlichen Blick über die Vareser Seen und den Lago Maggiore. Am Hang des Campo dei Fiori liegt eines der ungewöhnlichsten Villenviertel Vareses, die Bauherren konnten hier ihrer Phantasie freien Lauf lassen. Vom Neobarock über Märchenschlösser bis zur orientalischen Villa ist jede Stilrichtung vertreten.

Vom Campo dei Fiori gelangt man über die Staatsstraße 394 zu den **Vareser Seen.** Die drei Seen – Lago di Varese, Lago di Monate und Lago di Comabbio – sind von Gletschern hinterlassene Erd-

Garten des Palazzo Estense

Am Lago di Varese

löcher, die sich in späterer Zeit mit Wasser füllten. Sie sind landschaftlich sehr schön gelegen. Von Biandrone aus fährt im Sommer (Sa./So.) ein Personenschiff zur *Isola Virginia*. Die Insel besteht fast komplett aus Abfallprodukten der Jungsteinzeit und Bronzezeit (5000 bis 1000 v. Chr.): Es handelt sich tatsächlich um den Müll der zu jener Zeit dort ansässigen Bevölkerung. Nur noch Teile der Funde sind in der *Villa Pondi* auf der Insel zu sehen, der Rest ist in den *Musei Civici* in Varese ausgestellt. Einige Kilometer von Biandrone kann man in Cazzago Brabbia, am Ufer des Vareser Sees, die zylinderförmigen Kühlhäuser aus dem 18. Jh. besichtigen. Sie wurden im Winter mit dem Eis des gefrorenen Sees gefüllt und dienten zur Lagerung der Fische.

Praktische Hinweise

Touristeninformation: A.P.T. del Varesotto, Viale Ippodromo 9 und Piazza Monte Grappa, 21100 Varese, ✆ 28 46 24–23 90 70 – Fax 99 68 81.
Vorwahl: 03 32.

Hotels: *****Palace Hotel,* Via Manara 11, ✆ 31 26 00, Jugendstilbau; einfach: *Da Mario* in Schiranna am Vareser See, ✆ 31 04 52 (Hotel mit Restaurant und Garten); *Villa Belvedere* (Hotel, Restaurant mit schöner Aussicht), Via San Lorenzo 26, 21030 Orino (Varese), ✆ 63 11 12 – Fax 28 42 56.

Restaurants: siehe auch unter Hotels; *Da Annetta,* Capolago di Varese, ✆ 28 54 20, ca. 5 km von Varese; *La Samaritana,* auf dem Sacro Monte, ✆ 22 50 35; Castiglione Olona: *Il Cardinale,* Piazza Garibaldi, ✆ 85 07 72.

Eisenbahn: Regelmäßige Zugverbindung nach Mailand und dem Lago Maggiore.

Museen:
Musei Civici di Villa Mirabello, Piazza della Motta 4, Varese
geöffnet: 9.0–12.30 und 14.00–17.30 Uhr, montags geschlossen;
Museo Lodovico Pogliaghi, Santa Maria del Monte, Varese
geöffnet: 10.00–12.00 und 14.30–17.30 Uhr, montags geschlossen.

Am Ostufer des Lago Maggiore entlang

Vom Lago di Varese sind es noch etwa 12 km nach Laveno am Lago Maggiore. Der Lago Maggiore entstand bereits vor 7 bis 8 Millionen Jahren. Erst später haben die Gletscher das Tal geformt. Der unterhalb des Loveno-Passes entspringende Fluß Ticino speist den Lago Maggiore und ist gleichzeitig sein Abfluß. Schon in der Vorzeit diente der See als Passage von Zentraleuropa nach Italien; deshalb wohl auch die vielen prähistorischen Funde in seiner näheren Umgebung. Der lombardische Teil des Sees ist touristisch weniger erschlossen als der des Piemont und der Schweiz.

Laveno hat rund 9000 Einwohner und erstreckt sich entlang des Seeufers, wo es sich im Stil des 18. Jhs. präsentiert. Die Stadt hat als Eisenbahnstation zwischen Mailand und der Schweiz einige Bedeutung erlangt. Von Laveno aus gibt es regelmäßige Fährverbindungen nach Indra am gegenüberliegenden piemontesischen Ufer. Personenschiffe gibt es auch zur *Villa Taranto,* nach Pallanza, nach Baveno und Stresa und den Isole Borromee. Mit der Seilbahn gelangt man zum Aussichtspunkt Sasso del Ferro.

Von Laveno aus kann man der Staatsstraße 629 entweder nach Norden oder nach Süden folgen. Im Norden erreicht man nach etwa 17 km **Luino.** Die Stadt ist ein wichtiges Touristenzentrum; vor allem an Markttagen kommen viele Besucher aus der Schweiz und der näheren Umgebung. Der Mittwochsmarkt wird seit 1541 abgehalten. Das Marktrecht erhielt Luino von Karl V. Die malerische Altstadt zieht sich mit ihren schmalen Straßen den Berghang hoch.

Garibaldi schlug hier 1848 erfolgreich die letzte Schlacht gegen die österreichischen Truppen im Unabhängigkeitskrieg. Fährt man von Laveno aus die Staatsstraße 629 nach Süden, läßt man die alpine Zone des Sees hinter sich, Moränenhügel bestimmen von nun an die Landschaft. 5 km hinter Ispra (Europäisches Zentrum für Nuklearstudien) empfiehlt es sich, die Staatsstraße zu verlassen und die kleinere schönere Straße über Ranco den See entlang bis Angera zu benutzen. Ranco ist bekannt für seine Fischspezialitäten und seinen kleinen Yachthafen.

In **Angera** ist die Burg sehenswert. Sie liegt auf einem Felsen

Burg von Angera

oberhalb der Ortschaft. Ihre Mauer verläuft entlang der westlichen Bergkuppe und ist von Wachtürmen flankiert. Vom 13. bis 15. Jh. gehörte die Burg den Visconti, danach der Familie Borromeo. Der höchste Wachturm ist über 30 m hoch. Einige Säle der Burg sind mit Fresken ausgestattet. Die bedeutendsten sind im Justizsaal aus dem 14. Jh. zu sehen. Sie entstanden anläßlich der Herrschaftsübernahme der Visconti in Mailand. Der Felsen war wohl schon von den Römern und Langobarden für eine Befestigungsanlage genutzt worden. Die Burg beherbergt heute ein Puppenmuseum (Öffnungszeiten: 9.30–12.30 und 14.00–17.00 Uhr, vom 1. Nov. bis 27. März geschlossen).

Zwischen Sesto Calende, am südlichsten Zipfel des Lago Maggiore gelegen, und Somma Lombardo liegt der kleine Ort **Golasecca.** Der Ort gab der prähistorischen Kultur von Golasecca den Namen. Von den vielen archäologischen Funden ist das meiste in die Museen der Region abgewandert.

In **Somma Lombardo** (17 000 Einwohner) ist eine weitere Burg der Visconti zu besichtigen. Der älteste Teil stammt aus dem 12. Jh.; er liegt im Nordwesten der Burg und umschließt einen quadratischen Hof mit spätgotischen Spitzbogen. Mehrere Bauten sind im 16. und 17. Jh. an diese alte Burganlage angebaut worden. Sie vermitteln den palastähnlichen Eindruck.

4 km nördlich von Somma Lombarda liegt der Flughafen Malpensa, der zur Zeit zu einem moder-

Die Burgen der Visconti

Die meisten der Stadtherrscher der Lombardei, wie die Gonzaga in Mantua und die Visconti, bzw. Sforza in Mailand, verdienten sich ihr Geld als *Condottieri*, bezahlte Feldherren im Auftrag des französischen Königs, des deutschen Kaisers, des Papstes oder der Republik Venedig. Entsprechend war ihr eigenes Herrschaftsgebiet in ständiger Gefahr. So errichteten sie entlang ihrer Grenzlinien Befestigungsanlagen. Die Visconti aus Mailand betrachteten das Land zwischen den Flüssen Ticino und Adda sowie zwischen den Alpen und dem Po als ihr ureigenstes Kernland, entlang dessen Grenzen sie auch ihre Festungen errichteten: von einer riesigen Burg wie der in Bellinzona über Signaltürme in den Bergen bis zu befestigten Dörfern oder einem einfachen Mauerring, in dem die Bewohner mit ihrem Vieh Zuflucht suchen konnten. Solch ein Beispiel ist die Burg von Grosio in der Valtellina. Padenghe, oberhalb des Gardasees in der Provinz Brescia, ist ein typisches Beispiel für ein befestigtes Dorf, das schon im 10. Jh. zum Schutz gegen den Einfall der Ungarn errichtet wurde. Während die Anlagen im Gebirge sich in erster Linie der Landschaft anpassen, sind die Burgen in der Ebene, vor allem die der Visconti, nach immer gleichem Schema aufgebaut, und zwar auf einem rechteckigen oder quadratischen Grundriß mit vier erhöhten Ecktürmen. Vier Gebäude verbinden die Türme miteinander, die einen Hof umschließen. Alle diese Anlagen sind von Wassergräben umgeben und deshalb nur über eine Zugbrücke erreichbar.

Der Wassergraben der Mailänder Burg war so geschickt mit dem System der *Navigli* verknüpft, daß die Fürsten von der Burg aus, über die verschiedenen Kanäle, direkt aus der Stadt gelangen konnten. Das *Castello Sforzesco* ist ein Paradebeispiel der ›Tyrannenburg‹: nach innen – gegen die eigenen Untertanen – und nach außen gegen Feinde gesichert. Die Gräben und Navigli dienten der schnellen Flucht vor aufständischen Bürgern Mailands. Heute sind diese Gräben fast alle zugeschüttet und zumeist begrünt.

In der Po-Ebene sind die Festungen aus Backsteinen gebaut; Schließscharten durchbrechen die Wände. Trotz allem bewahren die meisten Festungen in ihrem Inneren einen palastartigen Charakter. Die Innenhöfe erhielten einen Portikus, ähnlich den Kreuzgängen von Klöstern. Oft schloß sich auch eine Parkanlage oder ein Jagdrevier an die Burganlage an. Einige der schönsten Beispiele befinden sich in Pavia, Mailand, Angera und in Bellinzona in der Schweiz.

nen internationalen Flughafen ausgebaut wird. Er soll den Flughafen Linate bei Mailand ersetzen.

Wer einen kleinen Fußmarsch nicht scheut, kann die 2 km von Somma Lombarda nach **Arsago Seprio** wandern. In diesem kleinen Ort sind gleich zwei romanische Bauwerke erhalten: die *Basilika San Vittore,* die zwischen dem 9. und 12. Jh. entstand, und das *Baptisterium* (Mitte des 12. Jh.). Beide stehen am Ortsrand. In einem kleinen Museum in Arsago kann man am Wochenende römische und langobardische Grabfunde sowie Funde aus Gräbern der Jungsteinzeit besichtigen.

Praktische Hinweise

Touristeninformation: A.P.T. del Varesotto, Viale Ippodromo 9, 21100 Varese, ✆ 03 32/28 46 24–23 90 70 – Fax 23 80 93.

Hotels: ****Dei Tigli,* Angera, ✆ 03 31/93 08 36; *Lido,* Angera, ✆ 93 02 32, schön im Grünen gelegen, Privatstrand und Restaurant mit Seeterrasse; *Hotel Concazzura,* Ranco, ✆ 03 31/97 65 26, Hotel mit Privatstrand, Schwimmbad, Tennisplatz, Vollpension möglich; *Hotel Ancora,* Luino, ✆ 03 32/53 04 51, mit Restaurant und Vollpension;
einfach: *Hotel Locanda Teatro,* Angera, ✆ 03 31/93 02 57, 7 Zimmer und Etagendusche; *Locanda Croce Bianca,* Laveno, ✆ und Fax 03 32/66 83 42, mit Restaurant, Vollpension möglich, nur 6 Zimmer; *Locanda del Pesce,* Luino, ✆ 03 32/53 23 79, mit Restaurant, Vollpension möglich; *Hotel-Restaurant Miralago,* Luino, ✆ 03 32/53 14 92.

Restaurants: *Ristorante Verbano* (mit Hotel), auf der Isola dei Pescatori, ✆ 3 04 08, *Ristorante Emiliano,* Stresa, ✆ 3 13 96, gutes Fischlokal; *Ristorante da Angelo,* Stresa, ✆ 03 23/3 11 47; *Ristorante Milano,* Verbania, ✆ 55 68 16, schöne Terrasse am See;
In **Somma Lombardo:** *Hostaria del Castello – da Pinin,* 28040 Varallo Pombia (Prov. Novara), ✆ 03 21/9 52 40 (montags und dienstags geschlossen), hervorragendes Restaurant der gehobenen Klasse, in der Burg gelegen.

Museen: *Museo Civico Archeologico,* Via Marconi 2, Angera, montags, donnerstags und samstags 15.00 bis 17.00 Uhr geöffnet, ✆ 93 01 68. *Civico Museo Archeologico,* Via R. Vanoni 20, Arsago Seprio, ✆ 76 82 36. Bis voraussichtlich Frühjahr 1997 wegen Renovierungsarbeiten geschlossen.

Ausflüge rund um den Lago Maggiore

Ausgangspunkt für Ausflüge rund um den Lago Maggiore ist Laveno. Von hier aus kann man mit dem Fährschiff das gegenüberliegende Ufer sowie die Schweizer Orte Ascona und Locarno erreichen. Am interessantesten ist wohl ein Ausflug zu den **Borromeischen Inseln** *(Isole Borromee).* Die größte der drei Inseln ist die *Isola Madre,* die 1501 in die Hände des Fürsten Lancillotto Borromeo gelangt war. Der Palast ist ein Bauwerk aus der

2. Hälfte des 16. Jh.s. Doch sehr viel reizvoller als die Villa ist der Garten, der sich über 5 ha erstreckt. Seltene Pflanzen gedeihen in dem milden Klima der Insel, Azaleen, Rhododendren und Kamelien säumen die Wege. Fast ebensoviele Fasane und Pfauen wie Touristen durchstreifen den Park.

Von der Isola Madre kann man wiederum mit dem Fährschiff zur *Isola dei Pescatori* gelangen. Bis zu Beginn des 20. Jh.s war die Insel von Fischerfamilien bewohnt. Heute lebt nur noch ein Drittel der damaligen Bevölkerung auf der Insel.

Die dritte der Inseln ist die *Isola Bella.* Vom Seeufer aus erstreckt sich über zehn Terrassen ein prachtvoller Barockgarten. Der Palast entstand 1632. Die Fischerfamilien wurden damals gezwungen, die Insel zu verlassen. Das kleine auf der Insel liegende Dorf bekam den Namen *Isabella,* benannt nach der Frau des Fürsten. Aus Isabella wurde später *Isola Bella.* Ein Ausflug auf die drei Inseln kann man mit der Fahrt nach Baveno abschließen, von wo aus man einen herrlichen Blick auf die Isola dei Pescatori hat.

Ebenfalls von Laveno kann man mit dem Boot zu dem Kloster **Santa Catarina del Sasso** fahren. Die ehemalige Eremitage wurde im 13. Jh. von einem Einsiedler Namens Alberto Besozzo gegründet. Die Anlage ist direkt in den Fels gebaut und hängt über dem Lago Maggiore. Sie gehört neben den Borromeischen Inseln zu den am meisten abgebildeten Sehenswürdigkeiten des Lago Maggiore.

Lohnenswert ist eine Wanderung im Norden durch das Cannobina Tal, entlang des Flusses Toce sowie ein Ausflug zum Ortasee im Süden (Piemont).

Isola dei Pescatori im Lago Maggiore

Bergamo und das Serio-Tal

Bergamo Alta

Bergamo Bassa

Orte und

Burgen

im Serio-Tal

Blick auf Bergamo Alta

Bergamo

Schon aus der Ferne sieht man die Oberstadt mit ihren enormen venezianischen Mauern auf dem Hügel liegen. Sie ist für den Autoverkehr gesperrt. In der Unterstadt liegt eine der bedeutendsten Pinakotheken Italiens, die Accademia Carrara.

Bergamo ist eine lebhafte Stadt mit rund 120 000 Einwohnern. Antike Quellen sprechen von einer ersten Besiedelung des heutigen Bergamo Alta durch keltische Völker; sehr wahrscheinlich durch die legendären Orober. Doch spätestens im 2. Jh. v. Chr. wurde die Siedlung von den Römern besetzt. Die damalige Straßenführung existiert zum Teil heute noch.

569 eroberten die Langobarden die Stadt. Schon zu ihrer Zeit soll sie in die obere befestigte Anlage und die unteren Vororte geteilt gewesen sein. Vom 12.–15. Jh. war Bergamo freie Stadtrepublik. Danach gelangte es unter die Herrschaft Venedigs. Die berühmte Stadtbefestigung von Bergamo Alta (Oberstadt) entstammt dieser Zeit.

Noch im 19. Jh. war auch Bergamo Bassa (die Unterstadt) durch Mauern, die mit dem oberen Ring verbunden waren, geschützt, jedoch hat keines dieser Bollwerke auch nur eine Belagerung erlebt.

Besichtigung

Die Oberstadt zieht nach wie vor das größte touristische Interesse auf sich. Sie ist zwar für den Autoverkehr gesperrt, jedoch ist die Zufahrt zu den Hotels zum Be- und Entladen gestattet. Ansonsten empfiehlt es sich, unterhalb der Mauern zu parken. Von der Viale Vittorio Emanuele II in der Unterstadt führt eine Zahnradbahn zum Schuhmarkt (zur Piazza del Mercato delle Scarpe)

Piazza Vecchia

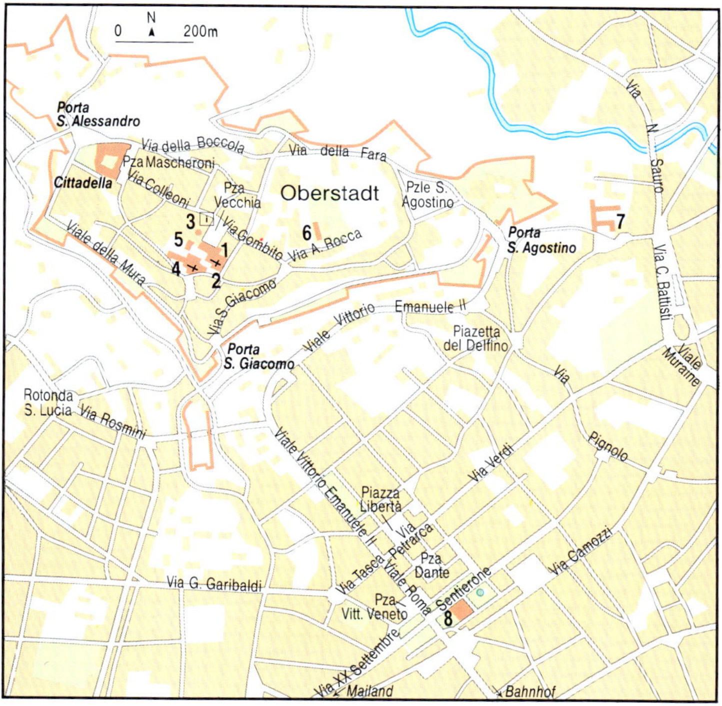

Stadtplan von Bergamo: 1 Palazzo della Ragione 2 Dom 3 Stadtturm 4 Santa Maria Maggiore u. Colleoni-Kapelle 5 Baptisterium 6 Rocca 7 Accademia Carrara 8 Teatro Donizetti

der Oberstadt. Es gibt aber auch eine regelmäßige Busverbindung.

Zentrum der Oberstadt ist die Piazza Vecchia. Gemeinsam mit dem Domplatz formt sie das historische Zentrum der Stadt. Die beiden Plätze sind durch die Säulenhalle und Arkaden des Palastes der Stadtrepublik *(Palazzo della Ragione)* miteinander verbunden. Unter den Bögen des Palastes befindet sich ein heute leider nicht mehr dechiffrierbarer Meridian aus Marmorplatten. Der darüberliegende Saal wird von der Universität als Aula und Ausstellungsraum genutzt. Von der Aussichtsterrasse des Stadtturms *(Campanone* aus dem 12. Jh.) hat man bei klarem Wetter einen schönen Blick über die Stadt und die umliegenden Hügel (Abb. S. 12/13).

Neben dem Stadtturm, in den ehemaligen Gebäuden des venezianischen Podestà, befindet sich die Universität, die vorwiegend Fremdsprachen und Wirtschaftswissenschaft anbietet.

Verblüffend ist, wieviel Stille und mittelalterliche Würde der kleine Domplatz auch bei Hochbetrieb ausstrahlt. Der Platz ist umgeben vom Dom, von der Kirche Santa Maria Maggiore, der Colleoni-Kapelle und dem Baptisterium. Der aus dem 15. Jh. stammende Dom erhielt seine Marmorfassade im 18. Jh. Der interessantere Bau ist jedoch die Basilika *Santa Maria Maggiore.* Mit dem Bau dieser Basilika war im 12. Jh. begonnen worden. Der Haupteingang befindet sich zwar an der Piazza del Duomo, führt aber in eines der Querschiffe. Besonders eindrucksvoll sind die beiden Marmorlöwen, die die Säulen des eleganten Eingangsportals tragen. Sie sind typische religiöse Symbole der Romanik und stehen in keinem Zusammenhang zu den Löwen der Republik Venedig an den Stadttoren oder z. B. am Brunnen auf der Piazza Vecchia.

Ende des 15. Jh.s verlangte Bartolomeo Colleoni, ein bedeutender Bergamasker Heerführer im Dienst der Republik Venedig, daß seine Familienkapelle direkt im Zentrum, also am Domplatz, zu liegen habe. Dem Bau der *Colleoni-Kapelle* mußte die alte Sakristei von Santa Maria Maggiore weichen. Die

Nordportal von Santa Maria Maggiore

reich dekorierte Renaissancefassade aus vielfarbigem Marmor verleiht dem Platz, zusammen mit dem häufig verwendeten rosa Marmor aus Verona, seine besondere Wärme.

Erst seit dem 19. Jh. steht das achteckige *Baptisterium* dem Dom gegenüber. Der ursprüngliche Bau stand in der Vierung der Kirche Santa Maria Maggiore. 1660 war er aus Platzgründen abgetragen und erst 1898 aus den aufbewahrten Bauteilen an der jetzigen Stelle wieder errichtet worden.

Es lohnt sich, die Stadt kreuz und quer zu durchstreifen, denn immer wieder öffnen sich dem Blick überraschende Winkel und Plätze. In der Via Lupo steht sogar noch ein alter überdachter Waschbrunnen.

Besonders eindrucksvoll sind die Via Rocca und die Via Pignolo. Die Via Rocca führt als steile gewundene Gasse von der Piazza Mercato delle Scarpe zur Burg. Viele Gebäude, besonders die auf der rechten Seite, entstammen noch dem Mittelalter. Auffallend viele Türen sind charakteristisch für diese Häuser. Die größte Tür war wohl der Eingang zum Wohnhaus. Hinter den kleineren lagen wahrscheinlich Geschäfts- oder Lagerräume. Neben dem Eingangstor befinden sich noch schmale, halb zugemauerte Türen. Man nennt sie *Porta del Morto,* der ›letzte Gang‹ führte durch eine solche Tür. Man

Colleoni-Kapelle

glaubte, der Transport der Toten durch den Haupteingang würde der Familie Unglück bringen. So entstanden ›Totentüren‹, die völlig zugemauert waren und nur im Bedarfsfall geöffnet wurden.

Die *Rocca* (Burg) selbst soll schon zu Zeiten der Römer existiert haben. Den Wiederaufbau und die Befestigung der Burg verdankt Bergamo dem Herzog von Luxemburg, dem böhmischen König (1331). Zur Burg gehört ein kleiner zoologischer Garten mit Tieren aus den bergamasker Alpen.

Die Via Pignolo war ursprünglich nichts anderes als ein Pfad zwischen Nadelhölzern. Jetzt ist sie eine gepflasterte Straße, die von der Porta Sant' Agostino zur Unterstadt führt. Sie ist berühmt für ihre vielen Renaissance-Paläste. Ein Blick in die Innenhöfe, z. B. der Nr. 11, 19 und 23, lohnt sich.

Unterhalb der Piazzetta del Delfino liegen neun weitere Paläste, deren Innenhöfe (Nr. 69–86) architektonisch so gewählt ausgestattet sind, daß sie als Eingangshallen hätten dienen können. Hinter dem rückwärtigen Gebäude befindet sich jeweils ein Garten. Der größte ist der des *Palazzo Suardi,* heute ein öffentlicher Park.

Ganz in der Nähe liegt die *Accademia Carrara,* eine der bedeutendsten Pinakotheken Italiens. Diese Galerie kann auf eine 200jährige Geschichte zurückblicken. Ein Teil ihrer Sammlung stammt vom Gründer der angegliederten Kunstakademie, Graf Giacomo Carrara. Bis heute lebt die Pinakothek von vielen Schenkungen, u. a. sind hier Werke namhafter Künstler wie Andrea Mantegna, Raffael, Jan Brueghel d. Ä., Diego Velasquez und Albrecht Dürer zu sehen.

Der Stadtkern der Unterstadt entstand zwischen 1914 und 1930 unter Leitung des Architekten Luigi Angellini auf dem Gelände der Sant' Alessandro-Messe. Es handelte sich um eine der ältesten Messen Italiens, die seit dem 10. Jh. alljährlich in Bergamo abgehalten wurde.

Puppentheater auf der Piazza Vecchia

Ein Bummel auf dem *Sentierone,* wo auch das Theater Donizetti liegt, empfiehlt sich: ein breiter Bürgersteig auf der einen Seite von Kastanienbäumen und auf der anderen von Laubengängen flankiert.

Man trifft immer wieder auf Spuren des Opernkomponisten Gaetano Donizetti, der 1797 in einem ärmlichen Haus im Borgo Canale 14 (im Sommer zu besichtigen) geboren wurde und als wohlhabender Mann 51 Jahre später im Palazzo Scotti starb. Im *Palazzo della Misericordia* ist ein Donizetti-Museum untergebracht.

Unter den Arkaden befinden sich die luxuriösesten Geschäfte Bergamos und die traditionellsten Cafés. Hier kann man das berühmte Bergamasker Eis kosten, z. B. im *Café Gambrinus,* einem Treffpunkt für Journalisten und Literaten.

Noch bis zum Beginn dieses Jahrhunderts nutzten die Messebesucher, die im Pferdewagen angereist waren, die Kastanienbäume auf dem Sentierone, um ihre Kaleschen anzubinden. Die Messe findet übrigens vom 26. August bis 8. September – begleitet von Theater- und anderen Veranstaltungen – noch heute statt. Gehandelt wird mit Seide, Wolle, Samt und Schmiedeeisen sowie mit Ochsen, Kälbern, Eseln, Pferden und Ziegen.

Praktische Hinweise

Touristeninformation: A.P.T., in der Unterstadt: Viale Papa Giovanni 106, ✆ 24 22 26 – Fax 24 29 94; in der Oberstadt: Vicolo Aquila Nera 3, ✆ 23 27 30 (April bis Okt. geöffnet). **Vorwahl:** 0 35.

Hotels: ***Hotel Restaurant *Cappello d'Oro,* Viale Giavanni XXIII 12, ✆ 23 25 03; ***Agnello d'Oro,* Via Gombito 22, ✆ 24 98 83 (Oberstadt).

Jugendherberge: Via G. Ferraris 1 *(Quartiere Monterosso),* ✆ 36 17 24.

Restaurants: *Ol Giopi e la Margi,* Via Borgo Palazzo 25, ✆ 24 23 66 (montags geschlossen); *Taverna del Col-*

Commedia dell'Arte

Der Name *Commedia dell'Arte* bedeutete nicht kunstvolles Theater, sondern schlicht professionelles Theater. Diese Berufsschauspieler, die sich in der italienischen Renaissance zusammenfanden, wollten sich mit diesem Namen ausdrücklich von den auf öffentlichen Plätzen, vielfach gemeinsam mit wandernden Quacksalbern und Akrobaten auftretenden, dilettantischen Schauspieltruppen distanzieren.

Die Commedia dell'Arte war im gewissen Sinn ein Stegreiftheater. Innerhalb eines festgesetzten Handlungsrahmens mit immer wiederkehrenden Figuren und Masken konnte sich die Improvisation frei entfalten. Es gab keine festgelegten Dialoge, wohl aber präzise Auftritte und Abgänge. Die Charaktere waren lediglich Farcen, was den komischen Charakter der Figuren nur unterstrich. Die Masken und Typen ähnelten sich in ihrer Feigheit und ihrem Egoismus in jedem Stück.

Thema der Commedia dell'Arte war immer eine komplizierte und verworrene Liebesgeschichte. Die Liebende hatte entweder einen strengen Vater, der sie zu sehr bewachte, oder war gar schon mit einem wesentlichen älteren Mann verheiratet (Pantalones Part). Eine unerschöpfliche Themenquelle war Boccaccio's »Decamerone«.

Maßlose Übertreibung der komischen Elemente war eine der Erfolgsmethoden der Schauspieler. So wurde der Liebende als ohne Ziel und Limit Verliebter mit all seinen Naivitäten und Albernheiten dargestellt. Die Unveränderlichkeit der Masken und Figuren erleichterte oder steigerte gar deren komische Wirkung. In fast jedem Stück gab es einen *Capitano,* mindestens zwei Liebende, zwei Diener, zwei Alte. Die Liebenden traten ohne Maske auf und waren oft nur mit den Vornamen der jeweiligen Darsteller benannt.

Pantalone

Im Mittelpunkt standen die Diener, die sogenannten *Zanni,* zu denen auch *Arlechino* und *Colombina* gehörten, durch Kostüm und Maske deutlich hervorgehoben. In den meisten Stücken waren die Figuren regional durch ihre dialektgefärbte Sprache festgelegt. So stammten die beiden Alten, der Kaufmann *Pantalone* und der *Dottore Graziano* aus Venedig und Bologna, die *Zanni* aber aus Bergamo. Natürlich hatte jede Figur eine historische Vorlage; so suchten die Bewohner der kargen bergamaskischen Gebirgslandschaft in der Stadt ihr Auskommen als Lastenträger und Diener.

In die Commedia dell'Arte, die sich keinen Gag und keine Pauschalisierung entgehen ließ, fanden sie zunächst als grobe ungebildete Tölpel, die sich durch große Bauernschläue auszeichneten, ihren Eingang. Sie brachten alles in Unordnung, mißverstanden Befehle und bestellten beide Liebhaber gleichzeitig unter den Balkon der jungen Dame. Erst in der späteren Commedia dell'Arte werden die *Zanni* anmutiger und zum witzigen Sympathieträger. Ihr würdiger Nachfolger im deutschsprachigen Raum ist kein geringerer als Kasperle.

Die Schauspieler übten nicht nur akrobatische Bewegungsabläufe ein und sammelten Liebeslieder und bekannte Gedichte. Wenn die Szene es erlaubte, wurden Verse von Petrarca oder anderen Dichtern eingebracht oder gar parodiert. Für fremde Truppen war – hatte sich eine eingespielte Schauspieltruppe getrennt und jeder einzelne seine Aufzeichnungen mitgenommen – ein Erfolgsstück nicht mehr rekonstruierbar.

Der Berufsstand der Schauspieler war entsprechend hoch angesehen. Zehn bis zwölf Schauspieler und Schauspielerinnen bildeten eine Truppe. Frauen wurden auch von Frauen dargestellt. Dies war relativ ungewöhnlich, denn Frauen durften normalerweise nicht einmal öffentlichen Aufführungen beiwohnen.

Zanni

leoni, Piazza Vecchia 7, ✆ 23 25 96 (im antiken Stil; montags geschlossen); *Sole,* Via Colleoni 1, ✆ 21 82 38.

Museen: *Museo Donizettiano,* Via Arena 9.
Geöffnet: dienstags bis samstags 9.00–12.00 und 14.30–18.00 Uhr. Eintritt frei, Führungen nach Vorbestellung möglich.
Pinacoteca dell'Accademia Carrara, Piazza Carrara 81a.
Geöffnet: 9.30–12.30 Uhr und 14.30 bis 17.30 Uhr, dienstags geschlossen.

Feste/Veranstaltungen: 26. August bis 8. September: Sant'Allesandro-Messe; im Sommer täglich: Puppentheater auf der Piazza Vecchia.
Tip: Von Bergamo aus kann man schöne Ausflüge in die Flußtäler des Brembo und des Imagna machen – es handelt sich um unberührte Täler mit kleinen Ortschaften, in denen die Zeit stillzustehen scheint.
Tip für Pilger: Sotto il Monte Giovanni XXIII, Geburtsort von Papst Johannes XXIII. Der Wallfahrtsort ist von Bergamo aus gut ausgeschildert.

Polizei: ✆ 1 12.

Post: Via A. Locatelli 11.

Öffentlicher Fernsprecher: Largo Porta Nuova.

Taxizentrale: ✆ 22 90 90.

Busbahnhof: Piazza Marconi.

Bahnhof: (FF.SS) Piazzale della Stazione.

Erste Hilfe: ✆ 1 18.

Ausflüge ins Serio-Tal

Der Serio entspringt nördlich von Bergamo am Monte Torena und fließt nach 124 km bei Montodino in die Adda. In der nördlichsten Talspitze liegt der höchste Wasserfall Europas mit 315 m; besichtigen kann man ihn allerdings nur im Sommer für kurze Zeit, wenn die Stautore des unteren Barbellino-Sees geöffnet sind. Von **Valbondione** aus kann man Mehrtagestouren in die umgebende Gebirgslandschaft machen. In der Nähe des unteren Barbellino-Sees gibt es eine Schutzhütte in 1915 m Höhe. Zu beiden Talseiten sind im Winter Skipisten gespurt. In diesem Teil des Tales lebt eine besondere Fauna, die in der Lage ist, sich den hohen Temperaturunterschieden anzupassen. Temperaturunterschiede bis zu 50 ° zwischen Schatten- und Sonnenseite sind keine Seltenheit.

Besonders interessant ist die Architektur der kleinen Bergdörfer, z. B. Ogna und Orezzo: Die Häuser aus dunkelgrauem Stein mit ihren Schieferdächern scheinen selbst Teil des Felsens zu sein. Von **Ogna** aus empfiehlt sich eine Wanderung in die Valzurio (das blaue Tal). Der Weg ist sehr leicht zu finden, man muß lediglich dem Verlauf des Ogna folgen. Nach etwa 2 Stunden Fußmarsch erreicht man das Tal.

Blick ins Serio-Tal

Clusone (1801 Einwohner) ist der Hauptort des Serio-Tals. Sehenswert ist die historische Altstadt. Man hat sich in diesem Tal schon sehr früh die Wasserkraft zunutze gemacht; so gibt es zum Beispiel Holzverarbeitung. Ein weiterer Industriezweig ist die Verarbeitung von Wolle, denn die Schafzucht ist schon seit dem 14. Jh. ein wichtiger Wirtschaftsfaktor. Außerdem liegen mehrere Elektrizitätswerke am Serio.

In **Abbazia,** auf dem Weg von Albino nach Gaverina Terme, kann man ein Zisterzienserkloster aus dem 12. Jh. besichtigen. Einige Kilometer südlich von Bergamo liegt die kleine Ortschaft **Malpaga,** wo Bartolomeo Colleoni die mittelalterliche Burg 1456 besetzte und zu seiner Residenz umbaute. Der Condottiere der Republik Venedig, dessen Grabkapelle am Domplatz von Bergamo steht, lebte hier bis zu seinem Tod 1475. Die Burg ist sehr gut erhalten und gehört einer landwirtschaftlichen Gesellschaft. Besichtigung: sonntags 14.30–18.30 Uhr.

In der Burg von **Romano di Lombardia** aus dem 13. Jh. wurde 1446 die Frau Colleonis (Madonna Triste) von den Visconti gefangengehalten. Die Burg ist nur nach vorheriger Absprache mit der Stadtverwaltung zu besichtigen (✆ 03 63/91 06 62 oder 91 01 86.) Hier beginnt auch die typische Landschaft der Po-Ebene mit vielen durch Pappeln geschützten Ackerflächen.

Die Provinz Brescia

Brescia

Iseo-See

Valcamonica

Idro-See

Gardasee

Blick auf Brescia

Brescia

Schon in der Vergangenheit war Brescia Wirtschafts- und Machtzentrum. Ein Rundgang durch das historische Stadtzentrum ist eine Entdeckungsreise durch viele Epochen der Geschichte und Kunstgeschichte.

Brescia ist mit 202 000 Einwohnern die zweitgrößte Stadt der Lombardei. Auch wirtschaftlich gesehen steht Brescia nach Mailand an zweiter Stelle. Brescia ist Provinzhauptstadt und Bischofssitz. Die metallverarbeitenden Industrien stellen seit Jahrhunderten den größten Wirtschaftsfaktor der Stadt dar; denn bereits im Mittelalter wurden Waffen und Ritterrüstungen in alle ›bekannte‹ Welt verkauft. Auch heute noch steht die Rüstungsproduktion an erster Stelle, gefolgt von Produktionen für den Zivilbereich wie Röhren und Industriemaschinen. Brescia hält auch einen traurigen Rekord. Es ist die Stadt mit der höchsten Zahl an Arbeitsunfällen in ganz Italien, doppelt so viele wie in Mailand. Sehr viele Arbeiter haben den Mittel- und Ringfinger in den Metallpressen verloren.

Die ersten Siedlungen entstanden schon um 500 v. Chr. an dieser strategisch wichtigen Stelle; 225 v. Chr. schlossen die keltischen Gallier, die hier siedelten, eine Allianz mit den Römern. Für die Römer war *Brixia* Ausgangspunkt zur Eroberung Galliens.

Selbst unter den Langobarden blieb die Stadt ein bedeutendes Machtzentrum. Im 11. und 12. Jh. war Brescia, wie viele oberitalienische Städte, Stadtrepublik und Mitglied der Lega Lombarda.

1428 fiel Brescia im Frieden von Ferrara an die Republik Venedig. Aus dieser Zeit stammt eine große Reihe der interessantesten Zivil- und Sakralbauten der Stadt. Ebenso wie die Städte Verona und Treviso war Brescia ein bedeutender Landstützpunkt der Republik.

Besichtigung

Die Hauptsehenswürdigkeiten befinden sich im Stadtzentrum. Schon wegen des komplizierten Systems der Einbahnstraßen empfiehlt es sich, das Auto auf einem der Parkplätze abzustellen (Piazza Brusato, Via Vittorio Emanuele II und an der Piazza della Vittoria). Von der Piazza della Vittoria aus sind es nur wenige Schritte bis zur Piazza della Loggia, ein homogenes Beispiel venezianischer Renaissancearchitektur. Der Platz erhielt seinen Namen von *der Log-*

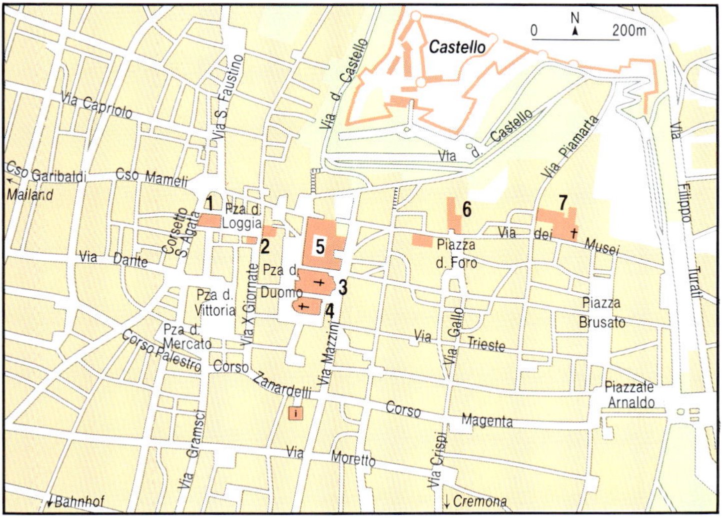

Stadtplan von Brescia: 1 Loggia 2 Uhrturm und Monte di Pietà 3 Dom 4 Rotonda 5 Broletto 6 Kapitol. Tempel und röm. Museum 7 Museum für christl. Kunst

gia, dem einstigen Sitz des aristokratischen Stadtrates.

Heute befindet sich die Stadtverwaltung in dem Gebäude. Berühmte Architekten der Renaissance – wie Jacopo Sansovino und Andrea Palladio – sollen an dem Bau mitgewirkt haben.

Weitere sehenswerte Gebäude an diesem Platz sind der *Uhrturm* und das ehemalige Leihhaus der Stadt, der *Monte di Pietà.* Dieser Komplex am südlichen Ende des Platzes besteht aus zwei sehr ähnlichen Gebäuden, die durch einen Torbogen miteinander verbunden sind. Die Inschriften auf den Fassaden gehören zu den ältesten Italiens.

Man gelangt zum Domplatz (Piazza Paolo VI.), wenn man der Straße rechts vom Uhrturm folgt und nach wenigen Schritten nach links abbiegt. Das schönste Gebäude an der Piazza Paolo VI. ist die *Rotonda* bzw. der alte Dom. Dieser romanische Rundbau wurde an Stelle einer Basilika errichtet. Er befindet sich auf dem niedrig gelegenen Niveau der antiken Piazza. Der schöne, aber einfache Bau wird von der Masse des *Duomo Nuovo* völlig erdrückt. Auch das Innere der Rotonda besticht durch seine Einfachheit. Sollte sie geschlossen sein, kann man sich an den Sakristan des Doms wenden.

Neben dem Dom befindet sich der *Broletto,* das Rathaus der Stadtrepublik des 12. Jh.s. Vor der Nordseite des Broletto aus, der Via dei Musei folgend, gelangt man zu den ältesten Funden der Stadt, den Ruinen des kapitolinischen Tempels (1. Jh. n. Chr.).

Die Via dei Musei entspricht einer der alten Hauptstraßen *(Decumanus)* des römischen *Brixia.* Sie führte von Verona nach Bergamo. An dem Schnittpunkt mit der heutigen Via Gallo, die wahrscheinlich dem *Cardo* entspricht, liegen die Ruinen des *antiken Forums* und der *kapitolinische Tempel.* Er wurde 73 n. Chr. im Auftrag des Kaisers Vespasian erbaut. Auf dem Gelände ist vor einigen Jahren ein archäologisches Museum eingerichtet worden. Glanzstück der Sammlung ist eine geflügelte Siegesgöttin. Unter dem Vorbau des Tempels befinden sich Reste eines noch älteren sakralen Gebäudes, es handelt sich dabei um das älteste in der Poebene. Es sind auch noch Reste eines Theaters vorhanden.

Ebenfalls an der Via dei Musei liegt das Museum für christliche Kunst, wo wertvolle Elfenbeintafeln aus langobardischer Zeit aufbewahrt werden.

Praktische Hinweise

Touristeninformation: A.P.T., Corso Zanardelli 34, 25121 Brescia, ✆ 4 34 18 – Fax 29 32 84.

Uhrturm

Vorwahl: 0 30.

Hotels: ******Vittoria,* Via X Giornate 20, ✆ 28 00 61; *****Park Hotel,* Via Triumplina 66, ✆ 39 87 62; ****Alabarda,* Via Cabirnto 6, ✆ 36 01 49.

Restaurants: *Residence Ca Noa,* Viale Europa 2, ✆ 2 00 85 04; *Al Serraglio,* Via Calzavellia 3/A, ✆ 4 14 12; *Gualtiero Marchesi,* Via Vittorio Emmanuele 11, ✆ 7 26 81 38. Sonntag abends und montags geschlossen. Der italienische Meisterkoch Gualtiero Marchesi hat sich vor einigen Jahren aus Mailand in das Weinbaugebiet Franciacorta zurückgezogen.

Museen: *Museo Civico dell'Età Romana,* Via dei Musei 57a.

Kapitolinischer Tempel

Geöffnet: im Sommer von 10.00–12.30 und von 15.00–18.00 Uhr; im Winter dienstags bis freitags 9.00–12.00 und 14.00–17.00 Uhr, samstagsvormittags und sonntagsnachmittags.
Museo Civico Cristiano, Via dei Musei 81. Museum für christliche Kunst (Elfenbeintafeln aus langobardischer Zeit).

Post: Piazza Vittoria 1, ✆ 4 55 47.

Öffentlicher Fernsprecher: Via Moretto 46.

Hauptbahnhof: Piazzale della Stazione 7, ✆ 4 93 22.

Busbahnhof: Piazzale della Stazione 7.

Tip: Flohmarkt auf der Piazza della Vittoria, jeden letzten Sonntag im Monat.

Erste Hilfe: ✆ 1 18.

Vom Iseo-See in die Valcamonica

Etwa 48 km nordwestlich von Brescia liegt einer der schönsten Seen Oberitaliens, der Iseo-See, in einem Becken, das von den Gletschern der Valcamonica ausgehöhlt wurde. Er wird vom Oglio gespeist. Der türkisblaue See ist touristisch nur an wenigen Stellen erschlossen, denn er bietet nur wenige Badestrände. An vielen Stellen

reichen nackte Felswände bis ins Wasser. Man kann den See ganz umfahren, die kurvenreiche Straße ist – ähnlich wie die alte Axenstraße am Vierwaldstättersee – aus dem Felsen herausgehauen.

Günstige Fallwinde machen den See zu einem Segelsportparadies. Mehrere Campingplätze liegen rund um den See. Mittelpunkt des 60 km langen und 2,4 km breiten Sees ist die größte Insel aller italienischen Seen, der **Monte Isola.** Die Insel ist im wahrsten Sinn des Wortes ein 600 m hoher Berg, der aus dem Wasser ragt. Monte Isola heißt soviel wie Berginsel. Besonders schön ist die Insel im Herbst, wenn sich die Blätter der vielen Kastanienbäume rot färben.

Noch vor 20 Jahren waren die Bewohner rund um den See Fischer, jetzt leben sie fast ausschließlich vom Tourismus.

Praktische Hinweise

Touristeninformation: A.P.T., Via Lungolago Marconi 2, 25049 Iseo, ✆ 98 02 09 – Fax 98 13 61.
Vorwahl: 0 30.

Hotels: ****Hotel Master,* 20058 Sulzano, ✆ 98 51 31, Schwimmbad, Blick zum See und auf den Monte Isola; *Hotel Paradiso,* 20050 Carzano auf dem Monte Isola, Garten und eigener Strand, ✆ 9 82 52 01; ****Cà Bianca,* Paratico, ✆ 91 01 10 – Fax 91 03 35.

Lago d'Iseo mit Monte Isola

Campingplatz: ****Camping Sassabanek,* Iseo, ✆ 98 03 00.

Restaurant: *Del Pesce,* im alten Fischerdorf Peschiera Mavaglio auf dem Monte Isola, ✆ 9 88 61 37, Fischspezialitäten.

Tip: Vom Frühjahr bis zum Herbst fahren regelmäßig Schiffe von Iseo und Sulzano hin und zurück. Man kann jedoch auch von Iseo oder Sarnico aus eine Seerundfahrt, die den Besuch der Insel mit einschließt, buchen. Diese Rundfahrt dauert ca. einen halben Tag. Essen kann man an Bord. Auskünfte erteilen die Touristeninformationen von Bergamo und Brescia.

Valcamonica

Ein besonderes Naturphänomen ist in **Cislano,** 8 km oberhalb des Sees, bei Marone zu sehen. Es handelt sich um Erdpyramiden, die unter dem besonderen Schutz der Region Lombardei stehen.

Kunstinteressierte sollten einen Besuch der privaten Kunstsammlung in der *Galleria dell'Accademia Tadini,* Piazza Garibaldi, in **Lovere** nicht versäumen (geöffnet: 1. Mai bis Ende September 15.00–18.00 Uhr; an Feiertagen von 10.00–12.00 Uhr).

Gegenüber von Lovere liegt der kleine Ort **Pisogne,** dessen historisches Zentrum sehenswert ist. Zum Teil ist die Altstadt auf trockengelegtem Sumpfgelände errichtet. Man sollte einen Besuch in der Kirche der *Madonna della Neve* (Schneemadonna) nicht versäumen. Sie bietet im Inneren einige schöne Fresken aus dem 16. Jh. von Girolamo Romanino, welche die Passion Christi darstellen. Von Pisogne führt eine Straße bis zur Ortschaft Monte Campione (1149 m). Von dort führt eine Drahtseilbahn zur Spitze des gleichnamigen Berges (1800 m). Vom Monte Campione aus hat man bei schönem Wetter einen herrlichen Blick über den See und die Alpi Orobi.

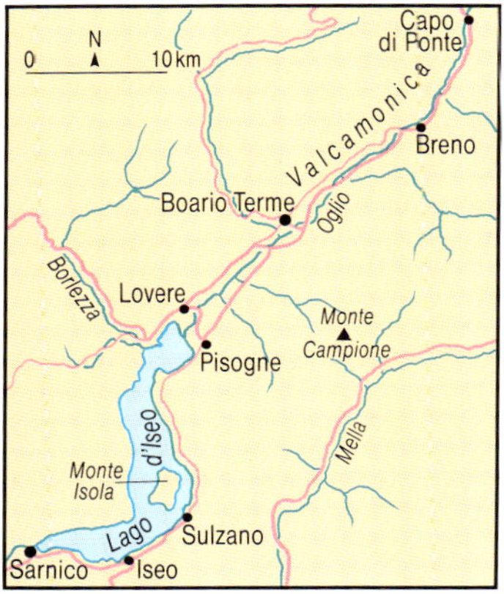

Lago d'Iseo und Valcamonica

Praktische Hinweise

Hotels in Boario Terme: *****Grand Hotel Terme,* ✆ 53 21 58; *Rizzi,* ✆ 53 16 17; *Excelsior,* ✆ und Fax 53 17 41; *Villa Sorriso,* ✆ 53 14 18 - Fax 53 55 18; einfach: *Corallo,* ✆ 53 41 83; *Primavera,* ✆ 53 14 53; *Airone,* Località Bessimo, ✆ 53 12 76.
Hotels in Angolo Terme: ****Hotel Terme,* Parco delle Terme, ✆ 54 80 45 – Fax 54 86 66; einfach: *Presolana,* Viale Terme 62, ✆ 54 80 43; *Trotti,* Località Colle Vareno, ✆ 6 51 46.
Vorwahl: 03 64.

Boario Terme

Leberleidende befinden sich hier am richtigen Ort. Es ist ein großes Thermalbad, das aus vier Quellen kalten Wassers gespeist wird. Das Wasser ist sulfathaltig und wird vor allem zu Trinkkuren angewendet – dies schon seit 1496.

In einem großen Park befinden sich die Kuranlagen, wo im Sommer auch Konzerte und Theaterveranstaltungen stattfinden. Zu Beginn unseres Jahrhunderts begann die wirtschaftliche Nutzung der Thermalquellen, und Boario Terme wurde bekannt. Aus dieser Zeit stammen auch die Kuranlagen.

Landschaftlich schöner liegt der kleine Kurort **Angolo Terme** (3 km von Boario entfernt).

Erdpyramiden in Cislano

Capo di Ponte

Auf dem Weg nach Capo di Ponte kann man einen Zwischenstop in **Breno** einlegen. Zusammen mit einem kleinen Hügel bildet der Fluß in der Talenge eine natürliche Barriere. Deshalb gab es hier sehr wahrscheinlich schon in der Vorgeschichte eine Festungsanlage. Die Überreste, die heute noch stehen, stammen von einer Burg aus der Zeit Karl des Großen, die jedoch schon im 12. Jh. jegliche Bedeutung verloren hatte. Sie diente danach lediglich als Steinbruch.

In Breno gibt es auch die einzige rein gotische Kirche des Tales zu sehen: *Sant'Antonio.* Vom Ortskern aus kann man in etwa 10–15 Minuten zur Burg hinauflaufen.

Capo di Ponte, etwa 35 km nördlich des Iseo-Sees gelegen, verdankt seinen Namen einer Brücke (italienisch: *ponte*), für die Mautgebühr zu bezahlen war. Überrest aus dieser Zeit ist nur die kleine romanische Kirche *San Salvatore.* Sie liegt auf einem Hügel in der Nähe des Flusses Oglio und gehörte zu einem heute verfallenen Kloster der Cluniazenser. Im Inneren sind vor allem die wunderschönen Kapitelle der Säulen zu beachten. Das Gewölbe ist noch original (Schlüssel im benachbarten Bauernhaus). In der Nähe der Kirche hat man einen Felsaltar gefunden und einem Teil einer Hütte aus der Frühgeschichte. Dies sind Belege für eine feste Siedlung der Camunen an dieser Stelle.

Auf gar keinen Fall auslassen sollte man deshalb einen Besuch im **Parco nazionale delle Incisioni Rupestri** (Nationalpark der Felszeichnungen) oberhalb von Capo di Ponte. Er erstreckt sich über eine Fläche von 30 ha. Über 100 Steine mit Ritzzeichnungen sind hier verstreut. Der größte, der sogenannte ›Fels von Naquane‹, ist mit 876 Figuren graviert, die vor allem aus der Bronze- und Eisenzeit stammen. Es sind erzählende Zeichnungen die das religiöse und wirtschaftliche Leben der Camunen widerspiegeln. Man sieht Menschen bei der Produktion von Waffen und Gebrauchsgegenständen, beim Beackern der Felder, auf der Jagd und bei religiösen Handlungen. Die ersten Karren der Menschheit sind hier abgebildet sowie das Sonnenzeichen, das sich die Provinz Lombardei zum Symbol gewählt hat (s. S. 60). Die UNESCO hat diese Felsritzzeichnungen zum bedeutendsten Kulturdenkmal Italiens erklärt.

Diese Felsen sind natürlich nicht nur im Nationalpark zu finden, sondern auch an den Bergflanken rechts und links des Tales. Um den Park zu erreichen, biegt man kurz vor Capo di Ponte von der Staatsstraße nach rechts ab. Alle Felsen sind numeriert und beschriftet. Mit viel Zeit könnte man hier die ganze Kulturgeschichte eines längst vergessenen Volkes studieren (geöffnet: täglich von 9.00 Uhr bis eine Stunde vor Sonnenuntergang).

Hexenverfolgung

Am 4. März 1617 wird Caterina de'Medici in Mailand öffentlich verbrannt, nachdem sie unter Folter sich selbst der Hexerei bezichtigt hatte. Das Schicksal der armen Hausangestellten aus der Provinz Pavia inspirierte unter anderen den Schriftsteller Manzoni.

Caterina de'Medici scheint um das Jahr 1573 in Broni bei Pavia geboren zu sein; mit knapp 13 Jahren wird sie mit einem gewissen Bernardino Zagaglia verheiratet, mit dem sie nach Pavia zieht. Sechs Jahre muß sie den brutalen Sex ihres Mannes aushalten, nächtelang den Ekel überwinden. Als ihr Mann sie verläßt, ist sie darauf angewiesen sich im Haushalt zu verdingen.

Zwölf Jahre ist sie dem Capitano Giovanni Pietro Squarciafigo, nicht nur in der Küche, zu Diensten. Eine zeitgenössische Überlieferung schildert den Druck, den der Bischof 1610 auf den Capitano Squarciafigo ausübt, um ihn zur Trennung von seiner ›Konkubine‹ – eben jener Caterina – zu zwingen. Von ihrem Ehemann verlassen, zwei uneheliche Kinder, von der Kirche herausgefordert, scheint Caterina nur noch Schutz beim Teufel selbst zu finden. Im Sommer 1610 soll sie ihren Pakt mit dem ›Gehörnten‹ geschlossen haben.

Unter Folter war ihr ein Geständnis abgepreßt worden. Die Folter war unweigerlich mit einem Geständnis verbunden, egal ob dies nun verbal geschah oder von den Inquisitoren in den Augen der Gefolterten gelesen wurde. Ein verwirrter Blick bedeutete die Suche nach dem geschweiften Helfer, der Tod die Erlösung durch den Teufel selbst.

In ganz Italien wurden die ›Hexen‹ nur im äußersten Norden stark verfolgt. Besonders Valmasino und Valcamonica waren als Hexenkessel verschrien. Betroffene dieser Verfolgungsjagden waren hauptsächlich ältere, alleinstehende und in der Geburtshilfe erfahrene Frauen.

Vom Idro-See zum Gardasee

Um von Capo di Ponte zum Idro-See zu gelangen, muß man die Staatsstraße 42 zurück nach Breno fahren und von dort der Beschilderung Idro-See nach Osten folgen (S 345). Für die rund 60 km sollte man mindestens zwei Stunden Fahrzeit einrechnen. Die Paßstraße führt in Serpentinen durch die bewaldeten Berge der Alpi Orobi. Der Paß (Croce Domini) liegt auf einer Höhe von 1892 m. Auf der

Hier im Norden sah die Kirche sich gezwungen, hart durchzugreifen. Kirchliche Abordnungen untersuchten die Situation, und in ihren Dokumenten kann man heute Geschichten wie die folgende nachlesen: »Auf einer Reise nach Venedig traf ich einen gewissen Messer Giuseppe aus Bergamo, der erzählte, die Frau des Bruders seines Nachbarn habe sich auf nächtliche Reisen begeben und sei dann weit entfernt, nackt und übelriechend, wieder aufgetaucht.« Belege für diese Anschuldigungen gibt es keine. Allerdings findet man in den beiden oben genannten Bergtälern – Valdesimo und Valcamonica – viele prähistorische Kultstätten, und die Vermutung ist berechtigt, daß in diesen unzugänglichen Bergtälern heidnische Rituale über Jahrhunderte hinweg erhalten blieben, vielleicht sogar noch erhalten sind. Viele Menschen in Norditalien sind sehr abergläubisch, Pendelbefragung, Kartenlesen und Magie gehören zum Alltag.

Zurück zu Caterina de'Medici: Sie ist nun im Dienste des Senators Luigi Melzi. Es dauert nicht lange, dann wird auch der über Sechzigjährige ihr häufiger, nächtlicher Besucher, sehr zum Leidwesen seiner Familie.

Die Aufregungen, die nächtlichen in den Armen Caterinas und die täglichen mit der Familie, schlagen dem Senator auf den Magen. Die Ärzte finden kein Heilmittel, und schon bald trifft ein früherer Arbeitgeber Caterinas ein, der sie vor Senator Melzi der Hexerei anklagt.

Von hier zum Scheiterhaufen sind es nur noch wenige Schritte. Die Töchter Margherita und Faustina finden im Kissen von Luigi Melzi drei Herzen mit Knoten, eindeutig Hexenwerk. Der wortgewandte Sohn Ludovico (Jurastudent) vertritt den Vater vor dem Hexengericht.

Caterina ist gegen die angesehene Familie machtlos und schon vor ihrer Verurteilung als Hexe gebranntmarkt. Daß die Magenschmerzen des seiner nächtlichen Betätigungen beraubten Senators Melzi bei seinen Anhörungen verschwunden sind, ist die züngelnde Flamme an Caterinas Scheiterhaufen.

Fahrt kommt man an den wunderschön gelegenen Skigebieten von Bazena und Gaver vorbei.

Die kleine Ortschaft **Bagolino** (4000 Einwohner) ist besonders reizvoll. Sie liegt etwa 700 m hoch und ist ein ebenso beliebter Sommer- wie Winterferienort. Die mit Schmiedeeisen verzierten Steinhäuser des Ortes sind zum Teil durch überdachte Wege miteinander verbunden.

Beliebt ist Bagolino wegen seines ungewöhnlichen Karnevals.

Idro- und Gardasee

Wer die Karnevalszeit in der Lombardei verbringt, sollte dieses Fest und die leckere Polenta, die dabei angeboten wird, keinesfalls versäumen. Verschiedene Gruppen à 40 Personen in bunten Kostümen tanzen durch die Gassen Bagolinos. An diesen Tänzen dürfen ausschließlich Männer teilnehmen. Eine weitere Gruppe Maskierter amüsiert sich unterdessen köstlich damit, nichtsahnenden Zuschauern überraschende Streiche zu spielen (Faschingsmontag und -dienstag).

Von Bagolini aus sind es noch 9 km zum **Idro-See.** Für Erholungssuchende, fernab vom Touristenstrom in fast unberührter Landschaft, ist dies das ideale Feriengebiet. Der höchstgelegene lombardische See (268 m), erstreckt sich über eine Fläche von 11 km² und erreicht vor Anfo eine Tiefe von 122 m. Dichte Pinienwälder, die bis zum Seeufer reichen, machen den besonderen landschaftlichen Reiz aus.

Den Städten Mantua und Brescia dient er als Wasserreservoir, sowie zur Elektrizitätsgewinnung. Das Talende lädt zu ausgedehnten Wanderungen in die Seitentäler ein, zu kleinen Ortschaften, in denen die Zeit stehengeblieben ist. Für Angler ist der See ein wahres Fischparadies; vor allem Lachsforellen kann man an der Mündung des Chiese fangen.

Die Eisenbrücke, die über den Chiese führt, und sinnigerweise ›Brücke der Deutschen‹ heißt *(Ponte dei Tedeschi),* bildet die Grenze zur autonomen Provinz Trentino.

Von der kleinen Ortschaft Crone, an der östlichen Seeseite, führt eine landschaftlich besonders reizvolle Straße zum Gardasee. Diese schmale, kurvenreiche Straße ist für Autos mit Wohnanhängern und auch für Wohnmobile nur bedingt befahrbar. Man sollte auch für diese 30 km lange Strecke eine Fahrzeit bis etwa 1½ Stunden einplanen, zumal die schöne Landschaft, entlang des Valestino-Sees, immer wieder zum anhalten einlädt.

Praktische Hinweise

Touristeninformation: A.P.T., Via Trento, 25074 Idro, località Pieve, ✆ 8 32 24.
Vorwahl: 03 65.

Hotels: ****Alpino*, Crone, ✆ 8 30 46; *Gabriella*, Crone, ✆ 8 32 57; *Tre Valli*, Bagolino, ✆ 9 91 09; einfach: *Elettra*, Pieve Vecchia, ✆ 8 30 37; *Genny*, Mantone, ✆ 8 32 91.

Camping: ***Pilu-Anfo*, 25070 Anfo, ✆ 80 90 37; ***Vantone Pineta*, Via Capovalle 11, Idro-Vantone. Es gibt rund um den See mehrere Campingplätze, aber nur wenige Hotels.

Gargnano am Gardasee

Gardasee

Über die Entstehungsgeschichte des Gardasees gibt es verschiedene Theorien. Die eine besagt, er sei, wie auch der Idro-See, ein Meeresfjord aus dem Pliozän. Die andere Theorie besagt, daß das Becken von Gletschern ausgehöhlt worden sei.

Der Gardasee ist 51 km lang, die maximale Breite beträgt 17 km. Die tiefste Stelle ist 356 m. Sein wichtigster Zufluß ist der Sarka, außerdem speisen ihn unterirdische Quellen. Besonders erwähnenswert ist die Bojolaquelle, deren Wasser mit einer Temperatur von fast 70 ° herausschießt. Der geringe Zufluß an Kaltwasser und der ständige Wärmeaustausch mit der ihn umgebenden Luft bedingen das ausgesprochen milde Klima an den Seeufern.

Im 12. Jh. entsteht erstmals die juristische Dreiteilung des Sees. Das Westufer gehört zu Brescia, das Ostufer zu Verona und der nördliche Teil zu Trient. Im 14. Jh. wehren sich die Gemeinden des West- und Ostufers in der *Comunica del Garda* gegen die Visconti aus Mailand und die Scaliger aus Verona. Sie erstellen eigene Gesetze und begeben sich unter die Schutzherrschaft Venedigs. Dieses Bündnis besteht mit einer kurzen

Unterbrechung (von 1351 bis 1426) bis zum Untergang der venezianischen Republik. Nur der nördliche Teil, der zum Bistum Trient gehört, bleibt bis 1918 unter österreichischer Herrschaft.

Diese juristische Teilung hat auch heute noch Bestand. So gehören die Ortschaften von San Benedetto bis Limone sul Garda zur Provinz Brescia.

Am 23. 9. 1943 gründet Mussolini im deutsch besetzten Teil Italiens die *Republica Sociale Italiana* mit Sitz in Salò am Gardasee. Er selbst lebte in der Villa Feltrinelli in Gargnano.

Viele Italiener empfinden den Gardasee als deutsche Kolonie. Man spricht deutsch, der Kaffee ist verlängert, die Speisekarte und die Speisenfolge sind deutsch, selbst der Surflehrer stammt aus Deutschland.

Gargnano

Gargnano liegt in malerischer Lage zwischen Oliven- und Zitronenbäumen am Seeufer. Bis vor einigen Jahren lebten die Bewohner hauptsächlich von der Zitronenernte. Heute ist dieser Ort, genau wie alle anderen am Gardasee, ganz auf Tourismus eingestellt.

1289 errichteten Franziskaner ein Kloster in Gargnano. Der Besuch des Klosters lohnt sich schon um festzustellen, wie dieser Orden, der sich der Armut verschrieben hatte, üppige venezianisch-orientalische Stilelemente in den Bau mit einbezogen hat. Die Kapitelle dieser Säulen sind mit Zitrusfrüchten verziert, denn die Legende erzählt, daß Franziskanerbrüder die ersten Zitruspflanzen einführten.

Gargnano hat vor einigen Jahren eine zweifelhafte Berühmtheit erlangt, als sich Mussolini in der Zeit der Republik von Salò mit seiner Familie in die Villa Feltrinelli zurückgezogen hatte.

Als der italienische Dichter, Gabriele D'Annunzio 1921 seine Villa oberhalb des Ortes **Gardone Riviera** bauen ließ, hatte die Ortschaft schon einige Hotels der Luxusklasse aufzuweisen. Als großer Förderer dieser Entwicklung hatte sich 1880 der deutschstämmige Luigi Wimmer erwiesen.

Vom Park der Villa Gabriele D'Annunzios, des *Vittoriale degli Italini,* hat man immer wieder schöne Blicke auf den See. Im Freilichttheater im Park finden im Sommer verschiedene Theater- und Konzertveranstaltungen statt. Leider ist der Eintrittspreis zu Park und Villa ausgesprochen hoch (Geöffnet: 9.00–12.30 Uhr und 14.00–18.30 Uhr).

Das Klima Gardones ist sehr mild und ermöglicht deshalb auch angenehme Winteraufenthalte.

Salò war Rezidenzstadt der venezianischen Statthalter. Auch **Desenzano del Garda** lohnt einen kurzen Besuch (Dienstag Markttag). Sehenswert sind der alte Hafen, die Altstadt und die Ruinen einer römischen Villa aus dem 1.–4. Jh. n. Chr.

Der ›Vittoriale‹ in Gardone

Sirmione

Sirmione liegt sehr malerisch auf einer Halbinsel. Man erreicht sie von Colombare aus über eine schmale Landzunge. Schon auf der Fahrt von Salò nach Colombare entlang des Gardasees kann man die kleine Halbinsel und ihren markantesten Punkt, die *Scaliger-Burg,* sehen.

Die Scaliger hatten 1259 die Stadtherrschaft von Verona übernommen und hielten sie bis 1387.

Die bis dato freie Stadtgemeinde Sirmione fiel schon zu Beginn der Scaliger-Herrschaft unter Veronas Machtgebiet. Um dieses vor Übergriffen aus Mantua, Mailand und Ferrara zu schützen, errichteten die Scaliger an allen strategisch wichtigen Punkten Befestigungsanlagen. Die Burg von Sirmione ist eine solche Anlage. Ihre Mauern umschlossen einst die gesamte mittelalterliche Ansiedlung. Die vorwiegend militärische Bedeutung läßt sich an ihren starken, sehr hohen Mauern und den nur spärlich vorhandenen fürstlichen Wohnräumen ablesen.

Die Burg ist ganz von Wasser umspült, man kann sie mit kleinen Booten umrunden und so vom See aus den imposanten Bau auf sich wirken lassen. Diese Fahrt wird an der Schiffsmole vor dem Eingang der Burg angeboten. Ebenso lohnend ist ein Rundgang in der Burg selbst, von deren höchstem Turm man eine herrliche Aussicht über

Gabriele D'Annunzio und der Vittoriale

Am 13. November 1880 erhielt die Florentiner Zeitung *Gazetta della Domenica* eine Postkarte aus Pescara mit der Meldung, der bekannte junge Dichter Gabriele D'Annunzio sei acht Tagen zuvor in der Nähe von Francavilla vom Pferd gestürzt und im Alter von 16 Jahren gestorben; so erzählt Maria Gazetti in ihrer Gabriele D'Annunzio-Biographie. Diese Nachricht machte Schlagzeilen in mehreren Zeitungen.

Ganz unbekannt war der 16jährige tatsächlich nicht mehr, sein Gedichtband »Primo Verse« hatte ihm einige positive Kritik eingebracht. Der Sturz vom Pferd allerdings war nichts weiter als eine von ihm selbst in die Welt gesetzte Ente.

In Pescara geboren, hatte er auf Wunsch seines Vaters eine strenge Internatserziehung in Florenz genossen. Er sollte das reine Hochitalienisch der Toskana erlernen, was ihm auch innerhalb kürzester Zeit gelang. Der Druck seines ersten Gedichtbandes war noch vom Vater finanziert worden. Doch schon bei der zweiten Auflage wickelte D'Annunzio die kommerzielle Seite seiner literarischen Arbeit persönlich ab. Bis 1888 arbeitete D'Annunzio als Journalist in Rom, danach zog er sich zurück, um sich ›wichtigeren‹ Aufgaben zu widmen, nämlich dem 300 Seiten starken Roman »Lust«, mit dem er sehr schnell in ganz Italien bekannt wurde.

1897 kandidierte er als Kandidat der konservativen Partei – sogar für das italienische Parlament. Eine Parlamentsperiode glänzte er mehr durch Abwesenheit als durch politische Aktivitäten, ein zweites Mal wurde er erst gar nicht gewählt.

Der 12. September1909 war für den Dichter von großer Bedeutung, in Vorbereitung seines Romans »Forse che si, forse che no« nahm er an den ersten Italienischen Flugtagen in Brescia teil. Er selbst flog bei zwei Flügen mit, eine kühne Tat zu Beginn des 20. Jh.s.

1910 flüchtete sich D'Annunzio unter dem Schutzmantel des »in der Heimat verkannten Dichters« für fünf Jahre ins französische Exil. Der Grund für diese Flucht lag wohl in dem Schuldenberg, der sich vor dem auf zu großem Fuß lebenden Dichter in den vorhergehenden Jahren angehäuft hatte.

Gabriele D'Annunzio liebte schöne Frauen, luxuriös ausgestattete Villen, erstklassige Pferde und Hunde und vor allem sich selbst. 1896 beginnt D'Annunzio eine ›Liebes‹-beziehung zu der um einige Jahre älteren, weltweit erfolgreichen Schauspielerin Eleonora Duse. In seinem Roman »Feuer« beschreibt D'Annunzio das Verhältnis eines jüngeren Mannes zu einer alternden und eifersüchtigen Freundin, eine Konstellation, in der das Publikum unschwer das Künstlerpaar wiedererkennen konnte.

Aus dem Exil in Frankreich schreibt D'Annunzio für die Mailänder Zeitung *Corriere della Sera* mehrere Artikel, in denen er den Krieg als *die* Stunde der lateinischen Rasse verklärt. 1915 zurück in Italien, meldet er sich freiwillig zum Militär. Sein Flug über Triest, wo er Flugblätter abwirft, die der Bevölkerung die Befreiung durch die Italiener ankündigen, macht nicht nur in Italien Furore. Österreich setzt sogar ein Kopfgeld für seine Ergreifung aus.

Die Versailler Friedensverträge lösen in Italien einige Proteste aus. Italienische Gebietsansprüche an der nordöstlichen Grenze und an der Adria-Küste werden vom amerikanischen Präsidenten zurückgewiesen. Die italienische Bevölkerung Fiumes, heute Rijeka, die etwa ein Drittel ausmachte, fordert die Befreiung durch Italien. Am 12. September 1919 setzt sich D'Annunzio an der Spitze eines kleinen Heeres (ca. 300 Bewaffnete) und marschiert gegen Fiume. Der Einmarsch ist triumphal, seine Rede vom Balkon des Gouverneurspalastes ein berauschender Erfolg. D'Annunzio läßt sich im Regierungspalast häuslich nieder, propagiert und praktiziert die freie Liebe und hält mitreißende Reden an das Volk. Am 8. September 1920 läßt D'Annunzio die freie italienische Regentschaft von Carnaro ausrufen.

Italien hat inzwischen jedoch weiter verhandelt. Fiume soll nur Freistaat werden. D'Annunzio verweigert sich der neuen Situation, wird aber am 26. Dezember desselben Jahres durch den Beschuß des Regierungspalastes von der ›Andrea Doria‹, einem italienischen Kriegsschiff, zur kampflosen Aufgabe gezwungen.

1921 zieht sich »Il commandante«, wie der Dichter seit dem Krieg genannt wurde, in eine Villa bei Gardone am Gardasee zurück. Er nennt sie *Il Vittoriale* und verwandelt die Räume und die gesamte Anlage in »heilige Stätten«. Jedes Zimmer hat seine eigene Symbolik, ist vollgestopft mit Büchern, Reliquien, Souvenirs, Sinnsprüchen u. ä. Allein im blauen Badezimmer sind 900 Objekte aufgestellt. Der Eingang des Arbeitszimmers ist so niedrig gehalten, daß man es nur mit geneigtem Kopf betreten kann. Für D'Annunzio bedeutet diese Geste eine Reverenz an die Kunst.

D'Annunzio stirbt am 1. März 1938 an einem Gehirnschlag. Das Arbeitszimmer ist so belassen, wie es an seinem Todestag war. Das Mausoleum, das 1940 auf dem Gelände des Vittoriale errichtet wurde, ist die letzte Ruhestätte des Commandante.

die ganze Halbinsel und den Gardasee hat. Das antike Hafenbecken, wo einst die Flotte der Scaliger vor Anker lag, ist eines der wenigen, das die Jahrhunderte überdauert hat.

Im Frühjahr, wenn die ersten Blumen blühen, ist ein Aufenthalt in Sirmione am schönsten, dann ist der Ort noch nicht so überlaufen, das Klima aber schon sehr mild. Beim ersten Sonnenstrahl sind so

Scaliger-Burg in Sirmione

viele Norditaliener und Deutsche in Sirmione unterwegs, daß die Zufahrt über die schmale Landzunge manchmal stundenlang blockiert ist.

Neben der Scaliger-Burg hat der kleine Ort eine weitere Sehenswürdigkeit zu bieten: die sogenannten ›Grotten des Catull‹. Mit Grotten hat dieses Bauwerk allerdings nichts zu tun und wahrscheinlich ebensowenig mit Catull. Zur Römerzeit muß der Ort Sirmione näher zu Colombare gelegen haben, während die Halbinsel überwiegend mit Villen römischer Adeliger bebaut war. Catull (gest. 94 n. Chr.), der in Versen die Schönheit der Insel besang, soll hier eine Villa besessen haben. Die sogenannte *Villa des Catull* liegt an einem der schönsten Flecken der Halbinsel, eingebettet in Olivenhaine. Einst hatte sie eine große Aussichtsterrasse, deren tragende Teile noch stehen. Bisher ist nur ein Drittel der Anlage ausgegraben. Im Originalzustand muß sie ein Gelände von 240 m Länge und 105 m Breite umfaßt haben. Sie war wahrscheinlich sogar bis Anfang des 15. Jh.s bewohnt (s. Abb. S. 62, geöffnet: 9.00–17.00 Uhr, montags geschlossen).

Praktische Hinweise

Touristische Information: A.P.T., 25083 Gardone Riviera, Corso Repubblica 37, ✆ und Fax 03 65/2 03 47; 25019 Sirmione, Viale Marconi 2, ✆ 0 30/91 61 14 – Fax 91 62 22; 25087 Salò, Lungolago Zanardelli 39, ✆ 03 65/2 14 23.

Hotels: *****Hotel Laurin,* Viale Landi 9, Salò, ✆ 03 65/2 20 22 – Fax 2 23 82, Romantikhotel in schöner Villa, Dependance mit Appartements am See, Restaurant und Schwimmbad; *Fasano Grand Hotel,* Fasano del Garda, ✆ 03 65/2 10 51, ehemaliges Jagdschloß von Kaiser Franz Josef; *Villa del Sogno,* Fasano del Garda, ✆ 03 65/29 01 81; ****Villa Ella Parkhotel,* Gardone, ✆ 03 65/2 10 30; *Nazionale,* Desenzano del Garda, ✆ 030/9 14 15 01; *Chiara,* Sirmione, ✆ 0 30/9 19 65 07; *Du Lac,* Sirmione, ✆ 0 30/91 60 26; einfach: *Hotel Flora,* Desenzano del Garda, ✆ 03 65/9 91 25 47; *Catullo,* Piazza Flaminia 7, Sirmione, ✆ 0 30/91 61 81 – Fax 91 64 44, eigene Badestelle am See; *Fiordaliso,* Sirmione, ✆ 0 30/9 19 62 01; *Villa Rosa,* Sirmione, ✆ 0 30/9 19 63 20; *La Magnolia,* Sirmione, ✆ 0 30/91 61 95; *Pension Hohl,* Gardone Riviera, ✆ 03 65/2 01 60.

Camping: Rivoltella: ****S. Francesco,* ✆ 0 30/9 11 02 45 – Fax 030/9 11 94 64; Colombare: ****Sirmione,* ✆ 03 65/9 90 46 65 – Fax 91 90 45; Manerba-Belvedere: ***San Biagio,* ✆ 03 65/55 15 49.

Restaurants: *Signori,* Via Romagnoli 23, Sirmione, ✆ 0 30/91 60 57, direkt am See; *Ristorante Vecchia Lugana,* Lugana, ✆ 0 30/91 90 12, hausgemachte Nudelgerichte Montag abends und dienstags geschlossen; Vorbestellung empfohlen.

Flohmärkte: 1. Sonntag im Mai in Desenzano sul Garda; 1. Sonntag im Juli in Gardone Riviera.

Mailand
Das Herz der Lombardei

Ausflug nach

Monza

Blick vom Dach des Mailänder Doms

Mailand

Auf den Besucher, der zum ersten Mal nach Mailand kommt, wirkt die Stadt modern und kalt. Aber Palazzi mit schönen Innenhöfen und Gärten, lebhafte Einkaufsstraßen, Museen voller Kunstschätze, alte Kirchen und Klöster und nicht zuletzt Dom und Scala machen einen Mailand-Aufenthalt zum unvergeßlichen Erlebnis.

Eine Legende erzählt: Der Gallierkönig Belloveso war auf der Suche nach neuem Siedlungsland, doch zuvor mußte er die Götter um Rat befragen. Dieser lautete, die Stelle zu wählen, an der er ein äußerst ungewöhnliches Tier entdecken würde. In einem Gebüsch in der Po-Ebene fand Belloveso ein solches Tier: halb Schaf und halb Wildschwein. Dort, wo er das Tier gesehen hatte, ließ König Belloveso eine Stadt bauen. Sie wurde nach dem Tier Mediolanum genannt. (Media – frei übersetzt = halb, Lanum von lana = Wolle). Noch im Mittelalter war das Fabelwesen Wappentier der Stadt Mailand. Man kann dies in einer Darstellung an einer der Arkaden des Palazzo della Ragione sehen.

Seinen historischen Höhepunkt erlebte Mailand zwischen dem 4. und 5. Jh. als Hauptstadt des Weströmischen Reiches. Aus dieser Zeit sind jedoch nur wenige Monumente erhalten.

Im 11. und 13. Jh. war Mailand freie Stadtrepublik und kämpfte in der Lega Lombarda gegen Friedrich Barbarossa. Im 14. Jh. übernahm die Familie Visconti die Macht. Als die Familie schon nach einem Jahrhundert ausstirbt, sind ihre Untertanen geradezu erleichtert. Die Visconti beschäftigten sich lieber mit scharfen Hunden und Pferden als mit Menschen. Die Stadtbewohner waren den Visconti eher lästig und suspekt. Sie waren lediglich Steuerzahler und als Trainingsmaterial für die Hunde von Bedeutung. Das Kastell konnte deshalb niemand unbeobachtet betreten. Es war sogar verboten, am Fenster zu stehen und hinauszublicken.

Da war ihr Nachfolger Francesco Sforza schon anders. Die Abenteuer des aus der Romagna stammenden Condottiere waren in aller Munde und machten ihn äußerst beliebt. Fast wie ein Märchen hört sich die Geschichte seiner Eheschließung mit der Tochter Filippo Maria Viscontis an. Sforza sollte das Herzogtum Mailand von den lästigen Übergriffen der Venezianer befreien. Als Dank wurde ihm die Hand der Tochter Bianca angeboten. Natürlich lehnte Sforza nicht ab, hing doch an der Hand von Bianca Maria als Mitgift die Stadt Cremona, und in ferner Zukunft winkte die Herrschaft im Kastell von Mailand.

Francesco vertrieb die Venezianer, und der Hochzeit stand nichts mehr im Wege. Doch einen Haken gibt es auch in diesem Märchen. Der Bräutigam war über 30, schon zweimal verheiratet, Vater mehrerer Kinder; die Braut hingegen befand sich noch im zarten Alter von sechs Jahren.

Die Söhne Francescos waren vor allem darauf bedacht, dem Namen Sforza, der von niedrigem Adel war, zu Ruhm und Ehre zu verhelfen. Sie beriefen die größten Künstler und Architekten an ihren Hof: Bramante und Leonardo da Vinci.

Noch zu Lebzeiten Leonardos beginnt die wechselvolle Geschichte Mailands. Bis zum italienischen Unabhängigkeitskrieg von 1848/49 wird die Stadt immer wieder zwischen Frankreich, Spanien und Österreich hin- und hergerissen. Die schwerste Zeit erleben die Mailänder im 17. Jh. Deutsche Landsknechte hatten die Pest eingeschleppt. Es kam zu schlimmen Tumulten, die Bevölkerung beschuldigte die spanischen Statthalter und die Bäcker gleichermaßen, Mehlvorräte zu horten, um höhere Preise fordern zu können. 70 000 Menschen starben an Hunger und Pest.

Castello Sforzesco

Besichtigung

Auf den Besucher, der zum ersten Mal nach Mailand kommt, wirkt die Stadt zunächst modern und kalt. Selbst die vielen neoklassizistischen Paläste, die das Stadtbild prägen, zeigen nur abweisende Fassaden. Die schönen Innenhöfe und Gärten bleiben dem Blick verborgen. Um sie zu sehen, muß man sich schon mal an aufmerksamen Conciergen vorbeimogeln. Ein kleines Lächeln und ein paar Gesten wirken Wunder, will man sich offiziell Zugang verschaffen.

In einem kürzlich erschienenen Bericht setzt die UNESCO Mailand an erste Stelle für den Einkauf, jedoch an die letzte, was die Infrastruktur betrifft. Die Stadt hat es bisher nicht geschafft, eine moderne Verkehrsplanung zu entwickeln. Mittlerweile sieht es jedoch so aus, als sei Mailand den europäischen Städten schon einen Schritt voraus, denn hier ist die umweltfreundliche Straßenbahn nie abgeschafft worden. Die Linien 1 und 4 fahren ein Stück im historischen Stadtzentrum. Dieses ist allerdings so klein, daß man es gut zu Fuß oder aber mit der *tram turistico* (Abfahrt Piazza Castello, 9.00–15.00 Uhr alle zwei Std.) besichtigen kann. Die bedeutendsten Sehenswürdigkeiten befinden sich fast alle innerhalb des alten Kanalrings, der seit Anfang des Jahrhunderts überbaut ist.

Eine Stadtbesichtigung dauert etwa sechs Tage. Die Hauptsehenswürdigkeiten sind jedoch auch in 1 1/2 Tagen zu schaffen: Dom, Via Monte Napoleone, Galleria Vittorio Emanuele II, Scala, Castello Sforzesco und Sant' Ambrogio.

Wie überall, wo viele Touristen unterwegs sind, sollte man sehr auf seine Wertsachen achten. Neben Messe und Hauptbahnhof sind die Sehenswürdigkeiten ein beliebter Tummelplatz für Langfinger.

In Mailand sollte man nicht in Versuchung kommen, das Auto zu Rundfahrten zu benutzen, denn die Parkplatzsituation ist miserabel. In der Innenstadt sind viele Straßenteile mehr oder weniger legal an Kooperativen verpachtet, die diese als bewachte Parkplätze vermieten (pro Stunde ca. 1000 Lire). Diese Parkplätze reichen jedoch nicht für den großen Bedarf aus.

1. Rundgang

Dom – Palazzo Reale – Piazza Mercanti – Palazzo della Ragione – Biblioteca Ambrosiana – S. Lorenzo Maggiore – Universität

Der Domplatz ist absolutes geographisches Zentrum der Stadt. Er wird wahrscheinlich in den nächsten Jahren einige Veränderungen erfahren. Es ist im Gespräch, der Stadt ein Zentrum zu geben, das architektonisch richtungsweisend für das neue Jahrtausend sein soll.

Ähnliches hatte sicher auch Gian Galeazzo Visconti im Sinn, als er 1386 den Auftrag zu dem enor-

Auf dem Domplatz

men *Dom Santa Maria Nascente* gab, der im Moment noch den Platz beherrscht. Seine Innenfläche erstreckt sich über 11 700 m^2. 135 Heiligenfiguren bekrönen die Spitze der Außenstützen. Die goldene Madonna steht in luftiger Höhe von 108 Metern. Baumeister aus Campione, Frankreich und Deutschland brachten ihre Kenntnisse in diesen größten gotischen Bau Italiens ein. Der Architekt ist jedoch unbekannt. Der feinste Marmor wurde aus einem Steinbruch am Lago Maggiore per Schiff über die Kanäle herangeschafft. Es war das einzige Frachtgut, das die Stadt steuerfrei erreichen durfte. Doch erst 1805 wurde auf Wunsch Napoleons die Fassade fertiggestellt.

Noch Hermann Hesse hat in einem Gedicht den Dom als »weißes Zuckerbackwerk« verewigt, das man bei der Anfahrt von den Alpen aus schon sehen konnte. Heute ist das kaum möglich, Hochhäuser und dichter Smog versperren die Sicht auf den erst kürzlich mit Sandstrahl gesäuberten Dom. Elektrisch geladene Drähte sollen seine Figuren, Ecken und Nischen vor den Tauben, der Plage fast aller italienischen Städte, schützen.

Das schönste am Dom ist sein Dach. Man sollte den Rundgang hoch über den Dächern Mailands zwischen den Heiligenfiguren keinesfalls versäumen. Ein Fahrstuhl befördert müde Besucher gegen Gebühr aufs Dach. Man kommt aber auch über eine Treppe hinauf.

Empfehlenswert für des liturgischen Gesanges Kundige ist es, ihre Kunst einmal im Inneren auszuprobieren. Die Akustik ist phantastisch. Das Dommuseum ist im *Palazzo Reale* untergebracht, der rechts neben dem Dom liegt. Der Palazzo war Sitz des spanischen Gouverneurs.

Einer der schönsten und am wenigsten beachteten Plätze Mailands ist die Piazza Mercanti. Es ist der einzige mittelalterliche Platz Mailands, der überlebt hat. Auf der Piazza Mercanti trafen sich die Bauern und Kaufleute um zu verhandeln. Ein Vermittler brachte Verkäufer und Kauflustige zusammen. Ganze Ackerflächen und Viehherden gingen hier an neue Besitzer über.

Unter den Arkaden des *Palazzo della Ragione* (1232) versammelten sich die edlen Bürger der freien Stadtrepublik zu heftigen Diskussionen. Der Palazzo della Ragione war 1770 Sitz der Kommunalverwaltung.

Von der Piazza Mercanti aus muß man lediglich eine kleine Fußgängerpassage durchqueren um zur Via C. Cantù zu gelangen, die zur *Biblioteca Ambrosiana* führt. Der Palast wurde 1608 im Auftrag des Kardinals Federico Borromeo gebaut. Er beherbergt eine Sammlung berühmter Zeichnungen und eine interessante Bibliothek. Im Moment wird der Palast restauriert und ist für Besucher geschlossen.

Antike Säulen vor San Lorenzo Maggiore

AC und Inter Mailand

Ein typisches Bild in italienischen Städten sind am Sonntagnachmittag die vielen Grüppchen, die durch die Einkaufsstraßen bummeln. Vorneweg die Frauen, die auch schon mal die Auslagen in den Schaufenstern betrachten, ein paar Schritte dahinter die Männer, mit einem kleinen Radio am Ohr. Sie wollen auf gar keinen Fall die neuesten Fußballergebnisse verpassen. Fußball ist Volkssport Nr. 1 in Italien, auch wenn die wenigsten tatsächlich spielen. Die Zugehörigkeit zu einem bestimmten Verein kann sogar bindender sein als die zu einer Partei. In Mailand, wo gleich zwei namhafte Clubs spielen, sind oft Familien in zwei Parteien gespalten.

AC Mailand hat sich nach jahrelangen Mißerfolgen in den letzten Jahren wieder an die Spitze der italienischen Fußballclubs gesetzt. In den 70er Jahren hatte der AC Mailand eine ganze Reihe von äußerst suspekten Präsidenten: Der erste, der diese Reihe anführt, ist Andrea Rizzoli, der über seine Verwicklung in den Skandal um die Freimaurerloge P2 stürzt. Der nächste flieht vor den Schulden seiner Firma in den Libanon; sein Nachfolger stirbt bei einem Unfall in Südamerika; der Millionär Albino Buticchi schießt sich eine Kugel in den Kopf. Der fünfte landet im Gefängnis. Und erst nachdem sich auch der sechste ins Ausland abgesetzt hatte, wendet man sich verzweifelt an Silvio Berlusconi. Der zögert eine Weile, nutzt aber dann die Präsidentschaft, um ein riesiges Medienspektakel zu inszenieren, indem er mit dem Hubschrauber auf dem Spielfeld von AC Mailand landet. Er verschärft die Regeln für die Fußballer, garantiert aber jedem einen sicheren Arbeitsplatz nach Abschluß der Fußballerkarriere innerhalb der Fininvest.

AC Mailand hat 1438 Fanclubs in der ganzen Welt. Diese Clubs organisieren die Reisen, den Verkauf der Eintrittskarten und der Abonnements. Diese Fanclubs sind völlig unabhängig von Sponsoren und werden von freiwillig gezahlten Mitgliedsbeiträgen finanziert. Zum Teil hat man den Mitgliedern der Fanclubs Sonderkonditionen in Hotels, Geschäften und sogar an Tankstellen eingeräumt.

Der zweite Mailänder Fußballclub ist Inter, vielleicht in Deutschland bekannter als der AC Mailand, weil für Inter die Deutschen Karl-Heinz Rummenigge, Lothar Matthäus, Andreas Brehme, Jürgen Klinsmann und Mathias Sammer spielten. Als Inter Mailand 1992 nur einen der Mittelplätze in der italienischen Fußball-Liga belegte, wurde vor allem das Zusammenspiel der Mannschaft kritisiert. Die Fans kreideten ihrem Club an, daß er mit der Wahl von gleich drei ausländischen Spielern einer Nationalität die Mannschaft in zwei Gruppen spaltete.

Jeder Club besitzt eine feste Fanriege, die ihren Verein zu jedem Spiel begleitet.

Bequem erreichbar sind mit der Trambahn Nr. 4 die nächsten beiden Sehenswürdigkeiten. Doch auch zu Fuß benötigt man nicht mehr als 15 Min., um die Basilika von *S. Lorenzo Maggiore* zu erreichen. Hier begegnet man der römischen und frühchristlichen Stadtgeschichte: 16 Säulen aus dem 2. Jh. stehen vor der Kirche, Überreste eines heidnischen Tempels, der in der Nähe stand. Besonders sehenswert im Inneren der Kirche ist die Kapelle des hl. Aquilinus mit ihren Fresken und Mosaikschmuck.

Auch der Sitz der staatlichen Universität, der sogenannten *Ca' Grande,* zählt zu den wichtigsten Bauten Mailands. In dem Gebäude befand sich einst das *Ospedale Maggiore,* eine Stiftung Francesco Sforzas und seiner Frau Bianca Maria. In diesen Räumlichkeiten lagen im 17. Jh. viele der Pestkranken auf Stroh oder auf der blanken Erde. Nur einige freiwillige Benediktinermönche, die diesen Dienst oft mit dem Leben bezahlten, versorgten die Kranken. Besonders sehenswert ist der Innenhof aus dem 16. Jh., der an einen großen Kreuzgang erinnert.

2. Rundgang

Galleria Vittorio Emanuele II – Scala – Museo Poldi Pezzoli – Pinacoteca di Brera – Giardini Pubblici

Links vom Dom öffnen sich die Pforten zur *Galleria Vittorio Emanuele II.* 1859 hatte der Podestà von Mailand König Vittorio Emanuele II den Bau eines überdachten Basars als Verbindungsglied zwischen Dom und Scala vorgeschlagen. Es wurde eine Lotterie veranstaltet, über deren Einnahmen der Bau finanziert werden sollte, und ein Architektenwettbewerb ausgeschrieben. Ein unbekannter Architekt namens Giuseppe Mengoni aus Fontanelice bei Imola gewann den Wettbewerb, und die Lotterie brachte tatsächlich den erwarteten Erlös. Es war die letzte Arbeit des Architekten Mengoni, er stürzte am 30. Dezember 1877 von einem Gerüst der Galerie. Böse Zungen behaupteten, er habe, weil er der harten Kritik an seiner Arbeit nicht standhalten konnte, Selbstmord begangen. Am Eingang zur Galerie liegt die weltberühmte *Camparino Bar,* ihre Spezialität: natürlich

In der Galleria

Campari Soda. Wer mit der Mailänder Crème de la Crème speisen möchte ist bei *Savini* in der Galerie am rechten Ort. Der rückwärtige Ausgang der Galerie öffnet sich zur Piazza della Scala, wo auch die Börse ihren Sitz hat.

Die *Scala* selbst entpuppt sich als recht unscheinbares Gebäude. Nachdem 1776 ein Feuer das herzogliche Theater im Palazzo Reale zerstört hatte, gab der Gouverneur von Mailand, Ferdinand von Habsburg, einen neuen Theaterbau in Auftrag. Die reichsten und nobelsten Familien Mailands beteiligten sich an den Baukosten, indem sie die Summe für den Kauf ihrer Logen im voraus entrichteten.

Die Akustik des Theatersaales macht die Scala zu einem der besten Opernhäuser der Welt. Noch einen weiteren Superlativ hat die Scala zu bieten, mit 780 m^2 besitzt sie die größte Bühne Europas. In den oberen Stockwerken ist ein Theatermuseum eingerichtet.

Zwei Museen in der Nähe der Scala sind von Interesse: zunächst das Museum *Poldi Pezzoli* in der Via Manzoni 12. Neben wertvollen Gemälden sind auch flämische Gobelins und Teppiche aus dem 16. Jh. ausgestellt.

Die *Pinacoteca di Brera,* in einem ehemaligen Jesuitenkloster untergebracht, machte 1992 besonders durch den Streik der Museumswärter von sich reden. Sie bestanden auf eingeschränkten Arbeitszeiten und Feiertagsregelungen, die jedoch einen normalen Museumsbetrieb kaum noch ermöglichen würden. In der Pinakothek ist die bedeutendste Gemäldesammlung der Stadt untergebracht. Die Sammlung reicht von Fresken aus dem 15. Jh. bis zu futuristischen Werken.

Von der Pinakothek gelangt man über die Via Fatebenefratelli (sehenswert die Kirche *S. Marco*; in dem angeschlossenen Kloster weilte Mozart mit seinem Vater fast drei Monate lang) zur Piazza Cavour, wo man sich in den öffentlichen Parkanlagen *Giardini Pubblici* von der hektischen Großstadt erholen kann.

Piazza della Scala mit Leonardo-Denkmal

Die Mailänder Scala

Am 3. August 1778 wurde die Scala mit der Oper »L'Europa riccnosciuta«, unter Leitung des Wiener Hofkapellmeisters Antonio Salieri, eröffnet.

Der Bau der Scala ist durch reine Privatmittel finanziert worden. Jede Familie konnte vor Baubeginn eine eigene Loge kaufen und diese nach Gutdünken ausstatten lassen. Während die vornehmen Herrschaften in ihren Logen den musikalischen Darbietungen lauschten, bereiteten ihre Angestellten in einem eigens dafür hergerichteten Raum warme Speisen zu. Ursprünglich besaß die Scala keinen Orchestergraben. Die damals 70 Orchestermitglieder fanden ihren Platz auf der Bühne. Erst Arturo Toscanini veranlaßte 1906 den Bau eines Orchestergrabens.

Bei der Suche nach einem geeigneten Bauplatz für die Scala stießen der Bauherr, Erzherzog Ferdinand von Österreich und der Architekt Piermarini auf eine alte, halbzerfallene Kirche mitten im exclusivsten Wohngebiet Mailands. Sie ließen die Kirche Santa Maria della Scala abreißen und begannen an dieser Stelle mit dem Bau des neuen Theaters. Kirche und Theater erhielten den Namen Scala nach der aus Verona stammenden Frau des grausamen Barnabo Visconti, Beatrice della Scala. Ein Teil der Krypta der Kirche Santa Maria della Scala ist noch in den Kellerräumen der Scala erhalten. Der Platz vor der Scala kam erst sehr viel später hinzu.

Am 1. Mai 1911 gelangte in Paris eine umfangreiche Sammlung an Theaterobjekten und Literatur eines Antiquitätenhändlers unter den Hammer. 50 Mailänder Bürger ersteigerten, unter Mithilfe der italienischen Regierung, diese Sammlung. Sie fand ihren Platz in den oberen Räumen der Scala. Am 8. März 1913 konnte das Museum zum ersten Mal seine Ausstellungsstücke einem Publikum zugänglich machen. Seither sind viele wertvolle Sammlerstücke hinzugekommen. Das Museum ist mittlerweile längst nicht mehr in der Lage, alle Stücke der umfangreichen Sammlung auszustellen. Viele Künstlerporträts, aber auch Totenmasken sind in diesem Museum zu sehen. In einem der Räume steht ein Spinett der Familie Verdi, auf dessen Tasten noch die Noten zu erkennen sind, die sich ›Klein-Verdi‹ markiert hat. Zu den wertvollsten Stücken der Theatersammlung gehören die antiken Theatermasken aus Griechenland. In den Schränken der Bibliothek werden über 50 000 Bücher aufbewahrt, die sowohl die europäische als auch asiatische Theatergeschichte umfassen, vieles sind Originalmanuskripte. Interessierte können diese Bücher und auch viele Bühnenentwürfe in der Bibliothek einsehen.

Die erfolgreichste und fast immer ausverkaufte Aufführung der Scala ist Verdis »La Traviata«. Der Chor genießt weltweit einen ausgezeichneten Ruf, das gleiche gilt für das Ballettensemble. Während der Theatersaison gibt es in der Scala zahlreiche Konzertveranstaltungen und Gastspiele auswärtiger Opernensembles. Karten sollte man sich rechtzeitig im voraus besorgen, für »La Traviata« sogar schon ein Jahr im voraus.

Giuseppe Verdi

Während die Scala auch bei der xten Aufführung von »La Traviata« ausverkauft sein wird, soll die Uraufführung 1853 in Venedig ein Fiasko gewesen sein. Schuld daran war angeblich die schlechte Interpretation des Werkes von Giuseppe Verdi. Dies, obwohl Verdi seine Libretti gewöhnlich mit genauesten Regieanweisungen für Sänger, Orchester und Bühnenbildner versehen hat. Für Verdi war eine gelungene Oper eine Einheit aus Orchester, Sängern und Szenenbild. Er vertrat die These, eine gute Oper müsse in einem Zug entworfen sein, sonst käme nur ein Stückwerk, ein Mosaik zustande.

Die ideale Oper müßte eine Einheit von Ort und Zeit sein. Bei der Umsetzung von Shakespeares »Othello« strich Verdi deshalb den ersten Akt. Die Oper, in der ihm die zeitliche Einheit am besten gelingt, ist »Ein Maskenball«. Die ganze Oper spielt an zwei aufeinanderfolgenden Tagen, am Morgen des ersten Tages beginnt sie im ersten Akt und endet am Abend des zweiten Tages im letzten Akt.

Kaum ein anderer Komponist wird so sehr mit dem Namen der Mailänder Scala verbunden wie Verdi; auch über 90 Jahre nach seinem Tod bleiben seine Opern Publikumsmagneten. Bei den Kritikern ist er jedoch nach wie vor umstritten. Seine Musik ist vielen zu melodisch, nicht tiefgehend genug. Manche sehen ihn als zu stark von anderen zeitgenössischen Komponisten wie Wagner oder Meyerbeer beeinflußt. Er selbst sah seine Wurzeln jedoch weit zurückliegend in der italienischen Gesangstradition. Allein der Gesang, die Stimme drücke sämtliche Gefühle aus. Er distanzierte sich von den Opern Wagners in denen jedes Wort, Kostüm und auch das Szenenbild mit Symbolik gefüllt sind.

Giuseppe Fortunini Francesco Verdi, wie er mit vollem Namen hieß, wurde im Oktober 1813 in dem kleinen Dorf Roncole in der Provinz Parma geboren. Sein Vater besaß dort eine Osteria und verkaufte Wein und andere Dinge. Verdi ging schon als kleiner Junge beim ortsansässigen Organisten in den Musikunterricht. Mit neun Jahren soll er schon in der Lage gewesen sein, die Orgel in der Messe zu spielen.

Seine weiterführende musikalische Ausbildung erhielt Giuseppe Verdi in der benachbarten Kleinstadt Busseto, wo schon bald der Präsident der philharmonischen Gesellschaft, Antonio Barezzi, auf ihn aufmerksam wurde. Barezzi wurde wie ein zweiter Vater für ihn. Er trieb Verdi an, nach Mailand umzusiedeln, besorgte ihm dort ein Sti-

Giuseppe Verdi,
Foto von 1899

pendium, das er – da es erst nach einem Jahr ausgezahlt wurde – sogar vorfinanzierte. Da Verdi die Aufnahmebedingungen fürs Konservatorium noch nicht ausreichend erfüllte, zahlte Barezzi auch die privaten Klavierstunden. Das Vertrauen Barezzis war berechtigt, denn schon 1839 wurde Verdis erste Oper »L'oberto« in der Scala uraufgeführt.

Nach einer Reihe von sehr harten Jahren, in denen Verdi vor allem unter dem Verlust seiner Frau Margherita litt, der ältesten Tochter Antonio Barezzis, gelang ihm zwischen 1843 und 1846 der endgültige Durchbruch. Seine finanzielle Unabhängigkeit verschaffte er sich, indem er mit dem Riccordi-Verlag einen für die damalige Zeit einmaligen Vertrag über die kommerzielle Verwertung seiner Werke machte.

1857 erhielt Verdi den Auftrag, eine weitere Oper für das Königreich Neapel zu komponieren. Als Vorlage für das Libretto wählte er die Geschichte König Gustavs III., der 1792 im Alter von 46 Jahren auf einem Opernball ermordet worden war. Doch schon die ersten Entwürfe scheiterten an der Mißbilligung der bourbonischen Zensur, denn Herrscher dürfen weder in der Realität noch in der Fiktion ermordet werden. Wahrscheinlich steckte den Zensoren noch der Schock des Attentats gegen Napoleon III. am 13. Januar 1858 in den Gliedern. Der Vertrag mit Neapel scheiterte an diesen überspitzten Forderungen.

Verdi folgte daraufhin einem Angebot der Oper in Rom, wo ihn die päpstliche Zensur lediglich zwang, die Handlung nach Amerika zu verlegen. Knapp einen Monat vor der Uraufführung der Oper »Ein Maskenball« schloß Camillo Cavour am 18. Januar 1859 das Bündnis mit Frankreich zur Vertreibung Österreichs aus Italien. Inmitten dieser gespannten politischen Stimmung wurde die Oper zu einem riesigen Erfolg in Rom. Der Name Verdi wird gleichgesetzt mit dem freien Italien, das sich in **V**ittorio **E**manuele **R**e **d'I**talia (Viktor Emanuel, König von Italien) personifiziert sieht.

1859 kandidierte Verdi für die Nationalversammlung von Parma. Im September des gleichen Jahres wird er von Vittorio Emanuele II. im Schloß von Turin empfangen. Cavour überredete ihn, auch für das erste Parlament Italiens zu kandidieren. Er war bei der Proklamation Vittorio Emanueles zum ersten König von Italien anwesend und auch bei der Konstitution des neuen Staates am 15. März 1861, bevor er sich von Cavour von seinen politischen Ämtern entbinden ließ.

Seine letzten Lebensjahre widmete sich Verdi – wie er selbst sagt – seiner größten *opera* (zu deutsch: Werk), dem Bau eines Ruhesitzes für alternde Musiker in Mailand. Dem Altersheim, in dessen Kapelle Verdi zusammen mit seiner zweiten Frau, der Sopranistin Giuseppina Strepponi, beigesetzt ist, hat der Komponist einen Großteil seines Vermögens hinterlassen. Besichtigung: *Casa di Riposo dei Musicisti*, Piazza Buonarotti 29, nach Absprache.

3. Rundgang

Castello Sforzesco – S. Ambrogio – S. Maria delle Grazie – Cimitero Monumentale

1450 ließ Francesco Sforza die Trutzburg der Visconti zu einer großen Festungsanlage ausbauen. Die ursprüngliche Burg hatte den typischen rechteckigen Grundriß der lombardischen Burgen. Das *Castello* lag am Stadtrand, dahinter öffneten sich Wiesen und Felder. Über den Wassergraben und einen eigenen Kanalring hatten die Visconti und Sforza direkten Zugang zum freien Land. Viele Visconti verließen die Burg nur über diesen Weg. In die Stadt Mailand kamen sie höchstens zum Kirchgang; und manch ein Visconti bezahlte diesen Gottesdienstbesuch mit seinem Leben, war dies doch die einzige Möglichkeit für gedungene Mörder, nahe genug an die Herzöge heranzukommen. Für Francesco Sforza waren in erster Linie die Verteidigungsmauern des Castello von Interesse. Erst sein Sohn ließ die Burg zur Residenz ausbauen. In dieser Zeit wurden die Logen und Arkaden entworfen und viele der Säle ausgemalt.

Unter Ludovico il Moro, Francescos Sohn (il moro, ›der Dunkle‹, genannt wegen seiner dunklen Hautfarbe), arbeiteten auch Bramante und Leonardo an der Burg. Unter spanischer Herrschaft entstand der Mauerstern mit seinen zwölf Spitzen. Noch im 19. Jh. war die Burg nicht fertiggestellt. Der Architekt Luca Beltrami wurde mit der Fertigstellung und Restaurierung des Castello beauftragt.

Neben wechselnden Ausstellungen zeigt die Stadtverwaltung in der Burg wichtige Werke von Leonardo, Mantegna und Michelangelo.

Von der Piazza Castello aus fährt der Bus Nr. 97 (vom Dom Nr. 50) zur Basilika **Sant' Ambrogio**. Die Basilika ist die Begräbnisstätte des großen Kirchenlehrers Ambrosius. Der aus Trier stammende Ambrosius (339–397) war zunächst Statthalter von Mailand und noch vor seiner Taufe (374) zum Bischof gewählt worden.

Ambrosius war ein sehr gläubiger, aber auch sehr mutiger Mann. Nachdem Kaiser Theodosius, um einen Aufstand zu rächen, 7000 gläubige Bürger aus Thessaloniki ermorden ließ, verweigerte Ambrosius dem Kaiser die Kommunion.

Ein erster Kirchenbau soll schon zu Lebzeiten des Ambrosius an Stelle der jetzigen Basilika gestanden haben. Die Kirche gilt als das erste Beispiel romanischer Architektur. Im Inneren erhebt sich über der Krypta, der letzten Ruhestätte des hl. Ambrosius, der Hochaltar des Meisters Volvininius. Die Vorderfront aus purem Gold zeigt Christus in der Mandorla und die 12 Apostel. Es ist die einzige als Ganzes erhalten gebliebene Altarvolleinfassung aus dem 10. Jh.

Das dem Bischofssitz angeschlossene, von Bramante entworfene Benediktinerkloster beherbergt heute die katholische Universität. Von der Kirche Sant' Ambrogio gelangt man über die Via San Vittore und die Via Zenale zu dem Dominikanerkloster, in dem das berühmte »Abendmahl« von Leonardo da Vinci zu sehen ist. Auf dem Weg kommt man am Museum für Wissenschaft und Technik vorbei, wo einige nachgebaute Modelle der Erfindungen Leonardos ausgestellt sind.

Links neben der Klosterkirche *Santa Maria delle Grazie* ist der Eingang zum ehemaligen Refektorium der Dominikanermönche. Die mailändische Touristeninformation spricht von dem »Wunder von 1943«, als das gesamte Kloster von Bomben zerstört worden war und nur die Mauer mit dem »Abendmahl« standhielt. Verschwiegen wird jedoch, daß das Fresko dem ›Zahn der Zeit‹ nicht standgehalten hat. Leonardo, stän-

Santa Maria delle Grazie

dig auf der Suche nach Neuem, arbeitete bei diesem Werk nicht in der traditionellen Freskotechnik. Er probierte neue Farbmischungen aus, so daß sein Werk schon im 16. Jh. erste Schäden zeigte. Im 17. Jh. wurden von verschiedenen Künstlern Kopien und Radierungen des Freskos angefertigt – u. a. von Albrecht Dürer –, die es unsterblich machten. Seither hat das »Abendmahl« viele Veränderungen und Restaurierungen erfahren und mehr als zwei Drittel seiner Farbpigmente verloren.

Außerhalb des Altstadtzentrums liegt der *Cimitero Monumentale*. Viele der Grabplatten und Mausoleen stammen von großen zeitgenössischen Künstlern.

Wer besonderes Interesse für Architektur hat, sollte sich den Hauptbahnhof Mailands, das anläßlich der Fußballweltmeisterschaft 1990 neuerbaute Stadion S. Sirio und das Pirelli-Hochhaus ansehen.

Einkaufsbummel

Wer exklusive italienische Mode mit Markenzeichen sucht, findet sie bei EMPORIO-ARMANI am Corso Europa oder bei VALENTINO in der Via Monte Napoleone. Modedesigner von Rang und Namen haben hier ihre Geschäftsräume. Die ›Showrooms‹ für Einkäufer verteilen sich jedoch über die ganze

I Navigli – die Kanäle

Fünf Kanäle verbinden noch heute Mailand mit dem Lago Maggiore, dem Comer See und dem Po. Viele dieser Kanäle, die bis zur Stadtmitte reichten und zum Teil am Castello Sforzesco endeten, sind mittlerweile überbaut, nur am Naviglio Grande in der Nähe der Porta Ticinese hat sich in den letzten Jahren ein Vergnügungsviertel mit vielen Kneipen, Restaurants, Antiquitätenhändlern, großen Wochenmärkten und schwimmenden Lokalen entwickelt.

Nur ein paar Kilometer außerhalb Mailands sind die verbliebenen Kanäle paradiesisch schön; zum Teil zum Naturschutzgebiet erklärt, werden hier keine Abwässer mehr eingeleitet. Die Schiffahrt wurde schon in den 70er Jahren komplett eingestellt. Die Natur hatte seither Gelegenheit, sich in ihrer üppigsten Form zu entwickeln. Die Fische laichen in den stillgelegten Abwasserröhren, die Enten brüten völlig ungestört im zum Teil bis ans Ufer reichende Gehölz. Man findet an den Ufern hin und wieder Waschplätze, an denen ältere Frauen noch ihre Wäsche waschen.

Anstoß zum Bau der Kanäle gab sehr wahrscheinlich das Fehlen eines ausreichenden natürlichen Hindernisses, das den Vorstoß der Truppe Friedrich Barbarossas hätte behindern können. So hob man zwischen Abbiategrasso und Landrino den ersten Verteidigungsgraben aus, ihm folgte 1179 der Naviglio Grande. 1209 erreichte dieser Kanal die Pforten Mailands. Er verbindet die Stadt mit dem Fluß Ticino und somit auch mit dem Lago Maggiore. Man konnte also von 1272 an, dem Jahr, in dem er ›als erster beschiffbarer Kanal der modernen Zeit‹ eingeweiht wurde, von der Stadt Mailand zum Lago Maggiore schippern. Dies vereinfachte die Handelswege, die aus Mitteleuropa über den San Bernardino und dem Simplon-Paß führten, erheblich, obwohl die Schiffe auf dem Rückweg von Mailand bis zum Lago Maggiore gegen den Strom gezogen werden mußten. Meist war dies die Aufgabe von Pferden. Doch auf alten Radierungen kann man auch Männer am Zugseil sehen. Lange Zeit war die Gegend so unsicher, daß die Kähne von Soldaten begleitet werden mußten.

Ein Teil der Pläne dieser Kanäle stammten aus der Feder des genialen Ingenieurs, Architekten und Malers Leonardo da Vinci. Sein Auftraggeber war Ludovico il Moro, der davon träumte, Mailand einen Verbindungsweg zum Meer zu verschaffen. Mit dem Bau des Naviglio

Pavese, der Mailand mit dem Po verbindet, ist ihm dies tatsächlich gelungen.

Leonardo löste auch das größte Problem, das sich während der Dombauzeit stellte: Man wollte die Marmorplatten zur Verkleidung des Domes vom Steinbruch am Lago Maggiore so nahe wie möglich zum Dom bringen, dabei waren verschiedene Höhenstufen zu überwinden. Leonardo ließ Staustufen bauen, und das Problem war gelöst.

Bootsfahrt auf einem Kanal bei Mailand, histor. Fotografie

Heute sind die einzigen Boote, die auf den Navigli zu sehen sind, die Kanus der Mailänder Kanuclubs. Das soll sich aber schon bald ändern, denn der Verein der Freunde der Navigli errichtet im Palazzo Stampa in Castelleto di Abbiategrasso ein Museum, von dem aus Bootsführungen durch den Naviglio Grande und den Naturpark Ticino erfolgen sollen.

Das Fahrrad ist im Moment die schönste Alternative, den Reiz der Navigli zu entdecken. Entlang des Naviglio Grande und des östlich des Stadtkerns gelegenen Naviglio della Martesana sind schöne Fahrradwege ausgebaut worden, die sich sehr gut mit Touren im Naturpark des Ticino verbinden lassen.

Der Cimitero Monumentale

Eine Galerie ganz besonderer Art ist der Cimitero Monumentale in Mailand. Es ist der ideale Aufenthaltsort für einen ruhigen, sonnigen Nachmittag. Man kann in aller Ruhe durch die Parkanlage spazieren und die sonderbarsten Grabstätten sehen. Jedes Grab, jede Familienkapelle ist ein kleines Kunstwerk. Viele stammen von berühmten Künstlern.

Wie der Eingang zu einem großen Kloster wirkt der monumentale Aufgang zur Friedhofskapelle, die der Architekt Maciachini 1866 erbaut hat. In dieser Kapelle sind Alessandro Manzoni und andere berühmte Mailänder begraben. Rechts und links der Kapelle erstrecken sich Galerien mit den sogenannten Kolumbarien (Wandnischengräbern). Sie umrahmen das gesamte Friedhofsareal.

Ob Grab oder Kapelle, es handelt sich fast immer um Familiengräber, die die jeweilige Familie für 99 Jahre gepachtet hat. Der Vertrag ist verlängerbar. In der Regel werden jedoch nach Ablauf dieser Zeit die Gräber leergeräumt. Die Knochenreste kommen in die Kolumbarien, jedoch die Särge in den Familienkapellen bleiben unangetastet.

Der Preis für die Grabstätte richtet sich nach der Größe des gepachteten Grundstückes, dieses kann von 2,50 m^2 bis 25 m^2 reichen.

Natürlich ist auf diesen genau abgezirkelten Plätzen die Aufnahmekapazität begrenzt. In Brescia kam man deshalb 1991 auf eine sehr kuriose Idee, dort verlost man die Grabstätten. Alle zwei Monate findet diese Zeremonie in einer öffentlichen Veranstaltung statt. Mitspielen darf nur, wer schon einen Anverwandten auf dem Friedhof liegen hat, alle anderen sind von der Lotterie ausgeschlossen.

Grabstein auf dem Cimitero Monumentale

Stadt. Manche Hinterhofgarage entpuppt sich als ein Showroom, wo die edelsten Produkte auf einfachen Drahtbügeln hängen.

Schöne Einkaufsstraßen gibt es im Stadtteil Brera: Via Solferino und Via Fiori Chiari (exklusive Antiquitäten). Bummeln läßt es sich ausgezeichnet entlang des Naviglio an der Ripa Ticinese. Wer auf der Suche nach flotter, italienischer Mode ist, bei der das Preis-Leistungs-Verhältnis stimmt, findet diese in den Geschäften am Corso Buenos Aires.

Praktische Hinweise

Touristeninformation: Via Marconi 1, 20121 Milano, ✆ 80 96 62 – Fax 72 02 24 32. Stazione Centrale, Abfahrtshalle, ✆ 6 69 04 32 oder 6 69 03 32 (geöffnet 8–19 Uhr).
Vorwahl: 02.

Fialen auf dem Dach des Mailänder Doms

Hotels: *****Diana Majestic*, Viale Piave 42, ✆ 29 51 34 04, sehr schönes Hotel, die Zimmer haben z. T. Stuckdecken; *Carleyle Brera*, Corso Garibaldi 84, ✆ 29 00 38 88, 1991 eröffnet, schöne Zimmer, zuvorkommende Rezeption; ***Antica Locanda* Solferino, Via Castelfidardo 2, ✆ 6 57 01 29, kleines Hotel, vor allem beliebt bei Leuten aus der Modebranche wie Models und Fotografen; ****Manzoni*, Via Santo Spirito 20, ✆ 76 00 57 00, angenehmes Hotel in einer Querstraße zur Via Monte Napoleone gelegen. **Kent*, Via Corridoni 2/a, ✆ 55 18 76 35, sehr preiswertes Hotel. Tageshotels: *Stazione Centrale* im Hauptbahnhof und *Cobianchi* am Domplatz.

Um unnötige Telefonate zu sparen, kann man *HRM (Hotel Reservation Milano)* für Hotelvorbestellungen anrufen, ✆ 76 00 79 78 – Fax 76 00 36 32.

Jugendherberge: Viale Salmoraghi 2, ✆ 39 26 70 95.

Restaurants: *Stendhal-Publico*, Via Ancona, ✆ 6 57 20 59, nettes Café im Wiener Stil im Brera-Viertel, sonntags

Brunch; *Balafon,* Via Teodosius 6, ✆ 2 36 01 55, afrikanische Küche, wird von einem Ex-Model geführt, der auch musikalische Veranstaltungen im Balafon organisiert; *Capolinea,* Via Ludovico il Moro 119, ✆ 89 12 20 24, Jazz Lokal, Restaurant, in dem man aber auch nur ein Sandwich oder eine *bruschetta* (geröstetes Weißbrot mit Olivenöl und Knoblauch) verzehren kann; *Fashion Café,* Piazza San Marco 1 (Mittagstisch, Treffpunkt für Models, da der Inhaber eine der führenden Agenturen Mailands besitzt); *Il Naviglio,* Via Casale 5, ✆ 89 40 07 68, bietet vegetarische und makrobiotische Gerichte (sonntags ganztägig, Montag und Dienstag abends geschlossen); *La Liberia,* Via Palermo 21, ✆ 8 05 36 03, gemütliches Lokal in der Nähe der Einkaufsstraße Via Solferino; *Le Colline d'Italia,* Alzaia Naviglio Grande, Weinlokal, das kleine Gerichte und Salate anbietet, an einem der Kanäle gelegen, Reservierung nicht möglich; *Ristorante La Nòs,* Via Bramante 35, ✆ 3 31 53 63, typisch lombardische Küche; *Rosticceria-gastronomia Peck,* Via Cantù, ✆ 8 69 30 17, Snacks im Stehen; *Sabatini,* Via Boscovich 54, ✆ 29 40 28 14, in der Nähe des Corso Buenos Aires. Spezialität: *Spaghetti in Crosta,* hervorragende Pizza; *Scimmie,* Via Ascanio Sforza 49, ✆ 89 40 28 74; Restaurant-Pizzeria *Smeraldino,* p. XXV. Aprile 1, ✆ 6 59 58 15, beliebter Mailänder Treff, deshalb Reservierung empfohlen; *Sogo-Brera,* Via Fiori Ocuri 3, ✆ 86 46 53 67, japanische Küche und Sushi-Bar, der Maître d'Hotel spricht deutsch; *Trattoria Casa Fontona,* Piazza Carbonai 5, ✆ 6 89 26 84, viele verschiedene Risottosorten; Verdi, Piazza Mirabello 5, Restaurant-Pizzeria, ✆ 6 59 91 34. Die größte Auswahl an Restaurants, Pizzerien und Kneipen hat man im Brera-Viertel und an den Kanälen (Navigli).

Autovermietung: *Avis,* Via Gasparotto 4, ✆ 67 07 08 84; Linate Flughafen, ✆ 71 72 14; *Europcar* (Hauptbahnhof), ✆ 66 98 15 89; Linate Flughafen, ✆ 76 11 02 58; *Hertz* Linate Flughafen, 70 20 02 56; *Maggiore Budget* (Hauptbahnhof), ✆ 6 69 09 34, Linate Flughafen 71 72 10; *Limousine Service,* ✆ 34 47 52.

Innerstädtischer Verkehr: Innerhalb der Stadt gibt es drei **U-Bahn-Linien**:

Linie 1: Loreto – Porta Venezia – S.

Barbila – Dom – Cadorna (Nordbahnhof);
Linie 2: Porta Genova (Navigli) – S. Ambrogio – Cadorna (Nordbhf.) – Lanza – Moscova – Hauptbahnhof – Loreto;
Linie 3: Hauptbahnhof – Monte Napoleone – Dom.

Straßenbahn:
Linie 1: P.za Castelli – C.so Sempione – P.le Cadorna – P.za della Scala – Via Manzoni;
Linie 4: (Cimitero Monumentale) P.za della Scala – Via Manzoni – P.za della Repubblica;
Linie 8: Via Orefici (Nähe Domplatz) – C.so Genova (Nähe Navigli).

Bus:
Linie 20: Hauptbahnhof – Monza (C.so Milano und Via Cavour); Autolinie A.T.M. – im 15–20 Minutentakt, je nach Tageszeit;
Linie 50: Via Larga – Dom – P.za S. Ambrogio;
Linie 59: Stazione Genova – C.so S. Gottardo – Alzaia Naviglio Pavese;
Linie 60: Hauptbahnhof – Via Larga – Dom – P.le Cadorna;
Linie 65: Hauptbahnhof – C.so Buenes Aires – Via Larga;

Eine Fahrkarte gilt für die Dauer von 75 Minuten mit der Möglichkeit unbegrenzten Umsteigens in Bus oder Straßenbahn und einer Fahrt in der U-Bahn. Fahrkarten müssen vor Antritt der Fahrt an Zeitungsständen, Bars mit dem Schild *Tabacchi* oder an den Automaten der U-Bahn-Stationen erworben werden, da in den Verkehrsmitteln keine Fahrkarten verkauft werden.

Information in der U-Bahnstation am Dom und im Hauptbahnhof, montags bis samstags 8.00–20.00 Uhr.

Taxi: *Arco,* ✆ 67 67; *Taxi Data,* ✆ 53 53; *Autoradiotaxi,* ✆ 85 85; *Esperia,* ✆ 83 88.

Fernverkehr: Von Mailand aus fahren täglich Busse an die Seen und zu den bekanntesten Skigebieten:
Mailand – Bergamo – Monte Campione (119 km/3 Std.);
Mailand – Monza – Lecco – Madesimo (140 km/3 1/4 Std.);
Abfahrtsort ist die Piazza Castello; hier findet man praktisch alle Fernreisebüros.
Information: Autostradale, Piazza Castello 1, ✆ 80 11 61.

Busverbindung zum Flughafen Linate alle 20 Minuten von der Piazza Luigi di Savoia am Hauptbahnhof (Busges. Stam); alle 15 Minuten von der Piazza San Babila (Corso Europa A.T.M.); zum Flughafen Malpensa: Air pullman, von der Piazza Luigi di Savoia zwischen 8.15 und 11.15 Uhr jede halbe Stunde, danach alle 2 1/2 Stunden vor dem nächsten Flug.

Die Lombardei ist hervorragend per Bahn erschlossen. Alle größeren Orte sind mit dem Zug zu erreichen. Die wichtigsten internationalen und nationalen Züge fahren vom Hauptbahnhof *Stazione Centrale,* Piazza Duca d'Aosta, ✆ 6 75 00.

Museen und Theater

Museen:
Refektorium Santa Maria della Grazie
Piazza S. Maria della Grazie
Abendmahl von Leonardo da Vinci. Geöffnet: 8.00–13.45 Uhr, Einlaß alle 20 Minuten für ca. 25 Personen.
Pinacoteca di Brera, Via Brera 26
Geöffnet: 9.00–17.30 Uhr, sonn- und feiertags 9.00–12.30 Uhr.
Museo Poldi Pezzoli, Via Manzoni 12
Geöffnet: 9.30–12.30 u. 14.00–19.30 Uhr.
Musei del Castello Sforzesco, Piazza Castello
Geöffnet: 9.30–17.30 Uhr (Eintritt frei).

Im Zentrum von Mailand

Museo Nazionale della Scienza e della Tecnica Leonardo da Vinci, Via S. Vittorio 21
Geöffnet: 9.30–17.00 Uhr.
Nachbau von Erfindungen Leonardo da Vincis
Museo Teatrale alla Scala, Piazza Scala 2
Geöffnet: 9.00–12.00 u. 14.00–18.00 Uhr
(von Oktober bis einschl. April sonntags geschlossen)
Museo del Duomo, Piazza Duomo 14
Geöffnet: 9.30–12.30 u. 15.00–18.00 Uhr.
Museo della Basilica di S. Ambrogio, Piazza S. Ambrogio
Geöffnet: 10.00–12.00 u. 15.00–17.00 Uhr, dienstagsnachmittags geschlossen, samstags, sonn- und feiertags durchgehend geöffnet.
Museo del Giocattolo e del Bambino, Palazzo dei Martinitt, Via Petteri 56 (Bus 75/MM2)
Geöffnet: 9.30–12.00 u. 15.00–19.00 Uhr.

Die Museen sind in der Regel montags geschlossen.

Theater: *Teatro alla Scala,* Piazza della Scala, ✆ 70 22 37 44.
Die Preise beginnen bei 10 000 Lire.
Kartenverkauf: Portico in Villa Filodrammatici täglich von 12.00–19.00 Uhr (feiertags geschlossen)
Postalische Reservierungen müssen per Einschreiben mit einer anerkannten Empfangsbestätigung aufgegeben werden und folgendes beinhalten: Fotokopie eines Schecks, gerichtet an *Ente Autonomo Teatro alla Scala Ufficio, Biglietteria* in Höhe des Preises für den gewünschten Platz, zusätzlich 10 % Gebühr (der Originalscheck wird beim Abholen der Eintrittskarte abgegeben). Der Name einer gewünschten Vorstel-

lung mit maximal drei Terminen, entsprechend der Präferenz aufgelistet. Eine präzise Angabe der gewünschten Sitze (Loge, Galerie etc.), Telefonnummer und Adresse. Pro Anfrage können maximal zwei Karten bestellt werden.

Gottesdienste (in deutscher Sprache):
Römisch-katholisch: Informationen erteilt die deutschsprachige Gemeinde, ✆ 60 27 24;
Protestantisch: jeden Sonntag um 10.00 Uhr, Via Marco de Marchi 9, ✆ 6 55 28 58;

Stadtrundfahrten: Abfahrt täglich 9.30 Uhr in der Via Marconi 1, zu buchen ist die Rundfahrt in der Touristeninformation am Domplatz, Via Marconi.

Apotheken: Die diensthabende Apotheke erfährt man unter der Rufnummer 192 (Wochenende und abends).
Die Apotheke in der Abfahrtshalle im Hauptbahnhof ist auch nachts geöffnet.
Erste Hilfe: S.O.S., ✆ 1 13, Erste Hilfe 1 18.

Banken: (Öffnungszeiten: 8.30–13.30 Uhr; 14.45–16.15 Uhr)
Deutsche Bank, Via S. Orsola 3; *Dresdner Bank,* Piazza degli Affari 37; *Zentralsparkasse und Kommerzialbank Wien,* Corso Venezia 5; *Banca delle Comunicazioni* im Hauptbahnhof (geöffnet auch samstags 8.00–18.30 Uhr); *Banca Popolare di Milano* an den Flughäfen Linate und Malpensa (geöffnet samstags und sonntags 8.00–21.00 Uhr).

Fluggesellschaften:
Alitalia: Via Albricci 5, ✆ 6 28 17, Information ✆ 2 68 53;
Austrian Airlines: Piazza Diaz 5, ✆ 86 46 12 00;
Crossair: ✆16 78-7 61 89;
Lufthansa: Via Larga 23, ✆ 58 37 25;
Meridiana: Via Albricci 7, ✆ 86 47 71.
Swissair: Via Vittori Pisani 31, ✆ 66 70 21;
Flughäfen: Milano Malpensa – Milano Linate, ✆ 74 85 22 00.

Post: Die Hauptpost befindet sich in der Via Cordusio. Öffnungszeiten: Montag–Freitag 8.15–19.40 Uhr, samstags 8.15–17.40 Uhr. Telegramme kann man auch per Telefonservice unter der Nr. 186 aufgeben.

Telefon: Für internationale Telefongespräche benutze man das Büro der *Telecom* in der Galleria Vittorio Emanuele.

Tip: jeden letzten Sonntag im Monat großer Markt an den Ufern der Kanäle (Navigli)

Ausflug nach Monza

13 km nördlich von Mailand liegt Monza. Als die Römer im 3. Jh. v. Chr. nach Norditalien vordrangen, fanden sie dort überwiegend keltische Stammesgruppen vor. So auch im Gebiet der Stadt Monza.

Nach der Stabilisierung der gallischen Provinzen wurden viele italienische Legionäre in Form von Landbesitz (Latifundien) ausbezahlt. Monza gehörte zu den so verteilten Gebieten. Die Bewohner lebten von Ackerbau und Viehzucht. Im Ort wurde auch kräftig gehandelt, der Umsatz erfolgte

Dom von Monza

hauptsächlich in Form von Ware. Der Einfall der Langobarden beendete das Wohlbefinden der römischen Bürger.

Die Langobarden-Königin Theodelinde wählte Monza als Sitz ihrer Sommerresidenz. Von Papst Gregor dem Großen überzeugt, erreichte sie im Jahre 603 die Massenkonversion der Langobarden zum katholischen Glauben. Mauerreste einer von ihr gebauten Kirche aus dem 6. Jh. sind noch im Dom zu finden. Im 10. Jh. wählte König Berengar I. Monza zu seinem Regierungssitz. Die berühmte ›Eiserne Langobardenkrone‹ wird auf ihn zurückgeführt. Doch nur ein einziger König wurde 1128 in Monza gekrönt. Zu dieser Zeit wurden im Domschatz gleich drei Kronen aufbewahrt: die Krone der Königin Theodelinde, die Eiserne Krone und der Reif des Agilulf.

Unter der Pestepidemie im 16. Jh. hatten die Bürger Monzas genauso zu leiden, wie die anderer italienischer Städte auch. Doch 1630 war man in Monza für Hygienevorschriften aufgeschlossener als anderswo. Die ersten Pestkranken wurden isoliert, die Stadttore geschlossen, Waren durften nur durch Essig desinfiziert in die Stadt gebracht werden. Bürger, die sich diesen Regelungen nicht unterwerfen wollten, mußten die Stadt verlassen.

Besichtigung

Die Altstadt von Monza ist ganz in eine Fußgängerzone verwandelt worden, doch Autofahrer finden genügend Parkplätze an der Piazza Carducci. Von dort aus sind es nur wenige Schritte zum gotischen *Dom San Giovanni Battista*. Er ist an Stelle einer Kapelle aus dem 6. Jh. errichtet worden, die ebenfalls dem hl. Johannes dem Täufer geweiht war. Die Bauzeit dauerte vom 13. Jh. bis zur Fertigstellung des Campanile im 16. Jh. Die Fassade ist eine Arbeit Campioneser Bildhauer.

Im Domschatz ist eine ganze Reihe von langobardischen Kunstschätzen zu sehen: z. B. eine vergoldete Silberplatte, die eine Henne mit sieben Küken trägt; es soll sich um eine Grabbeilage Theodolindes handeln. Nach alter Tradition wurden die Langobarden gemeinsam mit einer am Fuß festgebundenen Henne beerdigt. Die Henne mit den sieben Küken symbolisiert die Königin mit ihren sieben langobardischen Herzogtümern.

Das Glanzstück des Schatzes, die Eiserne Langobardenkrone, befindet sich wohlverwart und mehrfach gesichert im Altar der Kapelle der Königin Theodolinde. Die ursprüngliche Krone soll aus einem eisernen Nagel des Kreuzes Christi gefertigt sein. Dieser eiserne Ring liegt im Inneren der reich mit Edelsteinen verzierten Goldplatte der Krone. Auch die Kapelle selbst mit ihren Fresken aus dem 15. Jh. ist sehenswert. Es handelt sich um eine Auftragsarbeit der Visconti. Es wird zwar die Legende der Königin Theodolinde erzählt, aber tatsächlich dargestellt ist ein genaues Abbild des zeitgenössischen Lebens.

Der *Arengario*, der Ratssitz der freien Stadtrepublik, wirkt am schönsten, wenn man vom Domplatz herkommt. Das Wort ›Arengario‹ wird vom deutschen ›Ring‹ abgeleitet. Es bedeutet in diesem Fall: der Ort, an dem Versammlungen abgehalten werden.

Der Originalbau aus dem 13. Jh. war ohne Turm und Kanzel. Eine Treppe führte von der Seite der jetzigen Via Vittorio Emanuele II zum Versammlungssaal im oberen Stockwerk.

1380 wurde an die Fassade ein kleiner Balkon angebaut, von dem aus die ›Ausrufer‹ die neuesten Stadtverordnungen bekanntgaben.

An Markttagen hatten die Händler mit ihren Waren unter den Arkaden einen festen Platz, für den sie eine Miete entrichten mußten. Dafür standen ihnen an diesem Ort Gewichte und Längenmaße zur Verfügung. Ihre Preise unterlagen einer regelmäßigen Kontrolle.

Nördlich der Piazza Citterio, außerhalb des Stadtzentrums liegt die *Villa Reale*. Ferdinand von Österreich, Sohn von Kaiserin Maria Theresia und österreichischer Gouverneur der Lombardei, dessen Regierungssitz Mailand war, zog es vor, die heißen Sommer auf dem Land zu verbringen. Deshalb beauftragte er den Architekten Giuseppe Piermarini mit dem Bau einer herrschaftlichen Villa etwas außerhalb von Monza. Giuseppe Piermarini hatte schon den Auftrag für ein großes repräsentatives Theater, die *Scala*, zur vollsten Zufriedenheit des Erzherzogs erfüllt. Von 1776 bis 1780 dauerten die Bauarbeiten an der Villa. König Umberto von Savoyen entwickelte eine große Liebe zur Villa Reale und erklärte sie zu seinem ›Haus‹, in dem er mit großem Aufwand Prinzen und Könige empfing. Erst durch die Savoyer hat die Villa ihren Beinamen *Reale* erhalten.

Seit der Ermordung Umbertos I. ist die Villa unbewohnt. Ein Seitenflügel beherbergt die einzige Blindenbibliothek Italiens. Hier werden jährlich etwa 120 Bücher in Braille übersetzt und zu Buchhandelspreisen verkauft. Lediglich bei Veranstaltungen kann man das Innere der Villa besichtigen. Seit 1996 kann man sich in der Villa standesamtlich trauen lassen. Giuseppe Piermarini zeichnet auch verantwortlich für den Garten der Villa, den er im englischen Stil anlegte. Aufgrund eines napoleonischen Dekrets wurde 1805 der Garten zu einem Park erweitert. Es entstand der größte Stadtpark Europas. Er erstreckt sich über eine Gesamtfläche von 8 000 000 m^2, davon dienen 3 000 000 m^2 sportlichen Aktivitäten.

Der Große Preis von Italien wird auf der Autorennstrecke im Park ausgetragen. Eine Pferderennbahn, ein Polofeld und zwei Golfplätze gehören zu den weiteren Attraktionen des Parks.

Nördlich von Monza beginnt das Hügelland der **Brianza**, im 18. Jh. Sommerfrische der Mailänder, heute ein Gebiet mit zahlreichen Industrieunternehmen, darunter auch kleinere und mittlere Handwerksbetriebe.

Einige Villen mit aufwendigen Gartenanlagen aus dem 17. und 18. Jh. sind noch erhalten, wie z. B. die *Villa La Costa* in Carate-Brianza, über dem Lambro gelegen, oder die *Villa Titti-Toselli* in Lainate.

Praktische Hinweise

Touristeninformation: A.P.T., Palazzo Comunale, 20052 Monza, ✆ 32 32 22.
Vorwahl: 0 39.

Hotels: ****Hotel de la Ville*, Viale Regina Margherita 11, ✆ 38 25 81; *Hotel della Regione*, Viale Elvezia 4, ✆ 38 72 05; preiswert: *Albergo Ristorante Corona Ferrea*, Piazza Duomo 2, ✆ 32 36 37; *Albergo Ristorante Antica Trattoria Dell 'Uva*, Piazza Carrobiolo 2, ✆ 32 38 25.

Campingplatz: ***Campeggio Autodromo* im Parkgelände der Villa Reale, ✆ 38 77 71.

Restaurants: *Il Gourmet,* Via Passerini 9, ✆ 32 29 64, exklusives Lokal; *Ristorante St. George Premier,* Eingang an der Porta Vedano, ✆ 32 06 00, im Autodromgelände gelegen, ausgezeichnete Küche; *Pizzeria Marechiaro,* Piazza Roma 10, ✆ 32 29 47 (mittwochs geschlossen); *Ristorante Pizzeria del Centro,* Via Spalto Isolino 9, ✆ 32 22 64; *Taverna dei Langobardi,* Piazza Duomo 4, Kaffee mit leckerem Gebäck und ausgezeichneten Cocktails, am Wochenende wird zudem eine Pianobar geboten (montags geschlossen).

Museen: *Museo del Duomo,* Via Cannonica 8
Geöffnet: 9.00–11.30 u. 15.00–17.30 Uhr (dienstags bis samstags)
Museo Storico Alfa Romeo, Arese, Viale Alfa Romeo
Geöffnet: montags bis freitags nach Absprache, ✆ 02/9 33 91.

Busverbindung: Autolinie Mailand – Monza – Mailand Linie 20, Abfahrt/Endstation Via Cavour im Abstand von 15–30 Minuten, je nach Tageszeit, Fahrzeit ca. 30 Minuten.

Eisenbahn: Hauptbahnhof, Fernlinien: Mailand – Como – Chiasso Mailand – Lecco – Sondrio.

Taxi: Largo Mazzini, ✆ 32 26 66; Bahnhofsvorplatz, ✆ 36 95 55.

Hauptpost: Corso Milano 54.

Polizei: Via Manzoni 36, ✆ 1 12.

Erste Hilfe: *Pronto Soccorso*, Via Solferino 16, ✆ 1 18.

Villa Reale

Zwischen Naturpark Ticino und Oltrepò Pavese

Vigevano
Lomellina
Pavia
Certosa di Pavia
Oltrepò Pavese

Im Oltrepò Pavese

Naturschutzgebiet des Ticino

Viel Zeit sollte man sich für ausgedehnte Ausflüge im Naturpark des Ticino nehmen, der von Sesto Calende am Lago Maggiore bis Pavia reicht. Die Wege des Parks sind Teil des Europa-Wanderweges Nr. 1, der von Hammerfest nach Syrakus führt.

Es handelt sich um das größte Naturschutzgebiet entlang eines Gewässers in Europa. Dies bedeutet, daß in keiner Weise auf den Verlauf des Flusses und die Vegetation Einfluß genommen wird. Die Lombarden nennen das Naturschutzgebiet deshalb auch gern »Klein Amazonas«.

Die weißen Kiesel des Flußbettes lassen das Wasser türkisblau leuchten. Der Fluß hat an sich eine starke Strömung, aber die vielen kleinen Inseln sorgen für ruhige Buchten an den Uferzonen. Die Abgeschiedenheit dieser Buchten lädt zum Nacktbaden ein, was hier auch von vielen Italienern wahrgenommen wird. Nicht nur das Baden ist erlaubt, sondern auch das Radfahren, Reiten und Wandern sowie das Campen im Naturschutzgebiet. Die Verwaltung des Parks hat jedoch eine Liste mit Verboten herausgebracht, an die man sich unbedingt halten sollte. Dazu gehören: keinen Abfall liegen lassen, die Wege nicht verlassen (im Sommer gibt es im Wald Vipern).

Wander- und Radfreunde sollten den Park im Frühjahr oder Herbst besuchen, da es im Sommer sehr heiß und schwül wird. Die Bewohner des Flußgebietes haben eine besondere Bootsform entwickelt, die sich speziell den Gegebenheiten des Flusses angepaßt hat. Dieses flache Boot, bei dem Heck und Bug die gleiche Breite haben, kann sowohl im Frühjahr bei starker Strömung, wie auch im flachen Wasser der sumpfigen Randzonen fahren.

Um der ständig wechselnden Wasserhöhe Rechnung zu tragen, hat man bei Bereguardo die Straße auf längs nebeneinanderliegenden Booten gebaut.

Wie auch im übrigen Teil der Lomellina gibt es entlang des Ticino noch viele Burgen, alte Mühlen und *Cascine* zu entdecken, wie z. B. die *Cascina Fallavecchia* (bei Besate) aus dem 17. Jh. oder das kleine *Castello Sforzesco* bei Vigevano, wo sich Leonardo da Vinci eine Zeitlang aufhielt, um den Kanalbau zu überwachen.

Bauernhaus am Ticino

Vigevano

Das Gebiet am Fluß Ticino war sehr wahrscheinlich schon 5000 bis 3000 v. Chr. besiedelt. 218 v. Chr. soll hier Hannibal die Schlacht am Ticino ausgefochten haben. 1154 lassen die Mailänder eine Brücke über den Ticino schlagen, von Stund' an wird die Brücke sowohl von Mailand wie auch von Pavia heiß umkämpft.

1227 tritt Vigevano an der Seite Mailands der zweiten Lega Lombarda bei. Im 14. Jh. lassen die Visconti sich in Vigevano eine Residenz bauen, die in der Lage sein soll, den gesamten Hofstaat von Mailand zu beherbergen.

Mitte des 19. Jh.s beginnt man in Vigevano zum ersten Mal in Italien mit industriell gefertigten Schuhen. Mittlerweile ist Vigevano mit ca. 60000 Einwohnern nicht nur Hauptstadt der italienischen Schuhproduktion, sondern beliefert auch ganz Italien mit seinen Fabrikationsmaschinen.

Im Schuhmuseum von Vigevano kann man die ersten industriell gefertigten, aber auch viele Schuhe antiker Herkunft aus Europa, Amerika, Afrika und Asien bewundern (geöffnet: sonn- und feiertags 10.00–12.30 u. 16.00–19.00 Uhr, wochentags nach Absprache).

Ludovico il Moro, Herzog von Mailand, ist im alten *Castello* von Vigevano geboren. Die Burg soll schon um das Jahr 1000 errichtet worden sein. Luchino Visconti, Statthalter von Vigevano im 14. Jh., ließ die Burg so befestigen und ausbauen, daß der Hof von Mailand gefahrenlos darin Unterkunft finden konnte. Damit man die Burg vom Land aus auf dem direktesten Weg erreichen konnte, ohne die Stadt berühren zu müssen, baute Visconti eine überdachte Straße auf zwei Ebenen. Sie ist mit 164 m die längste der Welt.

Ludovico il Moro engagierte Donato Bramante, um die Burg nach seinen Wünschen weiter auszubauen. Dabei entstand der sogenannte *Turm des Bramante.* Durch den Turm führte eine Rampe von der Piazza Ducale bis in die Burg. Die Piazza Ducale ist ebenfalls eine Auftragsarbeit von Ludovico il Moro, die sicherlich – zumindest spirituell – von Bramante und Leonardo angeregt worden war.

Es handelt sich um einen rein profanen Platz, der sich bewußt vom religiösen Mittelpunkt der Stadt abhebt. Einer der schönsten Plätze Italiens ist hier entstanden. Lokale Handwerksmeister fabrizierten die 84 Säulen aus Granit, welche die Arkaden tragen, die drei Seiten des Platzes umschließen. Jedes Kapitell unterscheidet sich vom anderen, und über jeder Säule befindet sich ein Medaillon, das Personen aus der Antike oder Sprichwörter darstellt. Die Wände der Paläste sind reich dekoriert. Im Sommer finden auf dem Platz Konzertveranstaltungen statt. Viele Cafés und Eisdielen haben ihre Tische draußen stehen und laden zum gemütlichen Verweilen ein.

Im 17. Jh. ließ der spanische Bischof Juan Caramuel die Gestalt des Platzes verändern, indem er die Rampe, die zur Burg führte, zerstörte und die barocke Fassade des Domes frontal zum Platz hin errichten ließ. So wurde aus dem Vorhof einer Residenz wieder ein religiöses Stadtzentrum.

Praktische Hinweise

Touristeninformation: I.A.T. Pro Loco Ufficio Turistico, Corso Vittorio Emanuele, 27085 Vigevano, ✆ 29 92 82.
Vorwahl: 03 81.

Hotels: *****Nuova Hotel,* Via Togliatti 21, ✆ 32 50 26; ****Europa,* Via Trivulzi 8, ✆ 69 04 83; einfach: Hotel-Restaurant *Fagiano,* Via al Ticino, Bereguardo, ✆ 03 82/92 80 97.

Camping: Vigevano: ***Campeggio Ticino,* Via Edison 1, ✆ 03 81/7 05 01.

Restaurants: *Ristorante Albergo Croll Bianca,* Casa Belestrini Valverde; *Da Pasquale,* Parascacco di Zobolo, in der Nähe der Brücke von Bereguardo, einfache lokale Gerichte (die Tochter des Hauses spricht Deutsch), *Mondo X,* Ristorante del Castello, Cozzo, ✆ 03 84/7 42 98. Außerhalb des Zentrums an den Ufern des Ticino gibt es viele kleine Speiselokale in Familienbetrieb, die allerdings nur mit dem Auto zu erreichen sind. *Hostaria La Cantinet-*

Piazza Ducale in Vigevano

ta, Via da Camino, Vigevano, Ortsteil Sforzesca, ✆ 7 27 93; *I Castagni,* Via Ottobiano 8, Vigevano, ✆ 4 28 60.

! **Sport:** Naturpark des Ticino: *Orrizonte,* ✆ 03 37/38 94 97 organisiert Führungen, Mountainbike Verleih, Pferde- und Pferdekarrenausflüge u. ä.; im *Touring Club Italiano* ist ein Buch erschienen, das verschiedene Fahrradrouten in der Lombardei *(Lombardia in Bicicletta)* vorschlägt.
Reiten: *Selva Alta,* Sporting Club, Vigevano, ✆ 4 28 60.

In der Lomellina

Auch hier gibt es, wie überall in der Lombardei, viele Burgen zu besichtigen- wie die von *Scaldasole* und *Valle Lomellina,* um nur zwei Beispiele zu nennen. Es sind typische Burgen der Visconti mit rechteckiger Grundfläche und Wachtürmen an allen Ecken. Sie sind fast alle noch in Privatbesitz bzw. werden von Konsortien als landwirtschaftliche Gutshöfe genutzt.

Die Lomellina sollte man im Frühjahr oder Herbst besuchen, dann sind die Temperaturen angenehm, und die Mückenplage ist geringer als im Sommer. Am schönsten ist, sie zu Fuß, mit dem Fahrrad oder zu Pferd zu erkunden. Im Frühjahr, wenn die Reisfelder geflutet sind, fährt man durch eine riesige Seenlandschaft. Hin und wieder gelangt man zu den typischen Gehöften der Lomellina, den *Cascine.*

Burg-Cascina und Reisfeld in der Lomellina

Reisanbau in der **Lomellina**

Lediglich 0,3 % der Weltproduktion an Reis wird in Italien angebaut. Das entspricht immerhin fast einer Million Tonnen. 70 000 ha Land werden allein in der Lombardei jedes Frühjahr zur Reissaat unter Wasser gesetzt. Jedes Kilogramm Reis verlangt 3000 bis 10 000 Liter Wasser und während der Blütezeit äußerst warme Temperaturen (20° bis 35°).

Die Lombardei besitzt mit der Lomellina nach der Provinz Vercelli im Piemont die zweitgrößte Reisanbaufläche in Italien.

Das Reiskorn soll im 15. Jh. aus Spanien nach Italien importiert worden sein. Zunächst wurde der Anbau nur in der Nähe von Pavia in der Po-Ebene ausprobiert. Die Versuche zeigten Erfolg, so daß 1475 Galleazzo Maria Sforza auch den Export von Reis erlaubte. Von Pavia aus verbreitete sich der Reisanbau in Italien und nach Südfrankreich. Bis Anfang des 19. Jh.s. war die Reisproduktion der Lomellina nur für den Eigenbedarf bestimmt. Dann erst begann die wirtschaftliche Nutzung des vorhandenen Potentials.

In der Lomellina werden verschiedene Reissorten von ausgesprochen hoher Qualität angebaut. Eine äußerst seltene Sorte ist der

Carnaroli, der besonders aufnahmefähig für Geschmackszutaten ist. Für den Risotto, beliebtes Gericht in allen lombardischen Städten, eignen sich vor allem die Qualitäten *Arborio* oder *Avorio* und *Vialone Nano.* Die kristallklare, körnig kochende Sorte *Baldo* empfiehlt sich als Beilage, besonders zu Fisch. Der sogenannte *Originario,* dessen Korn mittelgroß und rund ist, wird als Suppeneinlage und zur Zubereitung von Süßspeisen bevorzugt.

Je nach Sorte benötigt der Reis 100 bis 250 Tage Reifezeit. Danach wird das verbliebene Wasser in die Kanäle zurückgeleitet. Die Krume muß nun austrocknen, damit die Mähdrescher und Traktoren die Felder zur Ernte befahren können. Die Rohreiskörner werden noch mehreren Schälverfahren ausgesetzt.

Viele Frauen finden als Saisonarbeiterinnen ihr Auskommen in den landwirtschaftlichen Betrieben der Lomellina. Bis vor einigen Jahren, als noch weniger Maschinen eingesetzt wurden, gab es sehr strenge Verhaltensmaßregeln für diese Feldarbeiterinnen. Viele Frauen erinnern sich noch daran, daß das Sprechen während der Arbeit verboten war. Doch die Frauen wußten sich Abhilfe zu schaffen, indem sie sich ihre Probleme und Wünsche vom Herzen sangen.

Viele Filme wurden über diese Thematik gedreht. Der wahrscheinlich bekannteste Film, »Bitterer Reis«, stammt aus dem Jahre 1949. Der Visconti-Schüler Giuseppe de Santis beschreibt die Lage der ausgebeuteten Reisarbeiterinnen am Beispiel einer traurigen Liebesgeschichte.

Pavia

Eine Stadt wie Pavia, die so lange Zeit Mittelpunkt eines Königreiches war, hat natürlich auch viele historische Bauten. Doch der Reiz der Stadt liegt in ihren kleinen Gassen, der großen Auswahl an Geschäften und den vielen jungen Leuten, welche die große Universitätsstadt beleben.

Pavia kann auf eine glorreiche Zeit zurückblicken. Schon die Ligurer und später die Gallier ließen sich an der Stelle der heutigen Stadt, die besonders günstig zwischen zwei großen Wasserstraßen, dem Po und dem Ticino liegt, nieder. Zur Zeit Roms hieß die Stadt Ticinum und war eine wichtige Militärsiedlung an der Via Aemilia. Die alten Hauptstraßen und das Forum sind auch heute noch auf dem Stadtplan zu erkennen. So handelt es sich z. B. bei der Strada Nuova, die von der überdachten Brücke bis zur Piazza Castello führt, um den *Cardo.* Seine wahre Blütezeit erlebte Pavia unter dem Ansturm der Barbarenvölker, der Zeit des Untergangs des Römischen Reiches.

Nach dem Sieg Theoderichs über Odoaker wählte er Ticinum als Hauptstadt des Regnum Italicum. Wirklicher Regierungssitz wird es aber erst 572 unter den Langobarden. In dieser Zeit wechselt der Name von Ticinum in Papia. Eine Legende erzählt, daß der langobardische Titel des Geldeintreibers des Königs Papia war und deshalb die Vasallen der Langobardenkönige, wenn sie in die Hauptstadt zur Abgabe ihrer Tribute ritten, sagten: »Wir reiten zum Papia.« Aus Papia wurde mit der Zeit Pavia.

Um ihre Soldatenkönige in einem feierlichen Ambiente zu krönen, wurde eine Krönungskirche gebaut, in der auch 1155 Barbarossa zum König über Italien gekrönt wurde. Pavia, zu dieser Zeit schon längst freie Stadtrepublik, behielt nominell den Titel als Hauptstadt des Königreiches und kämpfte an der Seite des Kaisers gegen die Lega Lombarda. Zum Dank erhielt die Stadtrepublik die Jurisdiktion über die Lomellina und das Oltrepò Pavese, Gebiete, die auch heute wieder zur Provinz Pavia gehören. Im 11. und 12. Jh. lebten hier bereits 40 000 Einwohner.

Erst 1359 gelang es den Visconti, die Stadt zu erobern. Sie wählten sie zunächst als Sitz ihres Fürstenhofes. Die Herrschaft der Visconti fand ein Ende nach der Schlacht von Pavia zwischen Karl V. und Franz I. Nach dem Sieg Karls V. fiel

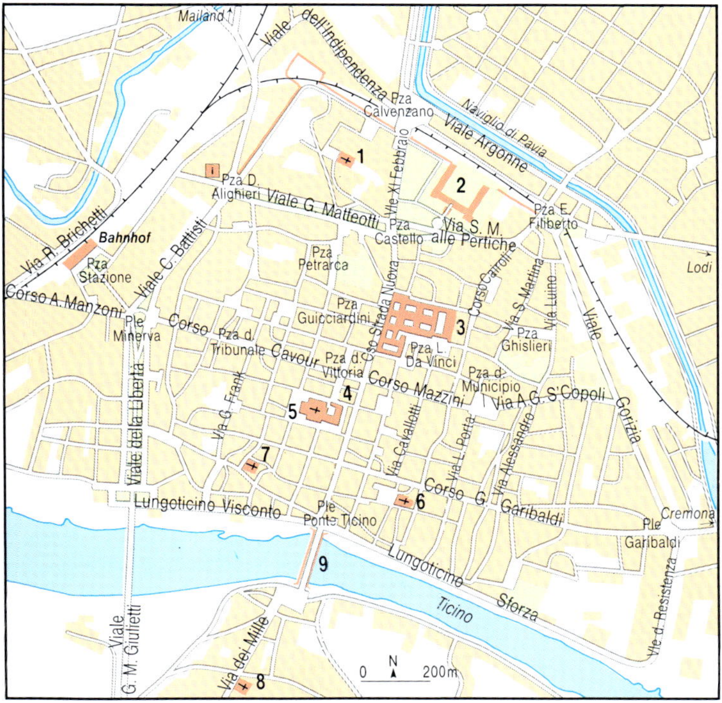

Stadtplan von Pavia: 1 S. Pietro in Ciel d'Oro 2 Castello Visconteo 3 Universität 4 Broletto 5 Dom 6 S. Michele Maggiore 7 S. Teodoro 8 S. Maria in Betlemme 9 Ponte Coperto

die Provinz 1525 an Spanien, im Erbfolgekrieg dann an die Habsburger.

Besichtigung

Im Mittelalter hieß Pavia dank seiner vielen Geschlechtertürme ›Stadt der hundert Türme‹. Die adeligen Familien errichteten diese Türme anläßlich der Geburt eines Sohnes. Je höher die Türme, desto größer das Prestige der Familie. Bei einem Gang durch die Stadt kommt man immer wieder an Überresten der Geschlechtertürme vorbei. Einer dieser restaurierungsbedürftigen Türme machte 1989 traurige Schlagzeilen. Der *torre civica*, der direkt neben dem Dom stand, brach sozusagen unter den Händen der Restauratoren zusammen. Dabei kamen vier Menschen ums Leben.

Eine der wichtigsten Kirchen Pavias ist *San Pietro in Ciel d'Oro.* Ein erster Bau stammt aus dem 7. Jh. Die heutige Kirche in typisch lombardischer Sakralarchitektur der Romanik stammt aus dem 12. Jh. Das Innere wie das Äußere ist dreigeteilt, die Portale sind reich verziert. Beachtenswert ist die schöne Aufteilung des Inneren und das Grabmal des hl. Augustinus, das 60 Statuen und 300 Reliefs verzieren – eine Arbeit lombardischer Künstler aus dem 14. Jh.

Von San Pietro führt der Weg zum Castello Visconteo. Der Herzogpalast wurde in der Schlacht von Pavia (1525) fast vollständig zerstört. Das Äußere ist eine typische Burganlage mit rechteckigem Grundriß und ehemals vier Wehrtürmen. Besonders schön ist der Innenhof

mit seinen Arkaden und Loggien, die die wehrhafte Burg in einen Palast verwandeln. Im Inneren befinden sich mehrere Museen.

Die Strada Nuova führt von der Piazza Castello an der Universität vorbei zur Stadtmitte. Die Universität zählt zu den ältesten Europas. Die Bauten sind eine Hinterlassenschaft der österreichischen Kaiserin Maria Theresia. Hinter der Universität liegt die Piazza Leonardo da Vinci, wo gleich drei relativ gut erhaltene Geschlechtertürme zu sehen sind. Sie gehörten der Familie Belcredi. Einer von den dreien ist mit 54 m der höchste Pavias.

Zentrum der Stadt ist die Piazza della Vittoria, eingerahmt von Häusern aus dem 14. und 15. Jh. und dem *Broletto* aus dem 12. Jh. An den Hof des Broletto schließt sich der *Dom* an, dessen Kuppel erst 1884 beendet wurde.

Das Juwel Pavias ist die romanische Kirche *San Michele.* Es handelt sich um die Krönungskirche der Könige des Regnum Italicum, und es ist auch die, in der Friedrich Barbarossa gekrönt wurde Die Fassade ist reich verziert mit menschlichen Figuren, Monstern, Tieren und Sagengestalten aus der mittelalterlichen Vorstellungswelt. Die Wurzeln dieser Basilika reichen bis in die langobardische Zeit zurück. Diese Kirche, gemeinsam mit Sant' Ambrogio in Mailand, war maßgebliches Vorbild für die romanische Baukunst in ganz Europa.

Für Romanikfreunde hat Pavia noch einige weitere Kirchen zu bieten, wie z. B. *San Teodoro* an der Piazza San Teodoro, und *Santa Maria in Betlemme* im Borgo Ticino, einem Stadtteil am Südufer des Ticino. Selbst diese romanischen Kirchen sind in Pavia schon gen Osten gerichtet.

Ponte Coperto in Pavia

Sehenswert ist auch die überdachte Brücke über den Ticino. Die Originalbrücke, um deren Bau sich allerhand Legenden ranken, wurde im Zweiten Weltkrieg 1944 bei einem Bombenangriff zerstört. Die Brücke ist nahezu originalgetreu wieder aufgebaut worden und hat als eine der wenigen Brücken in dieser Region der großen Hochwasserkatastrophe von 1995 standgehalten.

Die Umgebung von Pavia entlang dem Fluß Ticino und dem Naviglio von Pavia eignet sich besonders für ausgedehnte Fahrradtouren (Mückenschutz nicht vergessen).

Praktische Hinweise

Touristeninformation: A.P.T., Via F. Filzi 2, 27100 Pavia, ✆ 2 72 38 – Fax 3 22 21.
Vorwahl: 03 82.

Hotels: *****Ariston,* Via A. Scopoli 10d, ✆ 3 43 34; *Rosengarten,* Piazzale Policlinico 21–23, ✆ 52 63 12, außerhalb des Stadtkerns gelegen; ****Excelsior,* Piazzale Stazione 25, ✆ 2 85 96; preiswert: *Aurora,* Via V. Emanuelle II 25, ✆ 2 12 48.

Camping: ****Ticino,* Via Mascherpa 10, ✆ 03 83/52 70 94.

Restaurants: *Locanda Vecchia Pavia,* Via Cardinal Riboldi 2, ✆ 30 41 32 (exklusives Restaurant – Preis ca. 80 000 Lit. pro Menü). Die Küche ist eine Mischung aus einheimischer und französischer Küche (Froschschenkel, Schnecken, Enten usw.); *Francescon,* Via dei Mille 146, ✆ 2 23 31; *Pizzeria Azzura,* Via Gufanti 19, ✆ 2 42 67; *Al Cassinino,* Via Cassinino, ✆ 42 20 92, Spezialität: Fisch in Kalbsmedaillon mit Majoran.

Museen: *Pinacoteca Malaspina* im Castello Visconteo
Geöffnet: dienstags bis samstags 9.00–13.00 Uhr.

Einkaufen: Kulinarische Spezialitäten der Lombardei, Corso Manzoni 2; Mittwoch- und Samstagvormittag Markt: *Carlo Paveri,* Via Cardano 35, Kleidung; *Ardena,* Corso Cavour 14, Ledertaschen.

Postamt: Piazza Leonardo da Vinci.

Erste Hilfe: 1 18.

Certosa di Pavia

Wie eine kleine Insel, wie ein Lichtblick der Ruhe und des Friedens, findet sich in der sonst recht wenig abwechslungsreichen Ebene zwischen Pavia und Mailand die Kartause von Pavia oder besser in italienisch die *Certosa di Pavia.*

Die von Gian Galeazzo Visconti gestiftete Anlage war als Mausoleum für die Familie Visconti gedacht. Noch während der Bauarbeiten sind die Gebeine des in der Zwischenzeit verstorbenen Gian Galeazzo in die Kirche überführt

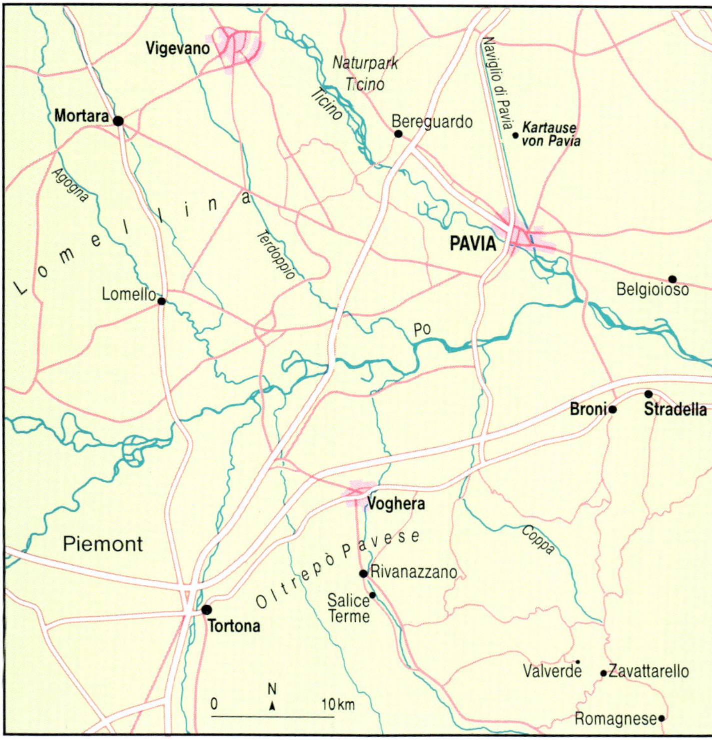

Die Umgebung von Pavia

worden. Kartäuserbrüder bewachten die Grabstätte bis 1947. Heute leben hier Zisterzienser. Am besten vertraut man sich ihrer Obhut an, um Kirche und Kloster zu besichtigen.

Die Fassade der Kirche, zu der man durch mehrere Tore und eine Allee regelrecht hingeführt wird, leuchtet ihren Besuchern schon von weitem entgegen. Den weißen Marmor der Fassade, an der die berühmtesten Künstler der Renaissance arbeiteten, hatten die Mönche der Dombauhütte von Mailand abkaufen können. Da sich die Bauzeit der Kirche von 1396 bis ins Jahr 1542 erstreckte, sind sowohl

Die Certosa di Pavia

Gian Galeazzo Visconti hatte sich diesmal ein wildes, unwegsames Gelände zur Jagd ausgesucht. Er war schon im Morgengrauen in Pavia aufgebrochen und die wenigen Kilometer bis zu dem Sumpfgebiet vor den Toren der Stadt geritten.

Alles versprach eine erfolgreiche Jagd: Der Wind kam aus der richtigen Richtung, die Hunde hechelten schon vor Eifer, und der Fürst selbst war bester Laune. Seine Schüsse trafen an der richtigen Stelle, und die Hunde apportierten eifrig das geschossene Wild. Nur ein Hund verweigerte den Befehl und saß vor einem angeschossenen Kaninchen, ohne sich zu rühren. Da mußte der Fürst sich wohl oder übel selbst auf den Weg machen, seine Beute einzusammeln. Die ersten Schritte verliefen auch ganz gut, doch plötzlich versank er bis zu den Hüften im Sumpf, sehr zur Belustigung einiger Mädchen, die in der Nähe arbeiteten. Wutentbrannt schrie Galeazzo den Mädchen zu: »Euch werde ich es zeigen, diesen Ort wird nie wieder ein Weiberrock betreten.« Und er hielt Wort: Noch im gleichen Jahr wurde der Grundstein zu einem Kartäuser-Kloster gelegt. Soweit die Legende.

In Wirklichkeit handelte Galeazzo Visconti jedoch auf den ausdrücklichen Wunsch seiner Frau hin. Dieses ›gute Werk‹ Gian Galeazzos erwies sich bis heute als Wohltat für die gesamte Po-Ebene; denn die Kartäuser-Mönche, eine Abordnung aus Siena, machten sich sogleich ans Werk, das sumpfige Gelände trockenzulegen. Sie bauten die ersten Kanäle, legten Drainagen und so die Rieselfelder an, auf denen heute noch so reichlich geerntet wird.

In erster Linie hatte Gian Galeazzo Visconti jedoch die Absicht, daß diese Klostergründung der Familie Prestige und Ehre in ganz Italien einbringen sollte.

Zur Grundsteinlegung am 27. August 1396 kam Gian Galeazzo mit seinen ehelichen und unehelichen Söhnen. Doch die Arbeiten schritten nur langsam voran. Nach seinem Tod floß das Geld nicht mehr so großzügig. Die diversen Architekten hatten zudem unterschiedliche Vorstellungen, und so zogen sich die Bauarbeiten über einige Jahrzehnte hin.

1454 schickte Francesco Sforza, der inzwischen die Nachfolge der Visconti angetreten hatte, seinen Sohn Galeazzo Maria zur Baubesichtigung nach Pavia. Er wurde mit Freuden empfangen, man jagte ge-

Die Certosa di Pavia

meinsam ein paar Hasen und feierte anschließend ein großes Fest. Ansonsten hatte sein Besuch keine nachhaltigen Auswirkungen.

1460 wurde die Kirche eingedeckt. 13 Jahre später beauftragte der Prior die Brüder Cristoforo und Antonio Mantegazza mit dem Bau der Fassade. Ludovico il Moro enthob 1492 die Kartäuser-Mönche der Bauaufsicht und setzte statt dessen eine Person seines Vertrauens ein. Er ließ die Kartause sogar mit weißem Marmor, der für den Mailänder Dom bestimmt war, beliefern. 1497 konnte die Kirche endlich geweiht werden. Erst danach begann man mit der Innenausstattung. Insgesamt arbeiteten an diesem bedeutendsten Renaissancebauwerk Oberitaliens 250 verschiedene Künstler.

Gian Galeazzo Visconti, Ludovico und seine Frau Barbara fanden hier ihre letzte Ruhestätte.

Elemente der Spätgotik als auch der Renaissance deutlich sichtbar.

Neben der Grabkirche der Visconti liegt das einfache Kartäuserkloster. Jeder der einst 24 Mönche hatte sein kleines Häuschen mit Loggia und einem kleinen Garten, den er selbst bewirtschaftete.

Der 124 × 102 m große Kreuzgang wird von 123 Arkaden aus Terrakotta, getragen von weißen Marmorsäulen, gebildet.

Dem Kloster angeschlossen ist auch heute noch ein eigener Bauernhof, der längst nicht mehr nur zur Selbstversorgung dient. Die Zisterzienser nehmen hin und wieder männliche Gäste auf, die einen stillen Ort zur religiösen Besinnung suchen. (Geöffnet: im Sommer 9.30–11.30; 14.30–18.00 Uhr, im Winter 9.00–11.30; 14.30–16.30 Uhr, montags geschlossen)

Praktische Hinweise

Restaurant: *Vecchio Mulino,* Via del Monumento 5, 27100 Certosa di Pavia, ✆ 03 82/92 58 94, sonntagsabends und montags geschlossen.

Souvenirs: Der Likör der Kartause von Pavia ›*Gra Car*‹ in der *Vecchia Farmacia della Certosa,* Viale Certosa 42; Lombardischer Wein ›*Enoteca Regionale Lombarda*‹, im Hof des Restaurants *Vecchio Mulino,* Via del Monumento 5.

Im Oltrepò Pavese

m Otrepò Pavese

Etwa 6 km westlich von Pavia an der Staatsstraße 234 in Richtung Cremona liegt die kleine Stadt **Belgioioso.** Gian Galeazzo Visconti hat hier Anfang des 14. Jh.s. eine seiner Burgen als Sommerresidenz umbauen lassen. Die gravierendsten Veränderungen stammen aus dem 17. Jh. 1985 ist die Sommerresidenz zu einem Ausstellungszentrum umgebaut worden.

Von Belgioioso aus führt eine kleine Straße über den Po Richtung Stradella. Von da aus erreicht man über die Nationalstraße 10 Broni.

Der Ort **Broni** ist römischen Ursprungs. Das Stadtzentrum hat noch mittelalterliche Züge. Sehenswert sind der *Palazzo Comunale* und die *Collegiata.*

Von Broni aus kann man sehr schöne Spazierfahrten ins Oltrepò Pavese unternehmen. Dieser Teil der Lombardei gehört geographisch zum Apennin. Die sanfteren Hügel im Norden werden überwiegend zum Weinanbau benutzt. Im Sommer sind die Temperaturen sehr angenehm, und schon deshalb lohnt sich ein Spaziergang in den Wäldern von Zavattarello, Romagnese und Valverde. Die Orte Passo del Penice, Brallo di Bregola und Pian del Pogio bieten dem Winterurlauber leichte und mittelschwere Skipisten.

Salice Terme ist ein beliebter Thermalkurort, der schon von den Römern frequentiert wurde. Im Nachbarort **Rivanazzano** gibt es einen Segelflugplatz. Aktivstes Wirtschaftszentrum am Fuß des Apennin ist Voghera.

Praktische Hinweise

Touristeninformation: siehe Pavia S. 208.

Hotels: *****Il Castello di San Gaudenzio* in Cervesina, ✆ 33 31, zwischen Pavia und Voghera gelegen; einfach: Restaurant-Hotel *Nobile,* im Wallfahrtsort Ponte Nizza im Ortsteil Sant'Alberto di Butrio, ✆ 5 91 38; *Hotel-Ristorante Da Bona,* Via S. Martino 1, Rivanazzono, ✆ 9 12 51 (Restaurant nur abends geöffnet).
Reiterferien auf dem Biohof: *Torrazzetta di Borgo Priolo,* ✆ und Fax 87 10 41.
Vorwahl: 03 83.

Jugendherberge: Voghera: *Ostello della Gioventu presso Centro Sociale,* Viale Repubblica 25,
✆ 4 17 46.

Restaurants: *Cafe del Centro,* Via di Dentro 9, 27054 Varzi, ✆ 5 26 92, gemütliches Lokal im mittelalterlichen Ortskern von Varzi, dienstags bis samstagabends geöffnet, sonntags 10.30–18.00 Uhr. *Trattoria Cerruti,* etwa. 7 km südlich von Broni in Cassinassa di Castagna, ✆ 03 85/8 20 12, herrliche Aussicht über die Hügel; *Ristorante Bellavista,* im Ortsteil Montebruciato, ✆ 03 85/8 81 07, Hausmannskost.

Souvenirs: Santa Maria della Versa: *Cantina Sociale,* sehr guter Wein der Region, Grappa und erstklassiger Spumante.

Von Crema nach Cremona

Abstecher

nach

Pizzighettone

San Colombano al Lambro

Lodi

Po-Landschaft

Das Cremonese

Im Herzen der Po-Ebene, am Unterlauf von Adda und Oglio, liegen die Städte Crema und Cremona inmitten des fruchtbaren Landes, das von Kanälen durchzogen ist.

Crema

Das Stadtbild Cremas ist geprägt durch seine Lage zwischen den Flüssen Oglio, Adda, Serio und Po. Das ganze Gebiet war sumpfig, und die Stadt entwickelte sich auf einer Insel in dem inzwischen ausgetrockneten See Gerundo, was ihr sicheren Schutz vor den eindringenden Langobarden bot. Das Sumpfgebiet wurde seit dem 12. Jh. durch die Konstruktion von Kanälen und Drainagen systematisch trockengelegt. Bis heute konservierte die Stadt, trotz mehrfacher Zerstörung, ihren fünfeckigen Mauerring (die sogenannte venezianische Mauer).

Obwohl Crema 1098 von Mathilde von Canossa dem Bischof von Cremona geschenkt worden war, wandte sich die Stadt in der Lega Lombarda gemeinsam mit Mailand gegen die kaisertreuen Städte Cremona und Lodi.

Religiöses wie politisches Zentrum ist auch hier der *Domplatz.* Mit dem Dombau war nach der Zerstörung der Stadt durch Friedrich Barbarossa erst im 13. Jh. wieder begonnen worden. Bemerkenswert sind die Terrakotten, die die Fenster einrahmen.

Gegenüber dem Dom liegt der *Palazzo del Comune.* Hier ist der Einfluß Venedigs (1525) ganz deutlich zu spüren. Außer diesem Gebäude liegen noch mehrere Renaissance-Paläste venezianischen Stils an diesem Platz.

Der moderne Teil Cremas, das heute etwa 34 000 Einwohner hat, ist bestimmt durch die landwirtschaftliche Industrie der Region.

Von Crema aus lohnt sich ein Ausflug zur *Rocca von Soncino.* Man erreicht Soncino über die Nationalstraße 235. Die Burg ist die besterhaltene und auch die aufschlußreichste der Militärarchitektur der Sforza. Ihr Grundriß ist das typische Quadrat dieser Burgen mit Ecktürmen. Der ganze Komplex ist von einem Wassergraben umgeben, der auch die beiden Mauerringe trennt. Der nordwestliche Turm konnte als autonome Festung bestehen, da er nur über Zugbrücken zu erreichen war. Die Burg liegt auf einer natürlichen Anhöhe in der Nähe des Flusses Oglio. Erst Mitte des 16. Jh.s wurde die Burg zur Residenz umgebaut. Sie beherbergt heute eine Schule

Rocca von Soncino

für Kunsthandwerk (geöffnet: samstags und sonntags 10.00–12.00 Uhr und 14.00–17.00 Uhr. An den anderen Tagen nur nach Absprache mit dem Fremdenverkehrsamt ✆ 03 74/8 48 83).

Über die Nationalstraße 415 gelangt man von Crema nach Cremona.

Cremona

Mit der Stadt Cremona sind zwei Namen untrennbar verbunden: Stradivari und Amati. Das Geheimnis des wunderbaren Klanges der Violinen von Antonio Stradivari ist bis heute nicht gelüftet. Viele namhafte Violinvirtuosen, wie z. B. Anne-Sophie Mutter, schwören auf dieses Instrument. Auch der Komponist Claudio Monteverdi ist in Cremona geboren; er war lange Zeit am Hof der Gonzaga in Mantua tätig. Von ihm stammt die erste Oper der Musikgeschichte.

Eine Spezialität der Stadt Cremona mit historischem Hintergrund ist der süße Nougat. Ein Konditor kreierte die Mischung aus Honig, Eischnee und gerösteten Mandeln für die Hochzeitsfeier von Francesco Sforza und Bianca Maria Visconti (1441). Diese Süßigkeit erhielt ihren Namen *torrone* von dem berühmten Campanile Cremonas, dem *Torrazzo.* Es ist der höchste Glockenturm (111 m) Italiens. Am

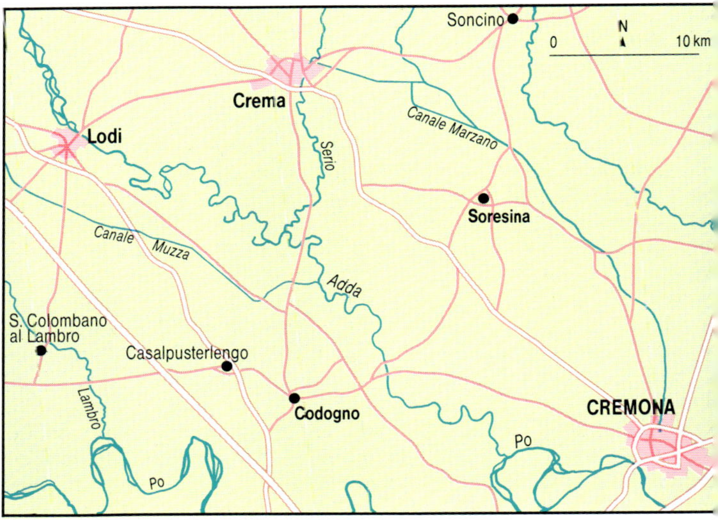

Von Crema nach Cremona

Turm befindet sich eine große astronomische Uhr. Ihr Uhrwerk stammt noch aus dem Jahr 1480. (Besichtigungszeiten 10.00–12.00 Uhr und 15.00–18.30 Uhr). Der Torrazzo ist seit dem 15. Jh. durch eine Galerie mit dem Dom verbunden. Er war einst sowohl Glockenturm als auch Rathausturm; wie die wichtigsten Bauten Cremonas stammt er aus der Blütezeit der Stadt, in der sie noch freie Stadtrepublik war. Bis 1167 kämpfte Cremona auf der Seite Barbarossas gegen die Lega Lombarda. 1334 fiel die Stadt an Azzone Visconti.

Die Piazza del Comune ist das historische Zentrum Cremonas und gehört zu den repräsentativsten Plätzen Oberitaliens. Die Fassade des *Doms,* der aus dem 12. Jh. stammt, ist ein schönes Beispiel für die Arbeit von lombardischen Baumeistern. Besonders sehenswert sind die Skulpturen der Propheten Jesaja, Jeremia, Daniel und Hesekiel, die in den Nischen des Portals stehen. Typisch für die oberitalienische Architektur der Romanik ist auch der Eingangsbaldachin, dessen Säulen von Löwen getragen werden. Die Kirche ist innen, bis zur Unerträglichkeit, komplett ausgemalt.

Gegenüber dem Dom liegt das Rathaus *(Palazzo Comunale).* Es wurde im Jahre 1206 als Symbol der freien Republik erbaut. Hier versammelten sich die Bürger in der *Sala della Ragione* zur demokratischen Entscheidungsfindung. Cremona, das heute etwa 76 000 Einwohner zählt, hat seinen Titel als freie Stadtgemeinde von Mathilde von Canossa erhalten, aus Dankbarkeit für den Sieg über Crema. Die Stadt war bis 1167 Friedrich Barbarossa treu ergeben. Diese Treue wurde durch das Recht belohnt, eigene Münzen prägen zu dürfen. Für die Stadt war dies ein sehr wichtiger Beleg der Autonomie.

Sicherlich war die Hoffnung auf dieses für die Stadt so bedeutende Recht ein Motiv für den erst späten Eintritt Cremonas in die Lega Lombarda. Dieser politische Umschwung führte zu heftigen Auseinandersetzungen, die sogar einzelne Familien spaltete. Die adeligen Familien, die aus ihrer Kaisertreue sehr viel Gewinn gezogen hatten, blieben im alten Stadtzentrum wohnen, während die welfisch gesinnten Bürger sich in die Neustadt *(Città Nuova),* im Norden der Stadt zurückzogen (Via dei Mille, Corso Garibaldi). Die Bürger der Città Nuova bauten sich ihren eigenen Gemeindepalast, den *Palazzo di Cittànuova.*

Neben dem Palazzo Comunale an der Via dei Gonfalonieri liegt das Gebäude, das als Versammlungsort für die Miliz diente. Diese Miliz scheint sich nicht gerade großer Beliebtheit erfreut zu haben, denn die Außentreppe, die zum Versammlungsraum führte, hieß im Volksmund: die Treppe der Wölfe.

Dom von Cremona

Amati und Stradivari

Sehr wahrscheinlich sind die ersten Geigen Anfang des 16. Jh.s in Brescia gebaut worden, allerdings gibt es hierüber keine Dokumente.

Ende des 16. Jh.s bestellt der französische Königshof einige Geigen bei einem gewissen Andrea Amati in Cremona. Andrea Amati (ca. 1530–1611) ist der erste namentlich bekannte Geigenbauer. Sein Enkel Nicola Amati (1596–1684) war höchstwahrscheinlich der Lehrer von Antonio Stradivari (1644–1737). Er hat die weiche und harmonische Form der Cremoneser Violinen entwickelt. Nach seinen Vorlagen werden in Cremona auch heute wieder Geigen gefertigt.

Stradivari arbeitete nur mit ausgewählten Hölzern. Sie mußten gut abgelagert sein. Er achtete vor allem auf die Maserung des Holzes. Sie mußte in der Fichtenholzdecke des Resonanzkörpers völlig regelmäßig sein. Für den Boden verwendete er Ahornholz, dessen Zeichnungen wie Flammen von rechts nach links zu züngeln hatten. Bereits zu Lebzeiten hatten seine Geigen den unvergleichlichen Ruhm erworben, den sie auch heute noch besitzen. Man sagte ihnen nach, den Klang menschlicher Stimmen zu besitzen.

600 Geigen mit dem Markenzeichen Antonio Stradivarius sind die ›kläglichen‹ Reste einer großen Geigenproduktion des Geigenbauers aus Cremona. Von diesen 600 befindet sich nur noch eine einzige im Originalzustand. Sie hat das traurige Schicksal eines Instrumentes erlitten, das nur wenig gespielt und irgendwo in einem Schrank vergessen wurde.

Alle anderen Violinen Stradivaris wurden den Bedürfnissen der jeweiligen Besitzer entsprechend umgearbeitet. Am häufigsten wurde der Geigenhals ersetzt. Führt diese Arbeit ein geschickter Handwerker mit viel Liebe zum Instrument aus, ist die Klangveränderung minimal.

Nach einer gewissen Zeit blättert auch an der schönsten Geige der Lack ab, und wer möchte schon auf der Bühne stehen oder zu Hause im Kammerorchester mit einer unansehnlichen Geige in der Hand spielen. In einem solchen Fall führt der Weg zum Geigenrestaurator, der das Instrument wieder mit einer besonders dicken Lackschicht versieht. Zu Hause, wenn man das glänzende Instrument spielen möchte, wartet eine unangenehme Überraschung: Der schöne Klang ist hin. Denn das große Qualitätsgeheimnis der Geigen Stradivaris lag sehr wahrscheinlich in der Zusammensetzung seiner Lacke. Leider ist dies

Stradivari ›Il Cremonese‹ im Museo Civico von Cremona

nicht mehr nachzuprüfen, denn längst wurden fast alle Instrumente neu lackiert.

Anläßlich des 200. Todestages Stradivaris wurde 1937 in Cremona eine internationale Schule für Geigenbauer eröffnet. Man versucht in der alten Tradition Amatis und Stradivaris zu unterrichten. Keine der alten Geigen würde man heute noch restaurieren. Man zieht es vor, sie zu konservieren, um die Vorlagen für originalgetreue Kopien zu erhalten.

Besichtigung

Wem der Sinn nach Süßem steht, der ist im Zentrum Cremonas bestens aufgehoben; hier findet man eine Konditorei neben der anderen. Die Geigenbauerwerkstätten sind dagegen schon schwerer zu finden.

Die Touristeninformation ist sicher bereit, eine Besichtigung in einer der Werkstätten zu vermitteln. Wem ein Blick auf einige dieser äußerst wertvollen Instrumente genügt, sollte der *Sala dei Violini Classici* im Palazzo Comunale einen Besuch abstatten. Folgt man von der Piazza del Comune dem Corso Campi, der in die Via Palestro übergeht, gelangt man zum Stradivari-Museum.

Von Frühjahr bis Herbst kann man mit dem Motorschiff ›Stradivari‹ bis zur Lagune von Venedig fahren. Informationen erteilen die örtlichen Reisebüros und die Touristeninformation.

Praktische Hinweise

Touristeninformation: A.P.T., Piazza del Comune 5, 26100 Cremona, ✆ 2 32 33, Fax 2 17 22.
Vorwahl: 03 72.

Hotels: *****Continental Cremona,* Piazzale Libertà 27, ✆ 43 41 41; *Motel Agip,* A 21, Ausfahrt Cremona Nord, ✆ 95 04 90; ****Astoria,* Via Bordigallo 19, ✆ 46 16 16; *Duomo,* Via Gonfalonieri 13, ✆ 3 52 42; *Este,* Viale Po 131, ✆ 3 22 20; **Bologna,* Piazzale Risorgimento 7, ✆ 2 42 58; *Brescia,* Via Brescia 7, ✆ 43 46 51.

Restaurants: *Ristorante Ceresole,* Via Ceresole 4, ✆ 23 32, Spezialität: Pilzsuppe und Süßspeisen mit *torrone.*

Museen: *Museo Civico Ala Ponzone,* Via Ugolani Dati 4.
Museo Stradivariano, Via Palestro 17.
Beide Museen sind geöffnet von dienstags bis samstags 9.15–18.00 Uhr, feier-

tags 9.15–13.30 Uhr und 15.00–18.00 Uhr.

Feste und Veranstaltungen: Alle drei Jahre im Oktober: Festival der Bogeninstrumente.

Pizzighettone

30 km nordwestlich von Cremona, am Unterlauf des Adda, liegt die kleine Ortschaft Pizzighettone. Allerdings gibt es keine Verbindungsstraße, die entlang der Flüsse Po und Adda nach Pizzighettone führt. So muß man ein Stück auf der Nationalstraße 234 fahren, die von Cremona nach Pavia führt – durch die häßlichen Vororte und Industriegebiete. Ein Abstecher auf

Landschaft am Po-Damm

Nebenstraßen, die in Richtung Fluß führen, lohnt sich immer. Doch gibt es zwei Dinge zu beachten: Im Sommer muß man sich vor den angriffslustigen Stechmücken schützen, fast ebenso angriffslustig sind die freilaufenden Hunde der verstreut liegenden Bauernhäuser.

Pizzighettone ist neben der Burg von Soncino eine der besterhaltensten Befestigungsanlagen aus dem 16. Jh. in der Region. Der heute rund 7000 Einwohner fassende Ort war 1333 von den Visconti erobert worden, die ihn zu einer ihrer wichtigsten Festungen ausbauten. Im Laufe der Jahrhunderte kamen weitere Mauern hinzu. Die gesamte Altstadt ist von einem sternförmigen Festungssystem umgeben.

Die Bastion liegt zum Teil entlang des Flusses Adda. Franz I. von Frankreich war 1525 von den Spaniern gefangen worden und in der Burg von Pizzighettone fast zwei Monate festgehalten worden. Von dieser Burg ist nur noch ein Wachturm erhalten.

Im 18. Jh. gab der Fall Pizzighettones Anlaß zur Kapitulation der gesamten Lombardei vor den französischen Truppen. Die Anlage wird heute noch militärisch genutzt, so daß nur ein Teil entlang der Via delle Casematte zur Besichtigung freigegeben ist.

San Colombano al Lambro

Fährt man von Pizzighettone auf der N 234 weiter in Richtung Pavia, durchquert man ein weiteres Stück der Po-Ebene mit ihren weiten Feldern und Pappelreihen. Nach ca. 15 km unterquert man bei Casalpusterlengo die Autostrada del Sole. Sie ist an dieser Stelle die unfallträchtigste in ganz Italien. Die Hauptursache hierfür sind die dichten Nebelbänke im Januar/Februar. Nach weiteren 6,5 km kommt rechterhand die Abzweigung nach San Colombano al Lambro.

Nach einigen Tagen in der strengen Landschaft der Po-Ebene ist der Anblick dieses Städtchens, das sich an die Hänge der Ausläufer des Apennin schmiegt, äußerst angenehm. Man lebt in San Colombano hauptsächlich vom Weinanbau.

Auch sind Reste einer der vielen Burganlagen erhalten. Innerhalb der Burgmauern befindet sich noch ein kleiner mittelalterlicher Flekken. Die Weinberge am Ortsrand laden zu ausgedehnten Spaziergängen ein. Von ihren Kuppen hat man einen schönen Blick zum Po.

Lodi

Ca. 16 km nördlich von San Colombano al Lambro liegt die 43 000 Einwohner zählende Stadt Lodi – eine Gründung von Friedrich Barbarossa. Auf der Fahrt von San Colombano al Lambro kommt man schon an einer der Hauptsehenswürdigkeiten des Lodigiano vorbei. Es ist der 1220 erbaute 58 km lange Kanal Muzza. Er ist das Kernstück des komplizierten Bewässerungs-

Lodi, Piazza della Vittoria

systems mit sogenannten feuchten Wiesen. Sie dienen hauptsächlich dem Anbau von Viehfutter. Die Milchwirtschaft ist die Haupteinnahmequelle in dieser Gegend.

Besonders sehenswert ist die Klosteranlage des *Santuario dell'Incoranata*. Es handelt sich um eine der bedeutendsten Renaissance-Bauten der Lombardei. Ebenfalls aus der Renaissance stammt der *Palazzo Varesi*. Wahrscheinlich wurden beide Bauten vom selben Architekten (Giovanni Battagio) geschaffen.

Lodi war zusammen mit Pizzighettone und weiteren Orten entlang der Adda seit dem 15. Jh. ein wichtiger Bestandteil der Grenzverteidigung des Herzogtums Mailand. Man kann von Lodi aus durch das Adda-Tal bis hoch nach Lecco am Comer See fahren.

Seine volle Schönheit entfaltet der Adda in dem kleinen Ort **Trezzo,** wo die grünen Hänge bis dicht an den Fluß heranreichen. In Trezzo gibt es einen Bootsverleih, so daß man auf dem ruhigen Wasser vor dem Elektrizitätswerk (einem beeindruckenden Jugendstilbau) Boot fahren kann. Der einzige Weg, der direkt am Adda entlang führt, ist nur von Spaziergängern und Radfahrern zu nutzen. Um zu dem Boots- und Fahrradverleih zu gelangen, folgt man am besten den Hinweisschildern, die das Elektrizitätswerk anzeigen.

Von dem Turm der Burg aus kann man bei klarem Wetter sowohl Bergamo als auch den Comer See sehen.

Mantua Residenz der Gonzaga

Ausflüge ins Hinterland

Mantua am Abend

Mantua

Die Stadt ist sehr malerisch zwischen drei von dem Fluß Mincio gebildeten Seen gelegen. Das Stadtbild wird geprägt durch die Bauten, die unter der Herrschaft der Gonzaga vom 14.–17. Jh. hier entstanden sind.

Die geschützte Lage im sumpfigen Mündungsgebiet des Mincio in den Po war sicherlich von Vorteil für die ersten Siedler. Dies sollen Etrusker und Gallier gewesen sein. Im 11. Jh. begann die eigentliche Stadtgeschichte Mantuas. Zu diesem Zeitpunkt wurde die Stadt Teil des Herrschaftsgebietes der Fürstin Mathilde von Canossa. Später kämpfte Mantua, nach einigem Zögern, als freie Kommune auf der Seite der Lega Lombarda. 1273 bis 1328 war sie Lehen der Familie Bonacolsi.

Die von den Langobarden abstammende Adelsfamilie Gonzaga zwang die Bonacolsi, indem sie alle Gebäude des Stadtzentrums besetzten, zur Aufgabe des Lehens. Die Gonzaga übernahmen die Herrschaft über Mantua, bis sie 1707 den Österreichern weichen mußten. Fast 400 Jahre konnte die Familie Gonzaga ohne Unterbrechung ihre Macht ausüben. Sie war erstaunlich zurückhaltend, was Familienfehden anging, ganz im Gegensatz zu den Visconti in Mailand, die sich gegenseitig den Garaus machten.

Besichtigung

Auch in Mantua läßt man das Auto besser stehen. Es gibt einen großen bewachten Parkplatz in der Via Lungolago dei Gonzaga. Er ist sehr leicht zu finden, da man nur der Straße entlang den Seen folgen muß. Einen Teil der Sehenswürdigkeiten hat man dann schon im Vorbeifahren gesehen. Es handelt sich um den Palazzo Ducale und das Castello di San Giorgio.

Der Eingang des *Palazzo Ducale* (Herzogpalastes) befindet sich an der Piazza Sordello. Die Besichtigung ist nur mit einem örtlichen Führer gestattet. Sie dauert eineinhalb bis zwei Stunden.

Der Palast war zunächst als Festungsanlage erbaut worden und hat seither einige Veränderungen erfahren. Die Gonzaga haben ihn ihren Bedürfnissen entsprechend zu einem der luxuriösesten Renaissance-Paläste Italiens ausgebaut. Die größten Architekten, Maler und Komponisten ihrer Zeit, wie Leon Battista Alberti, Giulio Romano, Andrea Mantegna und Monteverdi arbeiteten für die Gonzaga.

Stadtgründung

Dante Alighieri schreibt in der »Göttlichen Komödie« zur Stadtgründung Mantuas:

»Als dort vorbei die wilde Jungfrau kam,*
erblickte sie im Sumpfe festes Land,
ein ödes, unbebautes, unbewohntes,
und blieb, die menschliche Gemeinschaft scheuend,
mit ihren Dienern dort und lebte so
in ihren Künsten und entschwand dem Leibe.
Dann sammelten die rings zerstreuten Menschen
an diesem Platze sich, denn er war gut
durch Sumpfgelände allerseits gesichert.
Sie bauten ihre Stadt auf Mantos Grab
und tauften ohne weitern Zauber sie
nach ihr, die diesen Platz zuerst erwählte.«

(*Manto, Tochter des Wahrsagers Teiresias aus Theben)

Da die Gonzaga unter anderem eine exklusive Pferdezucht betrieben, waren sie bemüht, den Verkauf dieser Pferde publikumswirksam in Szene zu setzen. Man hatte eigens dafür einen Vorführplatz angelegt, den man von einer nach zwei Seiten offenen Galerie aus einsehen konnte. Diese von Giulio Romano entworfene Galerie liegt parallel zum Seeufer, so daß die Hofleute, ohne den Palast verlassen zu müssen, den Veranstaltungen auf dem See zuschauen konnten.

Viele Räume sind mit Fresken ausgemalt. Zum Teil arbeiteten die Künstler mit dem Mittel optischer Täuschung *(Trompe l'œil)*, und so scheinen die Pferde des Sonnenwagens dem Besucher durch den Spiegelsaal zu folgen – eine Bewegung die fast 90° umfaßt. Palazzo Ducale und Castello di San Giorgio bilden einen zusammenhängenden Gebäudekomplex.

Eine der großartigsten Wandmalereien ist in der *Camera degli Sposi* im *Castello di San Giorgio* zu bewundern. Dieser Raum diente einst als Studio des Markgrafen Ludovico. Andrea Mantegna ist der Maler dieser Fresken. Sie zeigen Ludovico Gonzaga, seine Frau Barbara von Brandenburg mit Familienangehörigen und Hofleuten. Der Künstler selbst hat sich als Dekorationselement an einer Säule verewigt. Da die große Zahl der Besucher dem Zustand der Fresken

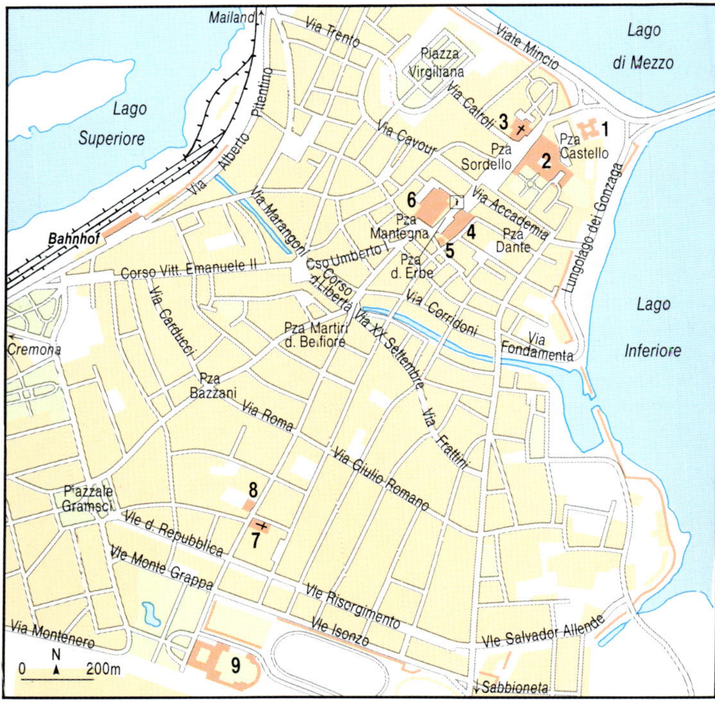

Stadtplan von Mantua: 1 Castello di S. Giorgio 2 Palazzo Ducale 3 Dom 4 Broletto u. Palazzo della Ragione 5 Rotonda di S. Lorenzo 6 S. Andrea 7 S. Sebastiano 8 Haus von Mantegna 9 Palazzo del Tè

schadet, ist der Aufenthalt in diesem Raum nur für 10 Minuten gestattet.

An der Nordseite der großen Piazza Sordello liegt der *Dom.* Er ist dem hl. Petrus geweiht und eine herrliche Mischung aus verschiedenen Stilepochen. Der Campanile ist romanisch, das Innere stammt aus dem 16. Jh., und die Seitenfront mit ihren Zacken und Türmchen ist spätgotisch.

Auf der Piazza Sordello sind immer einige Fiaker anzutreffen, die für ca. 30 000 Lire (bitte handeln) eine Stadtrundfahrt anbieten.

Der *Broletto* (oder *Palazzo del Podestà,* auch *Palazzo Vecchio* genannt) ist 1227 im Auftrag des damaligen Podestà Lodbengo Martinengo erbaut worden. 45 Jahre beherbergte er die Kommune, bis Pinamonte Bonacolsi die Macht übernahm. An seiner Fassade ist eine Skulptur aus dem 13. Jh. zu sehen, die Vergil als Lehrer darstellt.

Der Broletto ist durch den *Arengario*, unter dessen Bogen noch die Eisenringe hängen, an denen Übeltäter öffentlich gemartert wurden, mit dem *Palazzo della Masseria* verbunden. Letzterer – heute Sitz eines Restaurants – hat einige erst kürzlich freigelegte Fresken zu bieten, die die Stadt Mantua und ihr Umland im 15. Jh. darstellen.

Von der Piazza Broletto folgt man den Arkaden, um zur Piazza delle Erbe, dem traditionellen Marktplatz, zu gelangen. Einige der schönsten Fassaden Mantuas sind hier zu besichtigen. Das Gebäude mit den gleichförmigen Arkaden, den Geschäften und Restaurants ist der *Palazzo della Ragione* (der Justizpalast) aus dem 13. Jh. Der Uhrturm wurde im 15. Jh. angebaut. Direkt daneben liegt die älteste Kirche Mantuas, die romanische *Rotonda di San Lorenzo*. Sie war noch im Auftrag Mathilde von Canossas errichtet worden. Vorbild für diesen Rundbau soll die von Konstan-

Piazza Sordello mit Dom

Vergil

» ›Vergilius also bist du, bist der Born, aus dem so reich die goldnen Worte strömen?!‹ Ich sprach es schüchtern mit gesenkter Stimm', ›Du Ruhm und Leuchte über allen Dichtern, laß all den Fleiß, laß meine große Liebe, womit ich häng an deinem Buche, gelten! Du bist der Meister mir, der schöpferische, der einzige, von dem die hohe Kunst des Wort's ich habe, die mir Ehre bringt...!‹ «

Mit diesen Worten begegnet Dante seinem Wegbegleiter Vergil in der »Göttlichen Komödie«. Dante bezieht sich auf das Hauptwerk Vergils, die »Aeneis«. Aeneas, der wie Odysseus in Troja kämpfte, verirrte sich auf der Suche nach dem neuen Troja nach langer Fahrt bis an die Küste Italiens. Dort soll er Rom gegründet haben. In 12 Kapiteln erzählt Vergil, sich an die »Ilias« von Homer anlehnend, in Versform von den Irrfahrten des Aeneas. Es ist das von den Göttern vorgegebene Schicksal, dem die Hauptfigur Aeneas folgen muß. Er kann seinem Schicksal nicht entkommen.

Der Vater Vergils besaß ein Landgut bei Mantua und gehörte zur mantovanischen Ortsaristokratie.

Am 15. Oktober 70 v. Chr. wird Puplius Vergilius Maro auf dem Landgut seiner Eltern in Andes bei Mantua geboren. Das Kind wächst im Zeitalter des Triumvirats zwischen Pompejus, Crassus und Cäsar auf, und zwar in der römischen Provinz Gallia Cisalpina, zu der Mantua gehörte. Nur derjenige, der ein öffentliches Amt bekleidete, wie Vergils Vater, konnte in diesen Provinzen die volle römische Staatsbürgerschaft erlangen.

Vergil scheint ein zwar sehr intelligentes, aber schwächliches Kind gewesen zu sein. Diese physische Schwäche des Sohnes veranlaßte den Vater, ihn für ein Studium auszuwählen.

tin erbaute Kirche zum Heiligen Grab in Jerusalem gewesen sein.

Von Leon Battista Alberti (1404–1472), dessen Genius mit dem Leonardos vergleichbar ist, stammen gleich zwei Kirchen in dieser Stadt. Die eine ist *Sant' Andrea,* deren Hauptportal zur Piazza Mantegna liegt. Sant' Andrea wurde 1472 begonnen, im gleichen Jahr starb Alberti. 227 Jahre vergingen bis zur Fertigstellung der Kirche. Der ursprüngliche Plan wurde dabei nur wenig verändert, die Kuppel wurde allerdings erst im 18. Jh. aufgesetzt.

59 v. Chr. wird Cäsar Konsul. Ein Jahr später beginnt er mit der Eroberung Galliens. Als Winterquartier wählte Cäsar die Po-Ebene bei Mantua. Für die Kinder der Region war das Auf- und Abmarschieren der Truppe mit ihren Fahnenbannern und klirrenden Waffen immer wieder ein Erlebnis, so auch für Vergil.

55 v. Chr. legt Vergil die Männertoga an. Nach dem Besuch einer höheren Schule in Cremona beginnt er mit dem Studium in Mailand. Neben dem Studium von Rhetorik, Jura, römischer Geschichte beschäftigte er sich mit Mathematik, Astronomie, Astrologie und Medizin. Um 53 v. Chr. wechselt Vergil nach Rom. Nur ein einziges Mal tritt Vergil nach Studienabschluß als Anwalt auf. Obwohl er in späteren Jahren seine Verse frei vortragen konnte, wird er von Beobachtern dieses Prozeßauftritts als nicht sehr redegewandt geschildert. Vergil schließt sich jungen Dichtern an und zieht sich schließlich in einen Philosophenkreis nach Neapel zurück.

Man schreibt das Jahr 44 v. Chr. und die Iden des März, den Tag der Ermordung Cäsars. Vergil erzählt in der »Georgica«, wie sich in seiner Heimat Stürme zusammenbrauten, die das Unglück, das Cäsar treffen sollte, vorankündigten.

In die Wirren des Bürgerkrieges werden auch die jungen Philosophen mit einbezogen. 42 v. Chr. verliert Vergil seinen Landbesitz, er wird enteignet; zwei Jahre später lernt er Maecenas kennen. Maecenas unterstützt Vergil und auch Horaz mit Rat und Tat.

29 v. Chr. beginnt Vergil mit der »Aeneis«, an der er bis zu seinem Tod arbeitet.

Auf einer Recherchenreise nach Griechenland und Kleinasien, 19 v. Chr., erkrankt Vergil schwer. Er stirbt bei seiner Ankunft in Brundisium, dem heutigen Brindisi, und wird in Neapel beigesetzt. Er selbst soll seinen Grabspruch verfaßt haben: »Mantua gab mir das Leben, Kalabrien raubt es, Neapel birgt mich. Weiden besang, Felder und Helden mein Lied«.

Die zweite von Alberti entworfene Kirche ist San Sebatiano an der Via G. Acerbi. Dieser schräg gegenüber liegt das Wohnhaus des Malers Andrea Mantegna.

Die Künstler Giulio Romano, einer der bedeutendsten Schüler von Raffael, hat mit seinem *Palazzo del Tè,* den er vom Entwurf bis zur Raumausmalung selbst ausführte, Baugeschichte geschrieben. Er hat ihn für den Sohn einer der interessantesten weiblichen Gestalten der Renaissance, Isabella d'Este, entworfen. Es handelt sich um den ersten Palast im sogenannten manie-

Piazza Broletto mit Sant'Andrea

ristischen Stil. Seine Räume spiegeln in ihren Fresken den neuen Zeitgeist der Spätrenaissance wider. Die Malereien handeln von Liebe und Erotik. Sie erzählen von Amor und Psyche, von Bacchus und Ariane, Zeus und Olympia.

Die *Sala dei Giganti*, die man zu Ehren Kaiser Karls V. ausmalen ließ, zeigt in ihren phantasievollen bizarren Bildern im übertragenen Sinne die Kraft und Stärke des Kaisers.

Heute ist der Palazzo del Tè Sitz eines internationalen Zentrums zur Förderung von Kunst und Kultur, eine Initiative, die vor allem von Banken und privaten Firmen getragen wird.

An dieser Stelle sollte man vielleicht bemerken, daß in Mantua auf 100 Einwohner 26 kulturelle Vereinigungen kommen. Dies kann sich eine kleine Stadt wie Mantua nur leisten, weil sie das größe Pro-

Kopf-Einkommen Italiens erzielt. Ihr Rezept: eine ausgewogene Mischung aus Industrie und Agrarwirtschaft.

Praktische Hinweise

Touristeninformation: Piazza Andrea Mantegna 6, 46100 Mantua, ✆ 32 82 53 – Fax 36 32 92.
Vorwahl: 03 76.

Hotels: *****San Lorenzo,* Piazza Concordia 14, ✆ 22 05 00, Fax 32 71 94; ****Broletto,* Via Accademia 1, ✆ 32 67 84 – Fax 22 12 97; *Due Guerrieri,* Piazza Sordello, ✆ 32 55 96 – Fax 32 96 45; einfach: *Ca'D'Amici,* in Sabbionetta, Via Anna d'Aragona, ✆ 03 75/22 02 40.

Restaurants: *Il Cigno,* Piazza d'Arco 1, ✆ 32 71 01 (montags und dienstagsabends geschlossen), man versucht, alte Gerichte des Renaissancehofes der Gonzaga aufzugreifen. Weitere Restaurants siehe unter Hotels.

Zugverbindungen: Von Mantua aus bestehen regelmäßige Zugverbindungen nach Verona, Bologna, Rimini, Cremona, Pavia, Ferrara und Mailand.
Hauptbahnhof: Piazza Don E. Leoni.

Museen: *Galleria e Museo del Palazzo Ducale,* Piazza Sordello 40
Geöffnet: 9.00–13.00 und von April bis Oktober 14.30–18.00 Uhr, Ende Oktober bis Anfang März nur bis 17.00 Uhr, Montag nachmittags, im Winter auch Sonntag nachmittags geschlossen.
Palazzo del Tè, Viale Tè
Geöffnet: Di bis So von 9.00 bis 18.00 Uhr, Mo von 13.00 bis 18.00 Uhr.

Polizei: Via Chiassi 29, ✆ 1 12.

Post: Piazza Martiri di Belfiore 1.

Öffentlicher Fernsprecher: Via Corridoni 13, ✆ 32 77 11.

Straßenmarkt: Jeden Donnerstag.

Erste Hilfe: ✆ 118.

Ausflüge ins Hinterland

In der näheren Umgebung von Mantua sind noch einige Villen der Gonzaga sehenswert. Nur wenige Kilometer außerhalb von Mantua befinden sich die Ruinen der *Villa Favorita.* Etwas weiter, an der Staatsstraße nach Verona, liegt die *Villa Spinosa.*

Etwa 9 km nördlich von Mantua in Richtung Brescia liegt der Wald von Fontana mit einem kleinen Jagdhaus. Nicht ganz so leicht zu finden ist die *Villa Zani* bei Villimpenda. Man verläßt Mantua in Richtung Cremona auf der Staatsstraße 10. Nach etwa 15 km biegt man in Castell d'Ario nach rechts ab und fährt über Villagrossa, Bradello nach Villimpenda. Die Villa ist hier mit der üblichen gelben Beschilderung ausgewiesen.

Verläßt man Mantua auf der Staatsstraße 420 in Richtung Parma, gelangt man nach 33 km nach **Sabbioneta.** Sabbioneta ist ein gelungenes Beispiel der sogenannten ›idealen Stadt‹. In nur wenigen Jahren ist die gesamte Stadt mit Stadtmauern, Stadtzentrum und Wohngebieten entstanden. 1554 war mit der Aushebung der Stadtgräben unter Vespasiano Gonzaga begonnen worden. Noch im gleichen Jahrhundert waren ein Großteil der Stadt und die Residenz des Fürsten vollendet. Hauptsehenswürdigkeit ist das *Teatro Olympico*.

Von Mantua aus kann man verschiedene Ausflüge unternehmen. Einer der romantischsten führt an den Stadtrand von Mantua, wo man im August und September mit einem kleinen Boot zwischen den Lotusblüten auf dem Obersee fahren kann.

Po-Ebene

Glossar

Affresco Fresko, auf frischen Putz aufgemaltes Bild

Battistero Taufkapelle, meist Rundbau mit Kuppel neben einer Kirche

Broletto Amtssitz des ➔ Podestà

Campanile freistehender Glockenturm

Castello Burg, Befestigungsanlage

Cascina landwirtschaftlicher Betrieb, in dem Handwerker wie Schmiede, Schreiner usw. mit Bauern und Müllern in einem Gebäudekomplex zusammenlebten und arbeiteten, heute oft nur noch die typische Bauform

Certosa Kartause

Chiesa Kirche

Chiostro Kreuzgang

Collegiata Stiftskirche

Condottiere Söldnerführer (14. und 15. Jh.)

Lega Lombarda Lombardischer Städtebund gegen Friedrich Barbarossa (1167)

Marcite Rieselfelder

Navigli Kanäle

Podestà kaiserlicher Vogt oder von auswärts gerufener unparteiischer Adeliger (Stadtverwalter) im Mittelalter

Quadro Bild

Rosa camuna oder **Rosa celtica** Symbol der Sonne von den antiken Camunen in der Valcamonica in Felsen eingraviert

Sacro Monte Wallfahrtsberg

Scavi Ausgrabungen

Torazzo Glockenturm (in Cremona)

Valle (Val) Tal

Vittoriale Villa des Gabriele D'Annunzio in Gardone/Gardasee

Literaturhinweise

Jacob Burckhardt **Die Kultur der Renaissance,** Berlin 1928

Camilla Cederna **Reise in die Geheimnisse Italiens,** Köln 1987

Dante Alighieri **Die Göttliche Komödie,** Zürich 1942

Maria Gazzelti **Gabriele d'Annunzio,** Hamburg 1989

Marion Giebel **Vergil,** Hamburg 1986

Regine Igel **Berlusconi, Eine italienische Karriere,** Rastatt 1990

Johann Wolfgang Goethe **Italienische Reise,** Berliner Ausgabe. Bd. 14, Berlin/Weimar 1972

Carlo Goldoni **Meine Helden sind Menschen. Memoiren,** Frankfurt a. M. 1987

Arnold Hauser **Sozialgeschichte der Kunst und Literatur,** München 1983

Alessandro Manzoni **Die Verlobten,** München 1988

Attilio Mazza **D'Annunzio und der Vittoriale. Führer durch das Haus des Dichters,** o. O. u. J.

Antonio Melluso **Sirmione. Ferienort und Heilbad,** Como 1980

Nana Claudia Nenzel **Oberitalien,** Köln 1990

Kate Simon **Die Gonzaga,** Köln 1991

Abbildungsverzeichnis

Bitte schreiben Sie uns, wenn sich etwas geändert hat!

Alle in diesem Buch enthaltenen Angaben wurden von dem Autor nach bestem Wissen erstellt und von ihm und dem Verlag mit größtmöglicher Sorgfalt überprüft. Gleichwohl sind – wie wir im Sinne des Produkthaftungsrechts betonen müssen – inhaltliche Fehler nicht vollständig auszuschließen. Daher erfolgen die Angaben ohne jegliche Verpflichtung oder Garantie des Verlages oder des Autors. Beide übernehmen keinerlei Verantwortung und Haftung für etwaige inhaltliche Unstimmigkeiten. Wir bitten dafür um Verständnis und werden Korrekturhinweise gerne aufgreifen: DuMont Buchverlag, Postfach 10 10 45, 50450 Köln.

Straße in Mantua ▷

Praktische Reiseinformationen

Reisevorbereitungen

Informationsstellen

Italienisches Fremdenverkehrsamt ENIT

...in Deutschland
Kaiserstraße 65, 60329 Frankfurt/M., ✆ 0 69/23 74 30
Berliner Allee 26, 40212 Düsseldorf, ✆ 02 11/13 22 32
Goethestraße 20, 80336 München 2, ✆ 0 89/53 03 60

...in Österreich
Kärtnerring 4, A-1010 Wien, ✆ 02 22/5 05-16 39/43 74

...in der Schweiz
Uraniastraße 32, CH-8001 Zürich, ✆ 01/2 11 36-33

Einreisebestimmungen

Generell gilt: Schweizer, Österreicher und Deutsche benötigen für die Einreise einen gültigen Personalausweis. Seit 1. 1. 1993 gelten die gelockerten EU-Einreisebestimmungen. An der Grenze entfallen deshalb Personenkontrollen für Bürger der EU-Staaten. Mit sporadischen Kontrollen, auch noch hinter der Grenze, sollte man jedoch weiterhin rechnen. Die grüne Versicherungskarte ist für den Transitverkehr durch die Schweiz verpflichtend.

Die Reisekasse

Durch den EU-weiten freien Kapitalmarkt sind alle Beschränkungen im Zahlungsverkehr zwischen den Ländern entfallen. Es wird künftig keine Devisenkontrollen bei der Ein- bzw. Ausreise mehr geben. Trotzdem empfiehlt es sich, vor der Abreise Auskunft bei einer Bank einzuholen. Kreditkarten werden mittlerweile in fast allen Geschäften, Hotels und Restaurants angenommen. Reiseschecks sind sinnvoller als Eurocheques, da letztere in vielen Geschäften nicht angenommen und in einigen Banken nur vormittags eingetauscht werden.

Beste Reisezeit

Für Erholungsuchende und Kulturinteressierte eignen sich vor allem die Monate März bis Juni sowie September/Oktober; für Wassersportler natürlich die Monate Mai bis September und für Wintersportler Januar bis Anfang April. Das Klima an den Seen ist fast immer sehr ngenehm. Der Winter ist mild, nd im Sommer ist es nicht zu eiß. Dagegen ist der Sommer in ler Po-Ebene und in Mailand lrückend heiß, im Winter versinken beide oft völlig im Nebel. Für Autofahrer empfehlen sich daher Nebelleuchten. Die hohen Unfallzahlen an Nebeltagen auf der *Autostrada del Sole* südlich von Mailand sprechen für sich.

An den Seen ist die Zeit der Frühlingsblüte am schönsten. Wanderer haben im Herbst bessere Fernsicht, und die besten Wintersportbedingungen bieten die Monate Februar und März.

Kleidung

Es gibt weniger Regentage als in Deutschland, ansonsten unterscheiden sich die Temperaturen nur um wenige Grade. Die Kleidung ist deshalb der Jahreszeit entsprechend zu wählen. Mückenschutzmittel ist von Mai bis September unabdingbar. Man sollte unbedingt ein Fernglas mitnehmen. In den Naturschutzgebieten und den Alpen kann man so die Tiere aus nächster Nähe erleben; aber auch bei der Besichtigung von Kirchen und Klöstern kann ein Fernglas sehr dienlich sein, um z. B. Deckenfresken näher zu betrachten.

Anreise

Mit dem Auto

Für die Anreise aus dem Nord- und Südwesten der Bundesrepublik empfiehlt sich die landschaftlich sehr schöne Fahrt durch die Schweiz. Bei Benutzung der Autobahn ist eine Vignette erforderlich. Diese gilt ein Jahr und kostet 40 Fr.; erhältlich beim ADAC oder direkt an der Grenze. Die Schweiz verlangt auch für den Transitverkehr die grüne Versicherungskarte. Im Sommer lohnt sich die langsamere und deshalb auch weniger anstrengende Anreise über den Gotthard-Paß oder über Chur durch Graubünden und den San Bernardino-Tunnel.

Aus dem Nord- und Südosten der Bundesrepublik und Österreich führt der schnellste Anfahrtsweg über den Brenner. Die Brenner-Autobahn ist gebührenpflichtig.

Ab Verona führt die Autobahn A4 in die Lombardei. Man kann aber auch ab Bozen die Nationalstraße 42 (N42) benutzen, die zum Comer See führt und ab Trient die N45 entlang des Gardasees nach Brescia.

Mit dem Autoreisezug

Autoreisezüge verkehren von Deutschland aus über die Schweiz und Österreich. Auskünfte und Anmeldung bei allen Fahrkartenausgaben und DER Reisebüros.

Mit dem Flugzeug

Mailand hat zwei Flughäfen: Malpensa und Linate. Malpensa, der ca. 60 km außerhalb liegt, dient Intercontinentalflügen, wird aber auch bei starkem Nebel in Linate von kleineren Maschinen angeflogen. Es gibt dann einen Busservice von Malpensa nach Linate.

Linate liegt am östlichen Stadtrand Mailands und wird von den europäischen Fluglinien angeflogen. In den Wintermonaten, November bis April, sollte man Verspätungen durch dichten Nebel mit einkalkulieren.

Es gibt leider keine günstigen Charterflüge in die Lombardei; momentan bietet die Lufthansa bzw. Alitalia von Deutschland aus den günstigsten Tarif. Gemessen an der geringen Entfernung ist dieser jedoch immer noch sehr teuer. Die Verbindung ist dafür optimal; s startet von Frankfurt stündlich ein Maschine im Wechsel Alitalia/Luf hansa nach Mailand; ähnliches gi für die Schweiz von Zürich aus un in Österreich von Wien aus.

Die Lombardei ist außerder über den Flughafen Bergamos z erreichen, der jedoch überwiegen von Chartergesellschaften genutz wird.

Seit Anfang 1993 ist das Preis gefüge der Airlines ins Wanke geraten, so daß die Möglichkeit be steht, daß diese mit neuen Sonder angeboten auf den Markt kommer Jedes gute Reisebüro erteilt hier über gerne Auskunft.

Mit der Bahn

Die Lombardei ist von jeder größe ren Stadt in Europa bequem zu er reichen. Die Fahrzeit z. B. vo Köln nach Mailand beträgt rd. 1 Stunden, München – Mailand mi Umsteigen in Verona 9 Stunden.

Reisen in der Lombardei

Mit dem eigenen Wagen

Alle Autobahnen in der Lombardei sind gebührenpflichtig. Die wichtigsten Autobahnen sind die A1 Mailand – Rom, die A4, die von Turin über Mailand – Bergamo – Brescia nach Venedig führt, die A7 von Mailand durch die Lomellina nach Genua, die A8 Mailand – Lago Maggiore, die A9 Mailand – Chiasso, die A21 Brescia – Turin über Cremona.

Die Straßen sind in der Lombardei alle gut ausgebaut. Manche Seitenstraßen können nach starker

:egenfällen durch Bergrutsche der entwurzelte Bäume nicht efahrbar sein. Im Winter benötigt nan für kleinere Straßen an len Nordhängen des Veltlintals chneeketten und/oder Vierradanrieb.

In Italien gelten in etwa die gleihen Verkehrsbestimmungen wie n der Bundesrepublik Deutschand, Österreich und der Schweiz. Die Höchstgeschwindigkeit auf der andstraße beträgt 90 km/h und 30 km/h auf den Autobahnen. Zu len Hauptreisezeiten könnten die Höchstgeschwindigkeiten eingechränkt sein, deshalb sollte man ich auf alle Fälle vor der Abreise eim ADAC informieren.

- In Ortschaften mit guter Straßenbeleuchtung muß bei Dunkelheit nit Standlicht gefahren werden.
- An gelb markierten Plätzen darf nicht geparkt werden. Blaue Markierungen weisen auf Parkplätze nit Parkscheinautomaten hin.
- Man muß außerdem in den größeren Städten auf die Schilder für die Straßenreinigung achten. Zu den angegebenen Uhrzeiten müssen die entsprechenden Straßen autofrei bleiben. In Mailand z. B. werden diese Schilder erst am Nachmittag vor der Reinigung aufgestellt.
- Viele Ortszentren sind autofrei gehalten, doch gilt meist eine Ausnahmegenehmigung für Hotelgäste.

Bei Smogalarm in Mailand dürfen Taxis und Autos mit ausländischen Kennzeichen das Stadtgebiet weiterhin befahren.

Es besteht ein Abkommen zwischen der Bundesrepublik und Italien, das die kostenlose Pannenhilfe durch den Automobilclub ACI beinhaltet. Es ist also nicht notwendig, Mitglied in einem deutschen Automobilclub zu sein, um diese Hilfe zu erhalten. Bei Pannen auf der Autobahn sollte man unbedingt darauf achten, daß der ACI eine entsprechende Bescheinigung ausstellt, da die Autobahntickets mit einem zeitlichen Limit versehen sind. Kann man den Aufenthalt nicht belegen, wird unter Umständen das gesamte italienische Autobahnnetz in Rechnung gestellt.

Mit öffentlichen Verkehrsmitteln

Die Lombardei ist hervorragend mit einem dichten Eisenbahn- und Linienbusnetz erschlossen. So verkehren stündlich Züge von Mailand nach Como, Pavia, Bergamo, Brescia und Stresa am Lago Maggiore. Zahlreiche Busunternehmen bieten, vor allem im Winter, Tagesfahrten von Mailand in die interessantesten Skigebiete. Die Fahrpreise sind relativ niedrig.

Eine der schönsten Eisenbahnstrecken führt von Tirano im Veltlintal nach St. Moritz/Schweiz.

Zugfahrkarten kann man sowohl am Bahnhof direkt als auch bei den Reisebüros kaufen.

Von der Mailänder Piazza Castello aus sind auch fast alle lombardischen Städte mit dem Bus zu erreichen.

Fährverbindungen gibt es am Comer See, Luganer See, Lago Maggiore, Iseo-See und Gardasee, die auch im Winter verkehren.

Organisierte Ausflüge zu den kulturhistorisch interessanten Stätten bieten fast alle örtlichen Touristeninformationen und Reisebüros an.

Mit dem Taxi

Tariftabellen hängen in allen Taxis aus. Zuschläge für Flughafenfahrten und Gepäck kommen zu dem auf dem Taxameter angezeigten Fahrpreis hinzu.

Taxis kann man entweder am Taxistand bekommen oder über die jeweilige Taxizentrale. Die Zentrale gibt bekannt, wieviele Minuten das angeforderte Taxi von seinem jetzigen Standort bis zum Einsatzort benötigen wird. Diese Fahrzeit wird zusätzlich in Rechnung gestellt.

In Mailand ist es besonders zu Messezeiten notwendig, ein Taxi schon einen Tag im voraus zu bestellen. Die Hotelportiers sind jederzeit bei der Bestellung gern behilflich. Die meisten Hotels besitzen eine direkte Computerleitung zu einer oder mehreren Zentralen. Ein Computerausdruck teil dann Name und Taxinummer (z. B Leone 45 oder Tokyo 33) sowie di Ankunftszeit mit (8 Minuten ode 3 Minuten).

Mit dem Leihwagen

An beiden Flughäfen sowie in der Städten kann man Wagen mieten. Alle internationalen Verleihfirmen wie AVIS, HERTZ, EUROPCAR, sowie die italienische Firma MAGGIOR sind vertreten. Sie können sowoh von den größeren Hotels als auch von den Reisebüros gebucht werden. Die Autos sind im allgemeinen gut gewartet.

Mit dem Fahrrad

Mit dem Fahrrad durch die Lombardei zu reisen, ist nur in den Monaten April bis Juli und September/Oktober zu empfehlen.

Das Tourismusministerium der Lombardei hat erst kürzlich eine Broschüre mit den schönsten Routen herausgebracht.

Man kann dieses Tourenheft bei den A.P.T. vor Ort oder bei den italienischen Fremdenverkehrsämtern in Deutschland, Österreich und der Schweiz anfordern.

Unterkunft, Essen und Trinken

Hotels und Pensionen

Die Infrastruktur der Unterkunftsmöglichkeiten ist mit 150 000 Betten hervorragend. Übernachtungen in Italien sind in der Regel sehr teuer, so auch in der Lombardei. Vorausbuchungen sind zu den Messezeiten in Mailand sowie in der Reisesaison – Sommer und Winter – notwendig.

In den neu erschlossenen Touristengebieten entsprechen die Unterkünfte in etwa unserem Standard, hingegen erfüllen alteingesessene Hotels und Pensionen trotz hoher Preise und mehrerer Sterne nicht immer unsere Erwartungen. Von einem Mindestpreis von 50,– DM ist auszugehen: *****Hotels kosten zwischen 650,– und 1000,– DM im Doppelzimmer pro Nacht; **** ca. 350,– DM; *** ca. 150,– DM; ** ca. 90,– DM; * ca. 50,– DM.

Einfache Hotels sind sehr sauber, zumeist sind die Zimmer mit Fliesen ausgelegt, ohne Teppiche. Dies kann im Sommer jedoch sehr angenehm sein. Das Mobiliar stammt häufig noch aus den 50er Jahren.

Die Preise der Pensionen unterscheiden sich nicht wesentlich von denen der Hotels.

Da die Lombardei kein ausgesprochenes Touristengebiet ist, wird in den Messestädten wie Mailand und Brescia kein besonderer Zuschlag erhoben für einen Aufenthalt von weniger als drei Tagen.

Die A.P.T.-Büros aller Provinzen bieten besonders günstige Wochenendarrangements, inkl. Stadtrundfahrt und freiem Eintritt in die Museen, an.

Frühstück ist im Preis i. d. R. nicht inbegriffen, über Ausnahmen sollte man sich an der Rezeption informieren. Einige Hotels bieten inzwischen auch Frühstücksbuffets an, ansonsten verzichtet man besser auf das Hotelfrühstück. Es ist viel schöner den ersten Capuccino und eine Brioche im Stehen in der nächsten Bar gemeinsam mit den Einheimischen einzunehmen.

Jugendherbergen und Campingplätze

Eine Übernachtung in der Jugendherberge oder auf dem Campingplatz kostet 15,– DM und mehr. Die meisten Campingplätze liegen an den Seen. Den aktuellen Standard kann man dem neuesten ADAC Campingführer entnehmen. Jugendherbergen gibt es in Bergamo und Como, in Voghera und Mailand.

Die Lombardei ist ein beliebtes Wandergebiet, entsprechend viele Berghütten stehen zur Verfügung. Auskünfte erteilen die A.P.T. von Como, Lecco und Sondrio.

Auch in der Lombardei kann man mittlerweile Ferien auf dem Bauernhof machen, besonders viele Angebote gibt es für die Brianza, zwischen Como und Lecco (s. auch S. 116). Informationen erteilen die ENIT-Büros oder die Touristeninformationen (A.P.T.) von Lecco und Como.

Ferienhäuser und -wohnungen

Sie sind vor allen Dingen am Gardasee und in den Skigebieten besonders gefragt und kosten zwischen 650,– und 1700,– DM pro Woche.

Die meisten Pauschalreiseanbieter haben zumindest für den Gardasee und Livigno Angebote in ihren Programmen. Die Kosten für einen solchen Aufenthalt sind im Vergleich zu Österreich bei gleicher Leistung wesentlich höher. Die entsprechenden Touristeninformationen in Bormio, Livigno, Madesimo schicken auf Anfrage kostenlos Prospekte in deutscher Sprache.

Restaurants

In Italien ist das Bedienungsgeld eingeschlossen, Trinkgeld ist durchaus üblich, zusätzlich wird das Gedeck in Rechnung gestellt (das beinhaltet Tischtuch, Servietten sowie Brot und Grissini) zu einem Preis, der sich zwischen 1000 bis 4000 Lire bewegt.

Man sollte unbedingt darauf achten, wenn man nur ein Nudelgericht essen möchte, noch eine zweite Bestellung hinzuzufügen. Es reicht ein Salat, Parmaschinken oder auch ein Käseteller. Viele Restaurants bieten spezielle Mittagsmenüs zu besonders günstigen Preisen an. In Italien hat man wenig Verständnis für unsere Vorliebe, nur Pasta zu bestellen. Man sollte pro Mahlzeit mit rd. 20 000–30 000 Lire in einem einfachen Lokal rechnen. Mittags sind die Preise etwas günstiger.

Pizzerien haben, außer in von ausländischen Touristen stark frequentierten Ortschaften, nur abends geöffnet. In Italien trinkt man Bier zur Pizza. Hier wird das Gedeck nicht in Rechnung gestellt.

Die lombardische Küche

Die lombardische Küche basiert überwiegend auf Reis und Nudeln. Jeder Ort bereitet sein eigenes spezielles Reisgericht zu. In Mailand ist dies z. B. *Risotto Milanese,* in Pavia Risotto mit Froschschenkeln, in Como Risotto mit Fisch und in Mantua Risotto mit Schweinefleisch.

Hauptgerichte sind: in Mailand die *Costoletta Milanese* (Wiener Schnitzel), in der Valtellina *Ossobuco* mit *Polenta,* in Como Süßwasserfisch vom Grill und in Pavia Froschschenkel.

Ein heftiger Streit tobt zwischen Wien und Mailand. Haben die Habsburger die *Costoletta milanese* aus Italien importiert oder die Mailänder von ihren Besatzern das Wiener Schnitzel übernommen? Da es darüber keine Dokumente gibt, wird dieser Streit weiterhin in aller Stille ausgetragen.

Über den Ursprung des *Risotto Milanese* bestehen keine Zweifel. Es war in der höfischen Küche üblich, die Gerichte mit Blattgold dekoriert zu servieren. Die Legende erzählt, daß ein Glasmaler, der die Fenster des Mailänder Domes bemalte, seiner Tochter bei ihrer Eheschließung den gleichen Luxus bieten wollte. Natürlich war Blattgold zu teuer, deshalb verwendete er bei der Zubereitung des Reisgerichtes Safran, den er von seiner Tätigkeit am Mailänder Dom abzweigte.

Ein typischer Risotto wird mit Reis der Qualität *Avorio* zubereitet. Der Reis wird zusammen mit Zwiebeln in Fett glasig geröstet, unter ständigem Rühren wird heiße Fleischbrühe hinzugefügt und gegen Ende des Kochprozesses ein Glas Wein, wobei es regional sehr unterschiedlich ist, ob Rotwein oder Weißwein. Ist der Reis gar, kommen ein Stück Butter, Safran und etwas geriebener Parmesankäse hinzu.

Die Küche der Alpenregion ist weitaus deftiger als die südliche lombardische Küche. Hier sollte man zumindest *Bresaola*, luftgetrocknetes Rindfleisch, und *Pizzoccheri*, eine Kalorienbombe aus breiten Bandnudeln, Butter, fettem Käse und Kartoffeln oder Kohl, Spinat etc., probieren. *Polenta* wird aus Maismehl hergestellt und muß mindestens 1 Stunde bei schwacher Hitze gerührt werden. Polenta wird überwiegend als Beilage zu Ossobuco und Braten gewählt.

Die beste Küche der Lombardei ist in Mantua zu Hause. Sie vereint die Qualitäten des Veneto und der Lombardei mit der vorzüglichen Küche der Emilia Romagna. Man verwendet in Mantua, ähnlich wie in der Romagna, Butter statt Olivenöl, Käse, Sahne und Schweinefleisch. Eine Spezialität sind mit Kürbis gefüllte Tortelli und Risotto mit kleinen Salami.

Lombardische Weine und andere Getränke

In der Lombardei gibt es mehrere Weinanbaugebiete: Franciacorta in der Provinz Brescia, in der Provinz Pavia das Oltrepò Pavese, in der Provinz Mantua und in der Valtellina.

Die Weine der Lombardei müssen jung getrunken werden, in der Regel haben sie eine maximale Lagerzeit von drei Jahren. Der rote *Barolo* ist sehr fruchtig im Geschmack. Seine Blume erinnert entfernt an den Geruch von Johannisbeeren. Die Weinreben der Valtellina und auch des Oltrepò Pavese sollen von einem irischen Mönch eingeführt worden sein.

Die Weine des Oltrepò Pavese heißen *Barbacarlo* und *Buttafuoco*. Letzterer wird auf dem Speicher und nicht im Keller gelagert. Weißweinsorten sind Muskat und Riesling. Beim Weinkauf sollte man darauf achten, daß 3/4 Liter-Flaschen nicht weniger als 3000 Lire kosten, denn eine Forschungsgruppe hat nachgewiesen, daß unterhalb dieser Preisgrenze nur gepantschte Weine verkauft werden können.

Über 30 verschiedene Mineralwasser werden in der Lombardei abgefüllt.

Auch die Produktionsfirmen von *Campari* und *Amaretto* haben ihren Sitz in der Lombardei. Amaretto ist ein Mandellikör, Campari hingegen wird unter strenger Geheimhaltung der Mischung und des Standortes aus Kräutern hergestellt. Nur zwei Leute kennen das Rezept, das in einem Tresor aufbewahrt wird. Eine besondere Spezialität Mantuas ist ein Magenbitter aus Walnüssen *(Nocino)*.

Entspannung und Sport

Thermen

Die Lombardei ist auch in Sachen Thermalbäder eine ideale Region. In der Provinz Bergamo stoßen wir gleich auf eines der ganz großen traditionellen Thermalbäder seit der Jahrhundertwende: San Pellegrino, 358 m hoch und nur 24 km von Bergamo entfernt gelegen, so daß hier wie an so vielen Orten während der Kurzeit zwischen Mai und September nicht allein für die Gesundheit (Nieren- und Gallenwegerkrankungen sowie Hautkrankheiten), sondern auch für die Unterhaltung und Bildung gesorgt wird. Außerdem: Fonte Bracco, Gavarino Terme und Sant 'Omobono Imagna.

In der Provinz Brescia gibt es gleich zwei wichtige Bäder. Das eine ist das antike Sirmione am Gardasee (Heilanzeigen: Taubheit, Erkrankungen der Atmungsorgane, rheumatische Beschwerden; Kurzeit: März bis November); das andere ist Boario Terme (Erkrankungen der Unterleibsorgane, Gicht; Kurzeit: ganzjährig). Weiter: Angolo Valcamonica, Vallio Valsabbia.

In der neuen Provinz Lecco liegt Tartavalle Terme, in der von Mailand das kleine San Colombano, in der von Pavia finden sich Salice Terme, Revanazzano und Mirandolo.

Berühmt sind in der Provinz Sondrio das Thermalbad Bormio mit seiner ganzjährigen Kurzeit (auch Muskelerkrankungen) sowie die Bagni del Masino.

Sportliche Möglichkeiten in der Lombardei

Das Fremdenverkehrsamt der Lombardei, wirbt mit den Worten: Sport zu treiben in der Lombardei ist nur eine Frage der Wahl; und in der Tat gibt es unzählige Möglichkeiten.

Segeln und Surfen: Segelfans haben gleich fünf Seen zur Auswahl. Am Lago Maggiore, Luganer See, Comer See, Iseo-See und Gardasee bietet fast jeder Ort und Campingplatz eine eigene Segelschule. Boote kann man nur mit dem Segelschein mieten.

Fast jede deutsche Surfschule hält ihren Fortgeschrittenenkurs am Gardasee ab. Die Winde sind von Norden nach Süden so konstant und gleichmäßig stark, daß man theoretisch die 52 km von Riva del Garda nach Sirmione surfen könnte. Ebenso geeignet für Surfer ist der Iseo-See.

Wandern: Der Iseo-See bietet jedoch noch weitere Möglichkeiten. Er ist idealer Ausgangspunkt für Wanderungen in die Valcamonica. Ausgezeichnete Wandergebiete mit ausreichenden Hütten sind in der Valtellina mit Ausgangspunkt Bormio und in der Valchiavenna mit Ausgangspunkt Lecco vorhanden. In beiden A.P.T.-Büros kann man Broschüren mit Routenvorschlägen erhalten.

Klettern: Lecco ist auch Sitz einer der bedeutendsten Klettererschulen. Information beim A.P.T. in Lecco.

Skisport: Für Sportbegeisterte, die Berge lieber mit zwei Brettern unter den Füßen erkunden, gibt es unzählige Möglichkeiten; Madesimo und die Bergtäler um Bergamo mit Pisten überwiegend mittleren Schwierigkeitsgrades.

Viele Varianten und lange Abfahrtsstrecken ermöglichen die Pisten von Bormio und Livigno. Es gibt allein in Livigno etwa 100 km Skipisten und 40 km Langlaufloipen verschiedener Schwierigkeitsgrade.

Skisportfreunde, die auch im Sommer nicht pausieren möchten, kommen auf dem Stilfser Gletscher voll auf ihre Kosten.

Kanu: Bei so vielen Flüssen kommen natürlich auch die Kanufahrer nicht zu kurz. Besonders beliebt sind hier der Brembo bei Bergamo, der Oglio, der Po, der Ticino und der Adda in der Valtellina.

Von Mailand aus kann man über den Naviglio Pavese, den Ticino und den Po in einer knappen Woche die Adria erreichen.

Angeln: Angler sollten rechtzeitig bei der *Federazione Italiana Pesca Sportiva*, Viale Abruzzi 79 in Mailand, ✆ 02/2 04 39 52, eine Angelerlaubnis erwerben.

Besonders fischreiche Plätze sind der Comer See (bei Lecco), der Idro-See und der Unterlauf des Adda und die verschiedenen Kanäle (Drande zwischen Turbigo und

Mailand), Pavese (zwischen Mailand und Ticino) und Martesana (zwischen Adda und Mailand).
Reiten: In der Nähe der Seen und Flüsse befinden sich die schönsten Reitwege. Besonders zu empfehlen ist hier der Naturpark des Ticino.
Golf: Die Auswahl an Golfplätzen ist ausgesprochen groß und reicht von Plätzen mit neun Löchern bis zu Plätzen mit 27. Ein solcher befindet sich z. B. in der Nähe von Monza. Weitere sind in Carimate, Casina Rizzardi, Montorfano, Carbonate; einer der schönsten liegt oberhalb des Comer Sees in Lanzo d'Intelvi; bei Bergamo sind es die Plätze Almenno S. Bartolomeo und Chiuduno.

Einen ausführlichen Führer der lombardischen Golfplätze hat der Iknos Verlag in Bergamo im Auftrag der Region herausgegeben: *Guida ai Campi da Golf in Lombardia* (zweisprachig italienisch/englisch).
Tennis: In den großen Städten und Ferienzentren stehen die Tennisplätze auch Urlaubsgästen zur Verfügung. Eine Reihe von Hotels bieten eigene Tennisplätze an. Fragen Sie bei der Touristeninformation.

Informationen von A bis Z

Auskunftsstellen in der Lombardei (A.P.T.)

Bergamo: Viale Papa Giovanni 106, 24100 Bergamo, ✆ 0 35/24 22 26 – Fax 24 29 94
Brescia: Corso Zanardelli 34, 25121 Brescia, ✆ 0 30/4 34 18 – Fax 29 32 84
Como: Piazza Cavour 17, 22100 Como, ✆ 0 31/26 97 12 – Fax 30 10 51
Cremona: Piazza del Comune 5, 26100 Cremona, ✆ 03 72/2 32 33 – Fax 2 17 22
Lecco: Via Nazario Sauro 6, 22053 Lecco, ✆ 03 41/36 93 90 – Fax 28 62 31
Mantua: Piazza A. Mantegna 6, 46100 Mantova, ✆ 03 76/32 82 53 – Fax 36 32 92
Mailand: Via Marconi 1, 20123 Milano, ✆ 02/80 96 62 – Fax 72 02 24 32
Pavia: Via F. Filzi 2, 27100 Pavia, ✆ 03 82/2 72 38 – Fax 3 22 21
Sondrio: Via C. Battisti 12, 23100 Sondrio, ✆ 03 42/51 25 00 – Fax 21 25 90
Livigno: Via dala Gesa 65, 23030 Livigno, ✆ 03 42/99 63 79 – Fax 99 68 81
Varese: Viale Ippodromo 9, 21100 Varese, ✆ 03 32/28 46 24 – Fax 23 80 93

Diebstahl

Die beste Diebstahlsicherung ist, den Langfingern keinen Anreiz zu bieten. Das bedeutet: grundsätzlich nichts im Auto zurücklassen, auch nicht das Radio, nicht einmal eine Jacke oder eine Strandtasche. Am besten stellt man das Auto auf bewachten Parkplätzen oder in der Hotelgarage ab. Auf auffälligen Schmuck, deutlich sichtbaren Geldbeutel oder gar Geldscheine sollte man verzichten. Ebensowenig sollte man größere Summen tauschen. Es kommt leider immer wieder vor, daß man dabei beobachtet und später auf offener Straße überfallen wird.

Diplomatische Vertretungen

Mailand:
Konsulat der Bundesrepublik Deutschland: Via Solferino 40,
✆ 02/6 55 44 34
Konsulat der Republik Österreich: Via T. Cremona 27,
✆ 02/4 81 29 37
Schweizerisches Konsulat: Via Palestro 2, ✆ 02/76 00 92 84.

Einkaufen

Zu den typisch lombardischen Souvenirs gehören Modeartikel und Lederwaren. Die meisten dieser Produkte stammen aus Como, hier sind vor allem Lederhandschuhe und modische Kleidung aus Seide von besonders guter Qualität. Schöne Schuhe findet man in Mailand und Vigevano.

Aus der Valtellina stammen rustikale Möbel und Schnitzereien, aber auch handgefertigte Teppiche und Decken aus bunten Stoffresten. Holzintarsien gibt es in Cantù ebenso wie moderne Möbel. Instrumentenliebhaber können sich in Cremona eine Geige oder Violine bauen lassen, in Mantua eine Mundharmonika erwerben und in Stradella bei Pavia eine Ziehharmonika.

An Lebensmitteln und Getränken bieten sich die *Bresaola* und Wein aus der Valtellina, der Franciacorta oder dem Oltrepò Varese an. Die Kartause von Pavia stellt einen ausgezeichneten Likör her, den *Gra Car.*

Die Oliven, die an den Hängen des Gardasees gepflückt werden, ergeben ein Öl, das durchaus dem Vergleich mit umbrischen und toskanischen Olivenölen standhält.

Elektrizität, Maße und Gewichte

Grundsätzlich gilt in der Lombardei: 220 Volt Wechselstrom. Für Föhn und Reisebügeleisen benötigt man einen Adapter, da Schufa-Stecker in der Regel zu dick für die Steckdosen sind.

Maße und Gewichtseinheiten sind die gleichen wie nördlich der Alpen. Im Italienischen ist es jedoch üblich, statt 100 Gramm *un etto* zu sagen, gleiches gilt für 200 (due etti), 300 (tre etti) usw.

Feste und Feiertage

1. Januar: Neujahr.
6. Januar: Dreikönigstag.
31. Januar: Fest der *Giubiana* – die Giubiana, eine große Puppe, wird verbrannt, musikalische und folkloristische Darbietungen begleiten das Spektakel in Albavilla bei Como.
Fasching: typisches Faschingsfest mit Tanzgruppen und Prozession der *Mascher* in historischen Kostümen (Bagolino – Provinz Brescia).
Ostersonntag: Osterprozession in Bormio.
25. April: Nationalfeiertag.
1. Mai: Tag der Arbeit.
3. Juni: Gedenkfeier des Sieges über die Österreicher 1850 in Magenta.
27./28. Juni: Sagra di San Giovanni – Prozession auf Schiffen zur Isola Comacina und Feuerwerk (Comer See).
4.–16. August: Wettbewerb der Asphaltmaler in Grazie die Curtatone (Mantua).
15. August: Ferragosto, Mariä Himmelfahrt.
Dritter Sonntag im September: Fest des *Santo Chiodo* – des heiligen Nagels. Prozession mit der Eisenkrone in Monza.
1. November: Allerheiligen.
8. Dezember: Mariä Empfängnis.
25./26. Dezember: Weihnachten.

In Italien ist es üblich, vor Mariä Himmelfahrt Urlaub zu nehmen. Viele Geschäfte, Restaurants, und Firmen sind deshalb zwischen dem 1. und 20. August geschlossen.

Die Touristeninformation in Mailand verteilt eine Liste mit im August geöffneten Restaurants, Läden usw.

Fotografieren

Die Preise für Filmmaterial sind mit den Preisen in deutschen Fachgeschäften vergleichbar. In der Regel darf überall fotografiert werden, nur beim Aufstellen von Stativen machen manche Polizisten Probleme, da es in Italien noch ein altes Gesetz gibt, wonach man hierfür eine Sondergenehmigung der Stadtverwaltung benötigt.

Geld/Geldwechsel

Die Währung ist die italienische Lira (Lit.); kleinste Geldeinheit ist 1 Lira. Es sind nur noch wenige Stücke dieser kleinsten Einheit im Umlauf.

Am günstigsten tauscht man in Italien selbst. Fast alle Geschäfte, Hotels und Restaurants akzeptieren die gängigsten Kreditkarten wie Eurocard, Visa und American Express. Mit dem Eurocheque sind die wenigsten Geschäfte vertraut, obwoh sie die Annahme als Serviceleistung anbieten.

Bei den Banken werden Eurocheques zwar kostenlos eingelöst, es wird jedoch eine Steuer (zwischen 400 und 2000 Lire) einbehalten. Der Höchstbetrag, auf den Sie einen Eurocheque ausstellen können, ist 400 000 Lire. Die Vorlage eines gültigen Ausweises ist erforderlich.

Gesundheitsvorsorge

Apotheken sind in Italien gut ausgestattet, Krankenhäuser hingegen einfacher als in Deutschland, Österreich und der Schweiz. So sind z. B. nicht alle Untersuchungsgeräte im selben Hospital untergebracht, was zu einem regen Patiententransport zwischen den einzelnen Krankenhäusern führt. Bei Verletzungen empfiehlt es sich, in jedem Fall die Notaufnahme des nächstgelegenen Krankenhauses aufzusuchen. Sie ist kostenlos.

Sollten größere Untersuchungen notwendig sein, ist es besser, auf den Auslandsschein (E112) zu verzichten, und sich als Selbstzahler behandeln zu lassen, da man als Privatpatient lange Wartezeiten vermeidet (unter Umständen bis zu zwei Monaten).

Die ausgelegten Kosten werden nur zum Teil von den deutschen Krankenkassen zurückerstattet, deshalb ist es notwendig, eine Auslandskrankenversicherung abzuschließen.

Es empfiehlt sich, persönlich notwendige Arzneimittel mitzuführen; Schmerzmittel und ähnliches sind in Italien erheblich billiger.

Insektenschutzmittel ist vor allem in den Regionen entlang der Flüsse und Kanäle notwendig. Das Wasser ist stark gechlort und als Trinkwasser nicht geeignet.

Notfalldienste

S.O.S. **1 13**
Polizei **1 12**
Erste Hilfe **1 18**

Öffnungszeiten

Geschäfte und Apotheken sind dienstags bis samstags am Vormittag 9.00–13.00 Uhr und Montag- bis Samstagnachmittag 15.30–19.30 Uhr geöffnet.

Post: Montag–Freitag 8.15–19.40, samstags: 8.15–17.40 Uhr.

Banken: Montag bis Freitag 8.30–13.30 und 14.45–16.15 Uhr, freitags nur vormittags. Vor allem am Nachmittag weichen die Zeiten des öfteren von diesen Angaben ab, i. d. R. aber nur um eine Viertelstunde.

Museen: Die Öffnungszeiten der Museen sind ständigen Veränderungen unterworfen und sollten daher vorher beim A.P.T. des jeweiligen Ortes erfragt werden.

Pannenhilfe

Telefon **1 16** – Die Nummer gilt für ganz Italien. Der ACI hat mit Deutschland ein Abkommen über kostenlose Pannenhilfe.

Telefon

Die Telefonauskunft ist vielerorts nicht rund um die Uhr besetzt. Die

Nummer der Telecom (Auskunft) ist von Ort zu Ort verschieden und steht im Telefonbuch. Es gibt viele Kartentelefonzellen. Für die Münztelefone benötigt man Münzen im Wert von 100, 200 oder 500 Lire. In vielen Hotels, Restaurants und Bars steht den Gästen ein Telefon mit Zähler zur Verfügung.

Vorwahl:

für Deutschland	00 49
für Österreich	00 43
für die Schweiz	00 41

Für R-Gespräche wählt man 172 plus die jeweilige Landesvorwahl.

Zeitungen

Internationale Zeitungen sind am Flughafen, den Bahnhofskiosken und in den Touristenzentren erhältlich. Die Hoteliers und Touristeninformationen verteilen kostenlose Informationsbroschüren auch in deutscher Sprache.

Zoll

Seit dem 1. Januar 1993 ist die wert- und mengenmäßige Begrenzung der auszuführenden Waren aufgehoben. Als Indikativmengen gelten: 800 Zigaretten, 400 Zigarillos, 200 Zigarren, 1 kg Tabak, Schnupf- und Rauchtabak unbegrenzt, 10 Liter hochprozentiger Schnaps, 20 Liter Aperitif, 90 Liter Wein, davon höchstens 60 Liter Schaumwein und 110 Liter Bier. Größere Mengen können als gewerblicher Transport angesehen werden und wären damit steuerpflichtig, es sei denn, der private Verbrauch wird nachgewiesen.

Register

Orte

Personen

Die wichtigsten Sehenswürdigkeiten

Bergamo: Mittelalterliche Oberstadt, mit venezianischem Mauerring umgeben; interessante Gemäldegalerie in der Unterstadt.

Brescia: Römisches Theater, kapitol. Tempel (1. Jh. n. Chr. mit Museum); Palazzo Comunale (12. Jh.); Museo Civico; Rotonda (Kathedrale aus dem 11. Jh.); altes Rathaus.

Capo di Ponte: Nationalpark der Steinzeitritzzeichnungen; Erdpyramiden von Cislano.

Como: Mittelalterlicher Domplatz mit Dom und ehemaliger Präfektur; Kirche Sant' Abbondio (11. Jh.); San Fedele; Villen am Comer See.

Cremona: Mittelalterliches Stadtzentrum; höchster Glockenturm Italiens (Torazzo, 111 m); Baptisterium; Loggia dei Militi; Palazzo del Comune (Violinenausstellung).

Mailand: Domplatz mit Dom (14.–19. Jh.) und Galleria Vittorio Emanuele; Mailänder Scala; Basilika des hl. Ambrosius; Basilika von San Lorenzo; Castello Sforzesco; Monumentalfriedhof; Piazza Mercanti (Mittelalterlicher Platz); Pinacoteca di Brera.

Monza: Domschatz (Langobardenkrone); Villa Reale.

Mantua: Piazza delle Erbe (Mittelalterlicher Platz); Präfektur; Rotonda di San Lorenzo (Kirche aus dem 11. Jh.); Herzogspalast (Palazzo Ducale) mit berühmten Fresken von Mantegna; Lustschloß (Palazzo del Tè); Lotosblüten auf den Seen des Mincio.

Pavia: Kirche von San Pietro in Ciel d'Oro; Castello Visconteo; Dom aus dem 15. Jh.; Bottigella-Palast; Basilika von San Teodoro; Basilika von San Michele; überdachte Brücke über den Po; mittelalterliche Türme; Kartause von Pavia aus dem 14. Jh.

Vigevano: Herzogspalast mit eindrucksvollem Vorplatz, La Sforzesca.

Castello di Belgioioso (mittelalterliche Burganlage).

Sirmione (Gardasee): Scaligerburg; Villa des Catull.

Sondrio: Die Valtellina mit vielen, seit dem Mittelalter unveränderten Dörfern; 200 Gletscher und Naturschutzgebiet des Stilfserjochs.

Varese: Barocker Herzogspalast; Sacro Monte (Wallfahrtsberg).